📖 Die Bonus-Seite

Ihr Vorteil als Käufer dieses Buches

Auf der Bonus-Webseite zu diesem Buch finden Sie zusätzliche Informationen und Services. Dazu gehört auch ein kostenloser **Testzugang** zur Online-Fassung Ihres Buches. Und der besondere Vorteil: Wenn Sie Ihr **Online-Buch** auch weiterhin nutzen wollen, erhalten Sie den vollen Zugang zum **Vorzugspreis**.

So nutzen Sie Ihren Vorteil

Halten Sie den unten abgedruckten Zugangscode bereit und gehen Sie auf **www.galileodesign.de**. Dort finden Sie den Kasten **Die Bonus-Seite für Buchkäufer**. Klicken Sie auf **Zur Bonus-Seite / Buch registrieren**, und geben Sie Ihren **Zugangscode** ein. Schon stehen Ihnen die Bonus-Angebote zur Verfügung.

Ihr persönlicher **Zugangscode**

Claudia Korthaus

Das Design-Buch für Nicht-Designer
Gute Gestaltung ist einfacher, als Sie denken!

Liebe Leserin, lieber Leser,

neulich kam eine gute Freundin auf mich zu und bat mich, ihre Geburtstagseinladung für sie zu gestalten: »Du arbeitest doch schließlich bei Galileo Design!« Klar, das stimmt, und ich liebe gute Gestaltung, aber selber machen? Wo fängt man da an? Welche Farben soll ich auswählen und welche Schrift passt?

Wenn auch Sie vor dieser oder einer ähnlichen Aufgabe stehen, dann ist dieses Buch das richtige für Sie. Es zeigt Ihnen, worauf es wirklich beim Gestalten ankommt und bietet zahlreiche Beispiele, an denen Sie sich orientieren können. Postkarten, Einladungen, Vereinszeitungen, Aushänge, Visitenkarten und vieles andere wird gestaltet und ganz genau analysiert. So lernen Sie quasi nebenbei, wie Design funktioniert und können das Gelernte anschließend auf Ihre eigenen Projekte übertragen. Ein passendes Beispiel, das Sie inspiriert und zu eigenen Kreationen anregt, ist garantiert dabei. Blättern Sie einfach durch das Buch und beginnen Sie dort, wo Ihr Auge hängenbleibt! Wer einen etwas geordneteren Einstieg sucht, erfährt in Kapitel 1, wie man an eine Gestaltung herangeht, dass am Ende immer ein überzeugendes Ergebnis steht. Kapitel 2 vermittelt wichtige Basics in Sachen Schrift, Farbe und Formen. Und für alle, die es ganz genau wissen wollen, werden in Kapitel 4 die wichtigsten technischen Hintergründe zum schnellen Nachschlagen erklärt.

Egal, was Ihr nächstes Gestaltungsprojekt ist – ich bin mir sicher, dass mit diesem Buch einem guten Design nichts mehr im Wege steht!

Ich freue mich stets über Lob, aber auch über kritische Anmerkungen, die helfen, dieses Buch besser zu machen. Sollte Ihnen also etwas auffallen, zögern Sie nicht, sich bei mir zu melden.

Ihre Katharina Geißler
Lektorat Galileo Design

katharina.geissler@galileo-press.de
www.galileodesign.de
Galileo Press • Rheinwerkallee 4 • 53227 Bonn

Inhalt

Kapitel 1: Erkenne die Aufgabe 9
Drei Schritte für jede Gestaltung

Die Zielgruppe definieren	11
Aufmerksamkeit erzeugen	23
Die wichtigste Information	34

Kapitel 2: Kenne und nutze die Mittel 43
Grundlagen und Techniken der Gestaltung

Seitenformat und Weißraum	44
Elemente wirkungsvoll anordnen	62
Gestaltungsraster	81
Die richtige Schrift auswählen	88
Schriften kombinieren	106

Der Farbkreis hilft Ihnen dabei, passende Farben zu finden.

Setzen Sie Farben und Schriften bewusst ein! Lernen Sie, welche Schrift zu Ihrem Entwurf passt und wie Sie Schriften geschickt kombinieren.

Inhalt

Längere Texte und mehrseitige Entwürfe	111
Farbe der Schrift	118
Spezialfall: Text auf Bildern	120
Farben für Ihre Designs	122

Kapitel 3: Leg los und lerne dabei 139
Gestaltungsprojekte in der Praxis

Danksagung zur Hochzeit 140
Klappkarten mit dem gewissen Etwas

Postkarte »Kulturnacht« 146
Typografische Feinheiten

Ein Flyer für ein Weingut 156
Wie wird gefalzt?

Carsharing, Cocktailbar, Imker 166
Logos für alle!

Postkarten, Einladungen, Visitenkarten – jedes Format hat eigene Anforderungen. Die Beispiele zeigen Ihnen, worauf es jeweils ankommt.

Inhalt

Broschüre für eine Bücherei 184
Mehrere Seiten einheitlich gestalten

Geschäftsausstattung 192
Ein Design für unterschiedliche Zwecke

Das Gemeinschaftshaus 206
Eine Broschüre mit vielen Porträtbildern

Café-Eröffnung 214
Eine Postkarte in gedeckten Farben gestalten

Heilpraktiker oder Technoclub? 222
Passende Visitenkarten gestalten

Eine perfekte Speisekarte 234
Ideale Bindemethoden und harmonische Farben

Broschüre »Locationguide« 242
Durchschnittsbilder gekonnt aufpeppen

Theaterprogramm im Zickzackfalz 252
Viel Text, aber wenig Platz

Ein Kleingartenverein in Zahlen 264
Diagramme und Tabellen gestalten

Schritt für Schritt entstehen spannende und individuelle Entwürfe. Detaildarstellungen und schematische Abbildungen helfen Ihnen, das Besondere zu erkennen und in eigenen Designs anzuwenden.

Inhalt

Ferienspiele 276
Ihr Plakat bekommt zwei Sekunden Aufmerksamkeit!

Online-Blumenladen 282
Webseiten entwerfen

Kapitel 4: Fachkunde 291
Basiswissen verständlich erklärt

Farbräume 293
Bildqualität 299
Dateiformate 303
Anschnitt und Marken 308
Papier und Veredelung 311

Bildnachweis 321
Index 325

Der Entwurf steht und nun soll gedruckt werden? Lernen Sie, wie Sie Farbenttäuschungen und verpixelte Bilder vermeiden.

Raster, Anschnitt, Auflösung – die wichtigsten Fachbegriffe werden verständlich erklärt.

Erkenne die Aufgabe

Drei Schritte für jede Gestaltung

Erkenne die Aufgabe
Drei Schritte für jede Gestaltung

Egal was Sie gestalten möchten – bevor Sie loslegen, sollten Sie drei wichtige Schritte bedenken, damit aus Ihrer Idee am Ende ein kreatives und überzeugendes Design wird. Welche Schritte das sind, erfahren Sie in diesem Kapitel.

Sicher kennen Sie das: Sie möchten etwas gestalten und wissen nicht so recht, wo Sie beginnen sollen. Vielleicht haben Sie schon eine Idee im Kopf, wie der Titel oder die Grundfarbe aussehen könnte. Vielleicht haben Sie aber auch noch gar keine Vorstellung vom Ergebnis, sondern nur die nackten Fakten vor sich auf dem Schreibtisch.

Ob grobe Idee oder Leere im Kopf herrscht, Sie sollten sich Schritt für Schritt vortasten. Und zwar mit den drei folgenden Schritten. Diese drei Schritte führen Sie zu einer erfolgreichen Gestaltung, mit der Sie zufrieden sein werden und auch andere überzeugen können. Die drei Schritte lauten:

Ihre Aufgaben lauten:
1. Zielgruppe definieren,
2. Aufmerksamkeit erzeugen,
3. Information vermitteln

1. **Die Zielgruppe definieren:** Hier überlegen Sie, wer später Ihre Gestaltung betrachten wird. Haben Sie diese Gruppe gefunden, passen Sie die Gestaltung dem Geschmack dieser Gruppe an.
2. **Aufmerksamkeit erzeugen:** Damit Ihre Gestaltung auch wahrgenommen wird, müssen Sie die Aufmerksamkeit des Betrachters gewinnen, am besten mit einem Blickfang.
3. **Die wichtigste Information vermitteln:** Sie legen fest, welche Information die wichtigste ist und vermitteln das auch dem Betrachter.

Die Reihenfolge der drei Schritte ist übrigens nicht festgelegt. In den meisten Fällen ist die Reihenfolge, in der ich die Schritte aufzeige, zwar sinnvoll, aber es gibt sicherlich auch Fälle, in denen man sie ändern sollte. Letztlich ist es nur wichtig, dass Sie alle drei Schritte gehen, ohne zu schludern oder einen Schritt auszulassen.

Die Zielgruppe definieren

Als ersten Schritt zur Gestaltung sollten Sie die Zielgruppe definieren. Große Konzerne führen in der Regel vor einer Gestaltung beziehungsweise vor einer Werbekampagne eine Zielgruppenanalyse durch. Solche von Dienstleistern und Marktforschungsinstituten vorgenommenen Analysen informieren, wie die künftigen Käufer aussehen: Alter, Geschlecht, Einkommen, aber auch Hobbys und Urlaubsziele zählen zu den Informationen über die Käufer. Erst mit diesem Wissen wird das Produkt entsprechend gestaltet.

Es gibt immer eine Zielgruppe

Sie arbeiten wahrscheinlich weder für Coca-Cola noch für Ferrero und sind deswegen der Meinung, bei Ihnen gäbe es keine Zielgruppe? Sie möchten schließlich nur eine Einladung zur Silberhochzeit gestalten? Das stimmt zwar, dennoch lohnt es sich, sich Gedanken über die Zielgruppe Ihrer Entwürfe zu machen, auch wenn sie zugegebenermaßen etwas kleiner ist als bei Coca-Cola und Ferrero. Als Zielgruppe bezeichnen wir ganz allgemein die Personengruppe, die Ihre Gestaltung sehen wird.

Die Zielgruppe sind die Personen, die Ihre Gestaltung betrachten werden.

Die drei Schritte

Die Anzeige eines Vereins zur Förderung besonders kreativer Kinder. Bei diesem Beispiel sind die drei Schritte zur Gestaltung umgesetzt worden.

1. Zielgruppe
Motive und Farben sprechen Kinder und deren Eltern an.

2. Aufmerksamkeit
Die kontrastreiche Farbwahl lässt den Betrachter aufmerksam werden.

3. Information
Der Betrachter kann auf einen Blick erkennen, um was es geht.

Das sind hoffentlich viele Personen. Auch ohne großes Budget und ohne Marktanalyse möchten Sie, dass Ihre Gestaltung betrachtet wird und vor allem, dass sie gefällt, oder nicht?

Bei der Gestaltung eines Plakats für den Seniorentanz haben Sie sicherlich die Zielgruppe recht klar vor Augen, genauso wie bei der Gestaltung einer Broschüre für Kinder und Jugendliche. Fragen Sie sich also immer, bevor Sie beginnen, wer Ihre Gestaltung in den Händen halten oder betrachten wird und wem sie gefallen soll, denn nur dann können Sie optimal gestalten.

Das Brautpaar und die Gäste

Wollen Sie eine Einladung zum Jubiläum oder Geburtstag, zur Taufe oder zur Hochzeit gestalten? Dann werden also Freunde und Verwandte zum Feiern und Gratulieren kommen. Bei solchen Gestaltungen, die persönliche Hintergründe haben und nicht als Werbung im klassischen Sinne verstanden werden, wechselt die Zielgruppe. Hier ist nicht mehr der Betrachter und potentielle Kunde die Zielgruppe, sondern vor allem der Auftraggeber selbst.

v Zielgruppe
Kinder, Jugendliche, Senioren: Wer ist Ihre Zielgruppe, und welchen Geschmack hat diese?

Die Zielgruppe definieren

Geschmack der Ladenden und der Geladenen

Eine Einladung für persönliche Ereignisse wie Hochzeiten oder Geburten genauso wie für Trauerfeiern muss denjenigen gefallen, die einladen. Die Stimmung, die der Gastgeber in der Einladung vermitteln möchte, sollte sich in der Gestaltung widerspiegeln. Wenn auf Büttenpapier in verspielter Schreibschrift zum Geburtstag geladen wird, erwartet man keine Technoparty. Entsprechend wird man sich auf diese Party einstimmen und vielleicht sogar seine Kleidung davon abhängig machen. Insofern informieren Geschmack und Stimmung des Gastgebers und somit seiner Einladung die Gäste vorab, was sie erwartet.

Moderne Auftraggeber

Bei unserem ersten Entwurf hat weder Romantik noch Spielerei das Sagen, dafür ist die Gestaltung modern, klar, deutlich. Auf schmückende Elemente wurde ganz verzichtet.

moderne Schrift mit geraden Formen

Genügend Kontrast zwischen den Farben erleichtert das Lesen. Damit die Gestaltung nicht zu bunt wird, verwendet man eine hellere Variante des Grün.

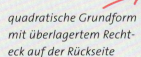

quadratische Grundform mit überlagertem Rechteck auf der Rückseite

Und noch ein Ratschlag: Wenn sich Ihr Auftraggeber etwas ausgesprochen Unsinniges wünscht, was Sie unter gestalterischen Gesichtspunkten nur ganz schwer vertreten könnten, dann erinnern Sie ihn daran, dass man mit dem Design der Einladung im Optimalfall ja auch den Geschmack der Gäste treffen will. Versuchen Sie, diese Zielgruppe einzugrenzen. Handelt es sich eher um junge Gäste? Sind viele junge Familien mit Kindern dabei? Oder werden eher konservativ orientierte, ältere Gäste erscheinen?

Zielgruppe Romantiker
Die zweite Gestaltung ist zurückhaltend, verspielt und mit Blumen und Ringen ein klein wenig romantisch.

Die Pastelltöne sind zart und zurückhaltend.

Die Ringe sind für eine klassische Karte ein Muss.

Die Zielgruppe eingrenzen

Falls Ihnen die Zielgruppe nicht auf den ersten Blick klar ist, dann können Ihnen folgende Fragen und deren Antworten weiterhelfen:

- Welches Alter herrscht in der Zielgruppe vor? Soll eine bestimmte Altersgruppe wie Kinder oder Senioren angesprochen werden?
- Soll vorwiegend ein Geschlecht angesprochen werden?
- Lässt sich ein bestimmter Bildungs- oder Berufsstand erkennen? Handelt es sich also zum Beispiel um ein Berufsjubiläum, bei dem die Kollegen und Kolleginnen geladen werden?

Für Verspielte
Der dritte Entwurf ist etwas kindlich und auch ein wenig verspielt, aber nicht romantisch.

Nicht zu bunt
Zwar werden mehrere Farben verwendet, aber da sie sich alle ähneln, wird das Design trotzdem nicht zu bunt oder zu kindlich.

Der zentrierte Text auf der Rückseite bringt Ruhe in die Gestaltung.

Dynamik entsteht durch die handschriftähnliche Schrift.

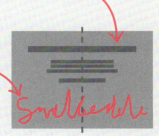

Erkenne die Aufgabe

Häufig gibt es mehr als eine Zielgruppe. Erstellen Sie dann eine Schnittmenge der Eigenschaften.

- Spielt der Wohnort eine Rolle? Wer für ein kleines Café an der Ecke einen Flyer gestaltet, sollte sich darüber Gedanken machen, in welchem Stadtviertel das Café liegt und wie die Zielgruppe wohnt.
- Welche Charaktereigenschaft trifft auf die Zielgruppe zu? Sind die Betrachter eher konservativ oder doch modern, eher forsch oder zurückhaltend? Erstellen Sie eine Liste mit Adjektiven für die Gruppe.
- Welche Motivation hat die Zielgruppe, Ihre Gestaltung zu betrachten? Sollen oder wollen die Personen der Zielgruppe etwas erwerben? Dann zeichnet sich die Zielgruppe durch das Interesse an einem bestimmten Produkt aus, was weiterführende Schlüsse erlaubt. So ist beispielsweise davon auszugehen, dass die Kunden einer Heilpraktikerin grundsätzlich für alternative Heilmethoden offen sind und eher gesundheitsbewusst leben.

Zwei Zielgruppen – was tun?

Wie wir am Beispiel der Hochzeitseinladungen gesehen haben, gibt es manchmal auch mehr als eine Zielgruppe. Haben Sie die Sorge, dass es nicht möglich ist, zwei Zielgruppen unter einen Hut zu bringen? Ich kann Sie beruhigen: Bei näherem Hinsehen stellt man meist eine relativ große Übereinstimmung fest. Notieren Sie Adjektive, die die Gast-

Zwei Zielgruppen
Versuchen Sie, nach und nach die beteiligten Zielgruppen zu definieren, indem Sie die oben genannten Fragen beantworten. Notieren Sie die gesammelten Informationen in Listen, und bilden Sie dann die Schnittmenge.

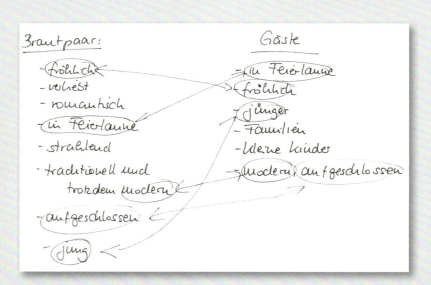

geber beschreiben, und anschließend die Adjektive, die auf die potentiellen Gäste zutreffen. Sie werden merken, dass in der Regel die Schnittmenge groß genug ist, um fast alle Beteiligten mit Ihrer Gestaltung anzusprechen.

Wo wird betrachtet?

Wenn Sie die Zielgruppe einigermaßen klar vor Augen haben, dann bedenken Sie auch die Umstände, unter denen die Personen Ihr Werk betrachten. Hier müssen Sie die verschiedensten Situationen in Betracht ziehen. Der Leser kann im Café sitzen und Zeit haben, vielleicht langweilt er sich ja gerade sowieso, da fällt sein Blick auf einen Flyer, den Sie gestaltet haben und der in diesem Café ausliegt. Genauso kann es aber sein, dass Sie ein Plakat gestalten sollen, das grundsätzlich nur im Vorbeigehen und teilweise auch bei schlechten Lichtverhältnissen betrachtet wird. Andere Gestaltungen landen als Wurfsendung im Briefkasten und sollen sich von den vielen anderen Werbeprodukten abheben.

Diese Leseumstände sollten Sie ebenfalls bei der Gestaltung beachten. Denn eine große Schriftgröße auf einem Plakat für Senioren ist zwar gut, aber wenn der Kontrast zwischen Hintergrund und Schrift fehlt, fällt das Lesen – besonders im Vorbeigehen – trotzdem unnötig schwer.

▽ **Leseumstände**
Beachten Sie den Ort und die Umstände, unter denen Ihre Gestaltung betrachtet wird. Links sehen Sie ein Plakat, das nur im Vorbeigehen kurz betrachtet wird; rechts wird mit viel Zeit und Ruhe eine Zeitschrift gelesen.

Fragen Sie sich also:

- Betrachtet man Ihre Gestaltung im Vorbeigehen? Wenn ja, dann spielt der Blickfang eine noch bedeutendere Rolle.
- Liegt Ihre Gestaltung aus? Dann wird sie wahrscheinlich eingesteckt und mitgenommen. Auch dann ist der Blickfang das Entscheidende.
- Wenn Ihre Gestaltung nicht ausliegt – hängt sie aus? Somit wird sie nicht eingesteckt, sondern im Vorbeigehen betrachtet. Auch in diesem

Die Postkarte

Ein Biobauernhof wirbt auf einer Postkarte für sich. Der Betrachter wird von der Gestaltung angesprochen und wird die Postkarte einstecken, damit er sie zu Hause in Ruhe lesen kann. Deswegen kann die Karte durchaus einiges an Informationen enthalten.

Die Farben sind aus dem Bild entnommen.

Hier nimmt das Bild weniger als ein Drittel der Fläche ein.

Funktioniert das als Plakat?

Stellen Sie sich jetzt die gleiche Gestaltung als Plakat vor. Warum könnte das nicht funktionieren? Plakate liest man im Vorübergehen aus verschiedenen Blickwinkeln. Deswegen müssen sie genug Kontrast in den Größen und eine gut lesbare Schrift haben, dürfen aber nicht zu viel Text zeigen.

Die Zielgruppe definieren

Fall ist der Blickfang das Wichtigste, denn Sie wollen die Aufmerksamkeit des Betrachters, der nur vorbeiläuft und vielleicht viele andere Dinge im Kopf hat, gewinnen.

- Wenn sie nur vor Ort betrachtet wird: Ist es hell genug? Oder kann es sein, dass die Lichtverhältnisse schlecht sind? Jetzt sind lesefreundliche Aspekte wie genügend Kontrast oder auch die Schriftgröße ganz besonders zu beachten.

Das Plakat

Im zugehörigen Plakat dominiert das Bild, der Text wurde bis auf die wichtigsten Angaben reduziert. Die Informationen sind auf einen Blick sichtbar, die kurze und prägnante URL kann man sich schnell merken und zu Hause mehr Detailinformationen nachlesen.

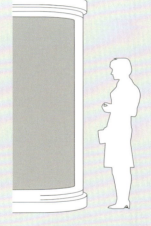

Bilder

Die Bilder dürfen nicht zu viele Details enthalten, die Motive keine zu starken Perspektiven. Plakate ohne Bilder sind grundsätzlich eine große Herausforderung und nur in wenigen Fällen empfehlenswert.

Bei einem Plakat kann das Bild gerne zwei Drittel des Raums einnehmen.

Erkenne die Aufgabe

Ergebnisse verwerten

Nun, da Sie die Zielgruppe festgelegt und Adjektive gefunden haben, sollten Sie diesen die Gestaltungselemente zuweisen.

Im Beispiel auf dieser Doppelseite wirbt ein Golfclub auf einem Plakat. Es wird im Vorbeigehen oder im Vorbeifahren gelesen, nur wenige bleiben stehen und betrachten es in Ruhe. Insofern sollte man sich beim Text sehr kurz fassen. So verhält es sich auch in unserem Beispiel – lediglich der Clubname, eine Unterzeile sowie die Internetadresse sind vorhanden. Dennoch wurde auch hier zuerst nicht alles richtig gemacht. Die verbesserte Variante sehen Sie auf der gegenüberliegenden Seite.

Kein freier Raum
Bei dieser Gestaltung ist im oberen Teil zu wenig freier Raum. Schrift und Logo sind zu groß und wirken plump.

Missglückte Farbwahl
Orange und Gelb findet man häufig bei Unternehmen, die über den Preis konkurrieren. Bei einem Golfclub mit Aufnahmegebühren sowie monatlichen Beiträgen sollte man diese Farben nicht verwenden.

Die Zielgruppe definieren

Zweite Variante
Das zweite Beispiel unterscheidet sich lediglich in Farbe und Schrift; zwei Drittel des Plakats, nämlich das Bildraster, sind unverändert. Und trotzdem wirkt das gesamte Plakat völlig anders. Die Schrift ist klassisch und zurückhaltend. Ihre Größe sowie die Größe des Logos sind groß genug, um auch von weitem erkannt zu werden, lassen aber genügend freien Raum, um zu wirken.

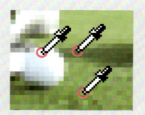

Hier wurden die Farben aus den Bildern entnommen. Die Farbe Grün steht für Natur, Gesundheit und Sport.

Mehr Platz
Bei dieser Raumaufteilung ist deutlich mehr freier Raum zu sehen.

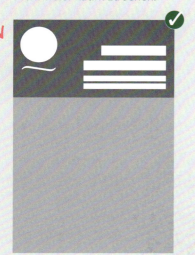

Passende Schrift
Die verspielte Schrift aus dem vorherigen Beispiel wirkt unpassend und eignet sich nicht für den seriösen Golfer, der sportlich modern angesprochen werden soll. Zum Zweiten ist die Schrift im Verhältnis zum Freiraum zu groß. In der verbesserten Variante verwendet man eine klare, moderne Schrift, die durch die kleinere Größe mehr Luft bekommt.

Erkenne die Aufgabe

Die passende Gestaltung finden

Nehmen wir an, Sie wollen eine Karte für eine Computerwerkstatt gestalten. Es handelt sich um einen kleinen Laden in der Nähe der Universität. Bei der Frage nach der Zielgruppe sind Sie zu folgenden Ergebnissen gekommen: jung, dynamisch, männlich, Studenten, technikinteressiert, neugierig. Ich gratuliere! Mit diesen Ergebnissen haben Sie die Möglichkeit, die Gestaltung optimal anzupassen.

Studenten verfügen in der Regel über wenig Geld, also sollte die Karte die Computerwerkstatt als preiswerten und trotzdem kompetenten Reparaturdienst präsentieren. Dosieren Sie die Farbe Orange, die für preiswert steht, vorsichtig: Sie kann auch den Eindruck von billiger Qualität vermitteln.

In der Anzeige wurde lediglich eine Schrift verwendet, allerdings in veschiedenen Ausprägungen – den sogenannten Schnitten – wie heavy, regular, bold etc.

Nüchtern und klar

Wählen Sie eine moderne, klare Schrift – am besten eine leicht wirkende Schriftart ohne Schnörkel und Spielerei. Die Gestaltung ist eher nüchtern, ohne Verzierungen, auf schmückende Elemente wird ganz verzichtet.

»Männliche« Farben

Vorherrschende Farben sind die kühlen, nüchtern wirkenden und eher als männlich definierten Farben Grün, Schwarz und Grau; Orange oder Gelb können gut dazu kombiniert werden.

Aufmerksamkeit erzeugen

Die Zielgruppe steht fest, Sie haben vielleicht schon Ideen für Farben und Bilder, die Sie verwenden möchten? Nun muss Ihre Gestaltung nur noch auffallen! Doch wie schaffen Sie das? Gerade, wenn es um Flyer, Aushänge und Broschüren geht, ist die Gefahr groß, in der Masse unterzugehen. Täglich werden wir von einer riesigen Menge an Informationen überrollt. Beim Spazierengehen sehen wir Plakate, im Autoradio unterwegs hören und zu Hause vor dem Fernseher sehen wir Werbung. Auch im Café liegen Flyer und Postkarten aus. Damit wir bei dieser Reizüberflutung einigermaßen klar im Kopf bleiben, haben wir Filter, die nur die für uns interessanten Informationen durchlassen.

Sie müssen die Aufmerksamkeit des Betrachters gewinnen.

Wenn Sie also mit Ihrer Gestaltung unter all den anderen zahlreichen Gestaltungen den Blick des Betrachters auf sich ziehen wollen, müssen Sie vor allem eines: seine Aufmerksamkeit gewinnen. Sie müssen es schaffen, dass der Blick des Betrachters an Ihrer Gestaltung hängenbleibt.

Trotzdem ist es keine gute Idee, einfach noch bunter, noch größer und noch lauter zu gestalten. Das geht meist nach hinten los. Wie Sie etwas subtiler und trotzdem mit der gewünschten Wirkung vorgehen, erfahren Sie jetzt.

∧ In Hülle und Fülle
Täglich werden wir mit Unmengen von Drucksachen überflutet.

Erwartungen erfüllen

Damit das, was Sie gestaltet haben, durch den Filter des Betrachters geht, müssen Sie also sein Interesse wecken, und das in möglichst kurzer Zeit. Dabei hilft Ihnen ein sogenannter Eyecatcher, also ein Blickfang. Das Ziel dabei ist es, den Eyecatcher so zu wählen, dass gleichzeitig Inhalt und Aussage der Gestaltung vermittelt werden.

Der Eyecatcher kann ein Bild, eine originell aufgemachte Textzeile oder ein Slogan, ein schmückendes Element oder eine Grafik sein; Ihrer Phantasie sind keine Grenzen gesetzt. Auch durch den Einsatz von Farbe oder Kontrast kann ein Element zu einem Blickfang werden. Grundsätzlich ist die Verwendung eines Bildes eine einfache Variante – vorausgesetzt, man verfügt über passende Bilder oder hat das Budget, in einer der zahlreichen Bildagenturen einzukaufen. Viele Bilder sind aber preiswert erhältlich und somit auch für Privatleute erschwinglich.

▲ **Ein typischer Blickfang**
Sonderangebote werden häufig mit solchen klassischen Eyecatchern beworben.

Der Blickfang soll zum Inhalt der Gestaltung passen.

Auf den Inhalt kommt es an

Bei Bildern sollten Sie darauf achten, dass der Inhalt im Zusammenhang mit der Aussage des Designs steht. Glauben Sie bitte nicht, mit dem Bild halbnackter Frauen immer die richtige Entscheidung zu treffen. Denken Sie doch noch einmal an das Beispiel des Computerladens. Vielleicht sagen Sie jetzt: Warum denn nicht? Die Zielgruppe ist männlich, jung, modern. Da passt doch eine nackte Frau als Eyecatcher wunderbar. Die Wahrscheinlichkeit, dass Sie kurzzeitig die Aufmerksamkeit des Betrachters erhalten, ist hoch, da stimme ich zu. Wenn aber die Aussage beziehungsweise das Produkt der Gestaltung nichts mit dem Bild zu tun hat, verlieren Sie genauso schnell die Aufmerksamkeit des Betrachters, wie Sie sie gewonnen haben. Sie wecken nämlich mit der Gestaltung und somit auch mit dem Eyecatcher bestimmte Erwartungen und versprechen bestimmte Inhalte. Und diese müssen Sie erfüllen.

Schlüsselreize

In der Verhaltensforschung bezeichnet man eine bestimmte Art von Auslösern als Schlüsselreiz. Angeborene Schlüsselreize sind mit bestimmten Verhaltensweisen verbunden. Es ist aber nicht so, dass bestimmte Reize automatisch zu bestimmten Reaktionen führen, gegen die man machtlos ist. Moralvorstellungen, Tradition und Kultur haben dafür gesorgt, dass wir einem Schlüsselreiz nicht hilflos ausgeliefert sind. »Sex sells« funktioniert also nicht zwingend.

Allerdings, und das macht die klassischen Schlüsselreize in der Werbung beliebt, sorgen Schlüsselreize für Aufmerksamkeit und dienen als Eyecatcher. Sex und Erotik zählen natürlich dazu, aber auch Bilder von Augen sowie kleinen Kindern beziehungsweise deren Merkmalen. Eines ist allen gemein: Schlüsselreize sind einfach und eindeutig.

Schlüsselreiz Kleinkind
Eine Postkarte als Werbemittel für ein Kinderportal. Der Eyecatcher besteht aus einem beliebten Schlüsselreiz: einem Kindergesicht.

⅔ der Fläche | ⅓ der Fläche

Gute Entscheidung: eine Aufteilung in ⅔ und ⅓

Farbwahl
Die Farben Rot und Blau sind bei Kindern beliebt. Die Gestaltung ist jedoch nicht allzu bunt, so dass sie auch Erwachsene anspricht.

Der Schlüsselreiz als Alleskönner?

Ein Foto mit einem Kind oder einer leicht bekleideten Frau ist aber nicht die Antwort auf alle Fragen. Denn Schlüsselreize sind nicht für alle gleich. Auf schutzsuchende Kinderaugen reagieren weibliche Betrachter stärker, und auch ein leicht bekleideter Mann wäre eher für die Frauen ein Hingucker. Auch vor einer Überdosis sollten Sie gewarnt sein. Untersuchungen haben gezeigt, dass Betrachter bei zu viel Sex im Design hinterher nicht mehr wussten, welches Produkt beworben wurde. Und letztlich zählt auch Originalität. Sex und Erotik als Eyecatcher ist so wenig originell wie stilvoll, zumindest dann, wenn es nichts mit dem Inhalt zu tun hat.

Greifen Sie in die Schlüsselreiz-Kiste, wenn sich der Inhalt damit gut verbinden lässt. Für ein Kosmetik- oder Sonnenstudio sowie bei einem Werbeflyer für Massage ist ein Bild mit viel nackter Haut nicht immer eine originelle, aber eine durchaus geeignete Variante. Bleiben Sie aber geschmackvoll. Auch hier ist häufig weniger mehr.

Hier sehen Sie den Beginn eines Artikels auf einer Doppelseite in einem Magazin.

Aufmerksamkeit erzeugen

»Aufmerksamkeit habe ich sowieso schon«

Vielleicht sagen Sie aber auch: »Aufmerksamkeit erzeugen? Muss ich nicht. Ich gestalte nämlich die Vereinszeitung unseres Tennisclubs. Und die lesen sowieso nur die Mitglieder unseres Clubs.« In diesem Fall gebe ich Ihnen teilweise Recht. Wer für eine geschlossene Zielgruppe gestaltet, hat etwas weniger Last, die Aufmerksamkeit des Betrachters für sich zu gewinnen, als jemand, der eine Werbepostkarte für eine Veranstaltung oder den Malermeister macht. Es gibt keine Mitbewerber, die Sie mit Ihrem Entwurf abhängen müssen.

Setzen Sie den Blickfang in die obere Hälfte der Seite.

Schönes Detail: Die rechte Kante der Bildunterschrift erhält ihre Schräge durch die schrägen Seile im Bild.

Farbe
Die orangene Farbe der Titelhinterlegung stammt aus dem Schirm des Bildes der linken Seite, was das Schweifen des Leserblicks vereinfacht und die Doppelseite harmonisch wirken lässt.

Rechts zuerst
Untersuchungen haben gezeigt, dass der Blick des Betrachters in der Regel zuerst auf die rechte Seite fällt – es sei denn, die linke Seite wurde extrem auffällig gestaltet. Im Beispiel ist mit dem Titel »Kitesurfing« der Eyecatcher geschmackvoll umgesetzt, er führt den Blick anschließend zum Bild auf der linken Seite.

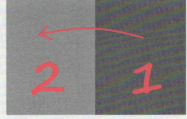

Erkenne die Aufgabe

Und trotzdem behaupte ich, dass es auch Ihnen keinen Spaß machen würde, eine Vereinszeitung zu gestalten, die keiner liest. Denn für das Interesse, die Zeitung zu lesen oder durchzublättern, sind nicht nur die Informationen zuständig, sondern auch deren Verpackung. Auch nützliche Meldungen wecken nicht immer das Interesse des Betrachtes, wenn sie optisch schlecht verpackt sind.

Damit also die nächste Ausgabe der Zeitung nicht unbeachtet im Vereinslokal liegenbleibt, sollten Sie auch dem zweiten Schritt bei jeder Gestaltung genügend Aufmerksamkeit schenken – damit man Ihnen Aufmerksamkeit schenkt.

Nutzen Sie den Zusammenhang zwischen der emotionalen Verbundenheit und dem Kaufverhalten der Betrachter.

Die Arbeit mit Emotionen

Ein guter Blickfang löst immer auch Emotionen aus – der Betrachter wird überrascht, fühlt sich bestätigt, wird eingestimmt auf das Gezeigte. Sogar die Konsumbereitschaft des Betrachters steigt mit der emotionalen Bindung an das Produkt! Versuchen Sie also immer, mit Ihrer Gestaltung ein bestimmtes Gefühl beim Betrachter auszulösen.

Der Blickfang in Form eines – schönen, aber nicht aussagekräftigen – Bildes genügt nicht.

Informationen unstrukturiert

Vorher – kein Eyecatcher, wenig Emotionen

Bei dieser Postkarte eines Hotels sollten einige wenige Informationen untergebracht werden. Gleichzeitig will man die Aufmerksamkeit des Lesers für sich gewinnen. Bei dieser Variante ist dies nicht ganz gelungen. Die Postkarte weist zwar einen Blickfang in Form des Bildes auf, allerdings sind die Informationen nicht gut erfassbar, und der Blick schweift schnell wieder ab.

Aufmerksamkeit erzeugen

Nachher – mit viel Feingefühl
In der korrigierten Fassung wurde der Blickfang verändert; der Blick des Betrachters wird jetzt automatisch von dem Wort »Genießen« angezogen.

Blickfang

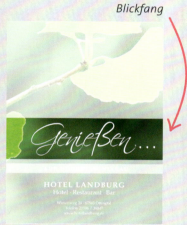

Das Bild spielt zwar immer noch eine wichtige Rolle, hat aber jetzt eher einen schmückenden Charakter, weil es von der Mitte nach rechts verschoben wurde.

 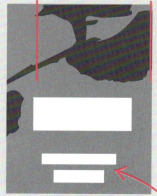

Saubere Gliederung des Textes durch verschiedene Größen. So kann der Leser auf einen Blick erfassen, um was es sich handelt: Genießen im Hotel Landburg.

Erkenne die Aufgabe

Manchmal genügt das Betrachten eines Fotos oder das Hören eines Liedes, um bestimmte Emotionen auszulösen. Das Bild stimmt einen glücklich, weil es einen Strand mit Sonnenuntergang zeigt. Auch wenn man nicht weiß, um welchen Strand es sich handelt, erinnert man sich an den eigenen Urlaub und an das damals gefühlte Glück, die Freude oder die Unbeschwertheit. Genauso kann Musik, die man in einer schweren Lebensphase gehört hat, die unglückliche Zeit plötzlich wieder hervorholen und fast verheilte Wunden wieder öffnen. Emotionen werden durch die bewusste genauso wie durch die unbewusste Wahrnehmung von Dingen verursacht. Lassen Sie sich von dieser Tatsache helfen.

Haut mit emotionaler Wirkung

In diesem Beispiel hat der Designer das Bild als Blickfang verwendet. Abbildungen von Haut haben genauso wie Kinderbilder eine starke emotionale Wirkung. In der Anzeige werden lediglich der Name und der Slogan der Creme erwähnt – mehr nicht. Eine Anzeige mit solch wenigen Informationen ist allerdings auch nur bei Markenartikeln sinnvoll.

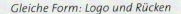

Gleiche Form: Logo und Rücken

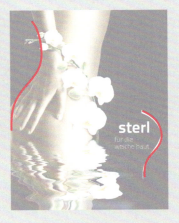

Begrenzte Möglichkeiten

Natürlich sind unsere Möglichkeiten begrenzt. Die Art der Emotionen, die wir beim Betrachter auslösen, können wir kaum beeinflussen. Mit dem Foto einer Pferdekutschfahrt könnten Sie abhängig von den Erlebnissen des Betrachters bei dem einen eine romantische Erinnerung an den letzten Winter auslösen, bei einem anderen dagegen unschöne Empfindungen, weil er sich im letzten Schnee Erfrierungen zugezogen hat. Zudem sind emotionale Reize nicht universell. Ganz unabhängig von den persönlichen Erfahrungen sind nicht alle Kunden für emotionale Reize gleich empfänglich.

Negative Emotionen

Die hervorgerufenen Emotionen müssen aber nicht immer positiv sein. Viel wichtiger ist es, zielgerichtete Gefühle beim Betrachter auszulösen. Sie als Gestalter sollen also nicht unbedingt positive, sondern für das Ziel der Gestaltung geeignete Emotionen hervorrufen.

Ein Impfaufruf mit einem erkrankten Kind auf dem Titel weckt die Sorge der Eltern und somit negative Emotionen wie Angst und Sorge, aber gleichzeitig das Interesse, mehr darüber zu erfahren und sich mit dem Thema auseinanderzusetzen.

Die Emotionen müssen nicht unbedingt positiv, sondern zielgerichtet sein.

Geschmackvoll bleiben, Täuschungen vermeiden

Werbung hat ihre eigenen Gesetze und ihre eigenen Stilformen. Übertreibungen sind an der Tagesordnung, und oft spricht die Werbung ganz gezielt Charakterzüge wie Eitelkeit, Neid und Gier an. Auch wenn es verboten ist, in der Werbung falsche Tatsachen zu versprechen oder absichtlich zu täuschen, bleibt die Wahrheit doch immer sehr biegsam. Werbung hat häufig nichts mit der Realität gemein, und gerade bei bestimmten Gruppen wie Kindern kann sie immensen Schaden anrichten. Bedenken Sie dies, wenn Sie auf der Suche nach der einen Idee sind oder mit Emotionen arbeiten. Denn auch wenn Sie »nur« fürs Private gestalten, darf der Zweck nicht das Mittel heiligen. Fragen Sie sich, ob Sie mit Ihrer Idee die Gefühle anderer verletzen könnten, ob Ihre Idee moralisch haltbar ist und natürlich, ob die Aussage Ihrer Gestaltung wahr ist.

Damit Sie keine Probleme bekommen, wenn Sie den Flyer für die Computerwerkstatt oder das Café von nebenan gestalten, verzichten Sie auf

Erkenne die Aufgabe

Elegant und emotional
Das neue Parfüm soll elegant und abenteuerlich zugleich sein. Die nötige Eleganz wird durch die dezente Farbwahl, die aufgehellten Bilder und durch die Schrift des Titels vermittelt, die zudem auf der Flasche wieder auftaucht.

Die Safari
Die Bildinhalte vermitteln genauso wie die Erdtöne Abenteuer und Safari-Gefühle.

Sätze wie »der cremigste Kaffee im Viertel« oder »der schnellste Service bei Festplatten« genauso wie auf Versprechungen wie »so gut hat Ihnen noch kein Kaffee geschmeckt« – außer Sie können diese Behauptungen objektiv nachweisen, was aber gerade bei dem Geschmack und der Cremigkeit eines Kaffees kaum möglich ist. Wenn nicht Sie, sondern der Kunde selbst den Text vorgegeben hat, dann machen Sie ihn darauf aufmerksam, dass er sich damit eventuell Ärger einhandeln könnte und sich absichern sollte.

Aufmerksamkeit erzeugen

Auf einer Kante
Achten Sie – trotz Abenteuer und Wildnis – auf optische Achsen.

Farben
Mit dem Parfüm soll man Abenteuer und Natur assoziieren. Somit fällt die Farbwahl auf natürliche Erdtöne und das zur Flasche passende Grün.

Konsistenz durch Wiederholung
Die Schrift auf der Flasche taucht in der Anzeige oben als Überschrift sowie unten erneut auf. Diese gestalterische Konsequenz lässt die Anzeige professionell wirken.

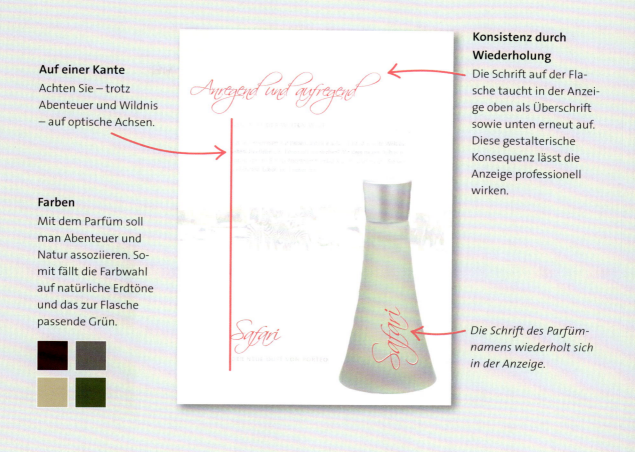

Die Schrift des Parfümnamens wiederholt sich in der Anzeige.

Vergleichende Werbung

Vergleichende Werbung ist zulässig, um den Verbraucher über die Vorteile des Produkts zu informieren. Wenn sich die Schlussfolgerung objektiv nachvollziehen lässt, ist somit sogar ein Preisvergleich zwischen den Produkten erlaubt.

Emotionale Werbung

Im Gegensatz zu einem rational begründeten Interesse an einem Produkt können bei der emotionalen Werbung Ängste genauso wie Hoffnungen des Betrachters angesprochen werden im Sinne von »Wer das Produkt kauft beziehungsweise konsumiert, wird Freunde haben, beliebt sein, sexy sein, eine zarte Haut haben« etc.

[Irreführend]
Laut dem Gesetz für unlauteren Wettbewerb muss Werbung wahr sein. Als irreführend wird Werbung bezeichnet, wenn 10–15 % der Betrachter die Werbung missverstehen, und Übertreibungen sind nur dann erlaubt, wenn der Verbraucher die Irreführung erkennen kann.

Erkenne die Aufgabe

Emotionaler Eyecatcher

Der Blickfang für Ihre Gestaltung sollte also in der Regel aus einem ungewöhnlichen beziehungsweise auffälligen Gestaltungselement bestehen. Dieses Gestaltungselement, häufig ein Bild oder eine Fotografie, sollte etwas über den Inhalt der Gestaltung aussagen. Denken wir an den Klassiker – eine Einladung zur Hochzeit enthält häufig Ringe, Hände oder andere Hochzeitssymbole wie weiße Tauben. Häufig sind hier Experimente mit ungewöhnlichem und unerwartetem Blickfang unerwünscht.

Wer aber einen Flyer für eine Goldschmiede gestaltet, kann sich mit dem Blickfang ruhig etwas weiter aus dem Fenster lehnen. Ein ungewöhnliches Foto, eine für filigrane Schmuckkunst eher untypische Schrift oder eine knallige Farbe können für einen gelungenen Blickfang sorgen.

Die wichtigste Information

Kennen Sie die Redewendung: »den Wald vor lauter Bäumen nicht sehen«? Gemeint ist damit, dass man manchmal das Offensichtliche nicht erkennt, obwohl man es ganz nah vor sich hat. Der Grund dafür liegt im mangelnden Überblick. Bei vielen Designs ist es aber gar nicht möglich, einen Überblick zu bekommen, da mehrere Informationen um die Priorität streiten. Dort konnte sich nämlich der Gestalter nicht entscheiden, welche der Informationen wichtig sind. Das Ergebnis ist eine Gestaltung, bei der mehrere Infos gleich groß, in gleicher Farbe und zudem noch unstrukturiert verteilt wurden. Der Betrachter weiß nicht, wohin er seinen Blick lenken soll, und muss nach und nach alle Informationen abarbeiten in der Hoffnung, dass die gewünschte dabei ist.

Was ist wichtig?

Klären Sie unbedingt vor Beginn Ihrer Arbeit, was die wichtigste Information ist. Wenn Ihr Auftraggeber unschlüssig ist, helfen Fragen nach dem Einsatz und dem Zweck des Objekts. Auf einer Visitenkarte wird die wichtigste Info meist der Name, vielleicht auch die Berufsbezeichnung sein. Bei der Gestaltung eines Plakats für eine Konzertankündigung sind es der Bandname sowie Veranstaltungsort und -datum. Bei einer Anzeige für einen Restpostenverkauf sollte man den Preisnachlass sowie Ort und Datum auf den ersten Blick erkennen können. So hat jede Gestaltung ihre eigenen wichtigen Inhalte, die auf den ersten Blick sichtbar sein sollten.

Fragen nach dem Zweck der Gestaltung helfen, die relevanten Informationen herauszufiltern.

Die wichtigste Information

Wichtige Informationen

Bei dieser Visitenkarte hat der Gestalter bereits erkannt, welche die wichtigen Informationen sind – nämlich Name und Beruf. Diese beiden Informationen hat er von den anderen abgesetzt, und zwar räumlich wie auch durch die Wahl einer anderen Schrift. Vielleicht stellen Sie aber trotzdem fest, dass Ihr Blick zuerst auf den linken Textteil mit den weniger wichtigen Adressdaten fällt. Dies liegt unter anderem daran, dass dieser Block größer ist als der zweizeilige Textblock rechts.

Das Hintergrundbild passt nicht zum Beruf und steht auch sonst in keiner Verbindung zum Inhalt.

Zwar wurde für Name und Beruf eine etwas fettere Schrift verwendet, es ist aber trotzdem nicht deutlich genug, welche Information Priorität hat.

Bessere Trennung

In der zweiten Variante wurden Name und Beruf sehr viel deutlicher hervorgehoben, so dass hier kein Zweifel besteht, welche Textzeilen mehr Bedeutung haben. Eine räumliche Trennung der Textblöcke war gar nicht nötig, das Ganze wirkt sogar kompakter als vorher. Ein stilisierter Filmstreifen als schmückendes Element rundet den Entwurf ab.

deutliche Hierarchie

Der Filmstreifen als Bild passt zum Beruf des Regisseurs.

Mit einer Unterteilung der gesamten Fläche in ein Drittel und zwei Drittel schafft man Harmonie.

Erkenne die Aufgabe

Der zweite Blick

Gute Gestaltung ist mehr als das Aneinanderreihen von Informationen. Sie müssen sich beim Entwerfen darüber klar sein, was Sie dem Leser vermitteln wollen. Was ist wichtig, was muss auf den ersten beziehungsweise zweiten Blick zu sehen sein? Der erste Blick gilt dem Blickfang, aber was kommt dann? Was ist wirklich wichtig, und welche Informationen sind zweitrangig? Wenn Sie die Antworten parat haben, können Sie davon ausgehen, dass die Botschaft auch beim Betrachter ankommt.

Informationen aussieben

Trauen Sie sich, die Frage zu stellen, ob wirklich alle der vorliegenden Informationen in die Gestaltung gehören. Gerade private Auftraggeber neigen dazu, unpassende und unwichtige Informationen unterbringen zu wollen.

⌄ Zu viele Infos?
Sind wirklich alle Informationen, die Sie vom Kunden erhalten, für das Projekt nötig? Unnötiges verwirrt den Betrachter und lässt schnell das Interesse sinken.

Den Freunden, die eine Einladung von Ihnen gestalten lassen, oder dem Bekannten, der sich selbständig macht und eine Postkarte bei Ihnen in Auftrag gibt, fehlt es manchmal an der nötigen Distanz. Im Eifer, sich mitteilen zu wollen, verirren sich auf diese Art schnell Informationen in die Gestaltung, die weder nötig noch passend sind. Stellen Sie sich und Ihrem Auftraggeber die Frage, welchen Nutzen der Betrachter aus dieser Information ziehen könnte. Erst wenn der Nutzen klar ersichtlich ist, darf die Information auf das Projekt.

Prioritäten setzen

Ihre Aufgabe besteht also jetzt darin, Prioritäten festzulegen. Wie sieht das nun in der Praxis aus? Nehmen wir als Beispiel ein Firmenjubiläum. Die wichtigsten Informationen hierfür sind Datum, Uhrzeit, Veranstaltungsort und natürlich, wer einlädt. Der Grund für die Feier, das Jubiläum, und der Jubilar müssen ebenfalls erwähnt werden.

Die Bitte, man möge bis zu einem bestimmten Termin zusagen und gleichzeitig noch mitteilen, mit wie vielen Personen man erscheint, hat geringere Priorität. Vielleicht gibt es noch schmückende, grafische Elemente oder Informationen wie ein Gedicht, einen Wunsch und einen Ansprechpartner bezüglich der Geschenke, eine Information hinsichtlich der Kleiderordnung, der Übernachtungsmöglichkeiten oder einer Anfahrtsskizze.

All dies sind Daten, die ohne Zweifel auf die Einladung gehören, die aber nicht gleich wichtig sind. Der Übersicht halber vergeben wir drei Wichtigkeitsstufen, die Unterscheidung der Inhalte von Stufe 2 und 3 ist aber nicht zwingend.

Vergeben Sie für die Inhalte Wichtigkeitsstufen, und gestalten Sie dann die Informationen entsprechend der jeweiligen Stufe.

Firmenjubiläum

Priorität 1
- Wer lädt ein und warum?
- Datum, Uhrzeit, Ort

Priorität 2
- Bis wann antworten?
- Kleiderordnung?
- Hinweise auf Geschenke, Übernachtungsmöglichkeiten etc.

Priorität 3
- Schmückende Elemente (Gedichte, Bilder etc.)
- Anfahrtsskizze

Informationen bündeln

Sie sehen, dass ich bei dieser Liste nicht nur Prioritäten gesetzt, sondern gleichzeitig auch Informationen gebündelt habe. Ganz bewusst habe ich also nicht alle Punkte einzeln durchnummeriert, sondern Gruppen gebildet.

Wie gerade erwähnt, hätten in diesem Fall auch zwei Gruppen genügt, eine dritte schadet aber nicht. Mehr als drei Gruppen sind nur selten sinnvoll, da man Gefahr läuft, den Leser zu verwirren, anstatt ihm eine Übersicht zu verschaffen.

Gliedern

Die Gruppierung von Informationen ist die Voraussetzung dafür, dass der Betrachter mehrere Informationen wahrnehmen kann. Wir stellen uns einfach einmal kurz das Gegenteil vor, und schon wissen Sie, wovon ich spreche: Wir haben bei unserer Einladung neun Informationen, die wir von 1 bis 9 durchnummeriert hätten. Jede Information hätte eine andere Wichtigkeit. Streng genommen müssten wir somit alle neun Informationen unterschiedlich gestalten und getrennt platzieren. Das Ergebnis wäre ein heilloses Durcheinander, trotz der Prioritäten. Es genügt also nicht, die Bedeutung von Informationen festzulegen – genauso wichtig

Konzert mit Informationsgruppen
Eine Konzertankündigung mit einigen Textinformationen. Wichtig ist hier eine logische Unterteilung in mehrere Informationsgruppen.

Farben
Das Gold zusammen mit dem Schwarz und Weiß wirkt elegant und schafft gleichzeitig Übersicht.

LIVE IN DER PHILHARMONIE BERLIN
BARBARA SENGELA

Barbara Sengela ist eine Ausnahmekünstlerin auf dem steilen Weg nach oben. Ihr Debütalbum „Grand Metier" hat sich millionenfach verkauft. Sie gehört zum Kreis der Spitzensolistinnen an der Violine und auf dem Cello, ihre Künste am Flügel sind unvergleichbar, und ihre Stimme verleiht Gänsehaut.

DIE KLASSIK-DEUTSCHLANDTOUR 2013

15. JANUAR 2013 · 20 UHR · PHILHARMONIE

Die wichtigste Information

ist es dann, ähnlich bedeutsame Informationen zu Gruppen zusammenzufassen und zu gliedern. Nicht nur für das Verständnis des Betrachters, auch aus gestalterischer Sicht ist es wichtig, dass Sie die Anzahl der Informationsgruppen beschränken.

Versuchen Sie immer, mindestens zwei Gruppen zu finden. Die maximale Anzahl lässt sich nicht vorgeben, da es Projekte wie beispielsweise ein Magazin mit 120 Seiten geben kann, in denen es sinnvoll ist, sehr viele Informationsgruppen mit unterschiedlicher Bedeutung zu gestalten. Meistens genügen aber drei bis vier Gruppen, um dem Betrachter einen guten Überblick zu liefern.

Gruppieren Sie Informationen, indem Sie sie zusammen platzieren oder als zusammengehörend gestalten.

Zwei Gruppen
Die wichtigsten Informationen sind der Name der Künstlerin sowie das Veranstaltungsdatum, beides in Gold gesetzt. Die weiß gesetzten Texte bilden die zweite Informationsgruppe.

Gleiches Stilmittel
Die beiden links im Bild hervorgehobenen Informationen gehören nicht zu einer Gruppe, wurden aber aus gestalterischen Gründen mit dem gleichen Stilmittel – eine Linie über und unter dem Text – versehen. Solche wiederholten Stilmittel sorgen für Konsistenz im Design.

Erkenne die Aufgabe

Gruppen bilden in der Praxis

Die Aufgabe lautet, eine Visitenkarte für einen DJ zu gestalten. Sie enthält nur wenige Zeilen Text – nur die wichtigsten Informationen zu den Musikrichtungen sowie Name und Telefonnummer des DJs.

1. Text verteilen

Im ersten Schritt wurde der Text lediglich auf der Karte verteilt. Die Verteilung ist gar nicht übel – grundsätzlich sollten Sie sich unbedingt von dem Wunsch befreien, den Raum immer füllen zu wollen. Freier Raum hat seine eigene Wirkung, vorausgesetzt, er wird an der richtigen Stelle platziert.

Keine Aussage

Bei dieser Karte fehlt noch jegliche Aussage. Es könnte sich genauso um die Visitenkarte eines Versicherungsvertreters handeln. Die Schrift ist nicht speziell genug, es gibt weder typische Farben noch Motive oder Bilder.

Freier Raum

Freier Raum rechts ist eher gefährlich und wird schnell als Loch empfunden, freier Raum links wie im Beispiel hingegen wirkt offen und angenehm. Somit sind wir mit der generellen Aufteilung zufrieden.

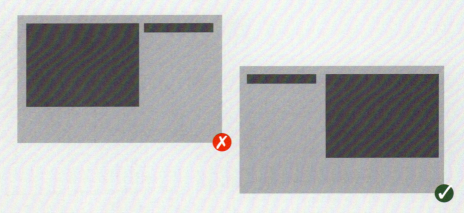

Die wichtigste Information

2. Schrift und Breiten

Im zweiten Schritt haben wir uns für eine andere, weniger universell einsetzbare Schrift entschieden. Sie wirkt ungewöhnlich, modern, auffällig und auch laut. Weil das »J« bei »DJ« nun nicht mehr nach unten herausragt, können wir die Zeile »Back in Town« näher an den Namen schieben.

weniger Abstand zwischen den Zeilen

Den Textblock mit den Musikrichtungen haben wir mit schrägen Strichen ergänzt, die Telefonnummer links wurde in Klammern gesetzt.

Alle Zeilen bis auf die Telefonnummern sind gleich breit. Zudem wurde die Raumaufteilung noch leicht korrigiert, so dass wir perfekte Kanten und Linien finden können.

3. Schmückende Objekte und Farbe

Was liegt näher, als auf der Visitenkarte eines DJs dessen Arbeitsinstrumente, also CDs oder Platten, zu zeigen? Wir haben uns für eine Schallplatte entschieden, die links unten eingefügt und farblich aufgehellt wird. Die dünne Kontur einer Platte wird rechts oben platziert.

Das Blau des inneren Plattenbereichs nehmen wir auf und färben damit den Namen des DJs. Der Rest des Textes wird grau gefärbt.

4. Farbkleckse

Im letzten Schritt wird das Design mit einigen Farbklecksen abgerundet, die das gleiche Blau erhalten, allerdings mit weniger Deckkraft. Zudem wird die Telefonnummer auf einem blauen Balken in weißer Farbe platziert, damit sie deutlicher zu sehen ist.

5. Variationen

Das Blau als Grundfarbe bietet sich an, da der Innenbereich der Platte blau ist. Genauso funktioniert auch ein Orange oder eine andere kräftige Farbe.

Achten Sie darauf, dass die Farbe nicht zu hell ist, da sonst die in Weiß gesetzte Telefonnummer nicht mehr lesbar ist.

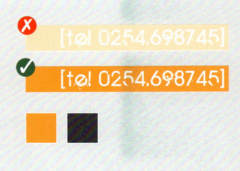

Kenne und nutze die Mittel

Grundlagen und Techniken der Gestaltung

Kenne und nutze die Mittel
Grundlagen und Techniken der Gestaltung

Wenn die Zielgruppe definiert wurde, die wichtigste Information herausgearbeitet ist und eventuell sogar schon ein Blickfang steht, können Sie mit der Gestaltung loslegen. Welche Regeln und Techniken dabei zu beachten sind, erfahren Sie in diesem Kapitel.

Eine Idee und ein Gefühl für Design zu haben ist wichtig, reicht aber nicht, wenn das handwerkliche Geschick fehlt. Dabei spreche ich jetzt nicht von der Anwendung der Software, sondern von ganz einfachen Grundregeln, die ein Design lesbar und interessant machen, eine gewisse Professionalität verleihen und den Betrachter erfreuen. Deshalb lernen Sie in diesem Kapitel ganz konkrete Methoden kennen, mit denen Sie zu einer gelungenen Gestaltung kommen. Dabei betrachten wir weitere Aspekte der Gestaltung – nämlich Räume, Gestaltungslinien, Bilder, Schriften und Farbe.

Seitenformat und Weißraum

[**Weißraum**]
Als Weißraum oder auch Leerraum wird in der Gestaltung und Typografie der unbedruckte Raum einer Seite, also die Ruheinsel, bezeichnet. Der Weißraum muss aber nicht weiß sein – auch eine farbige Fläche im Hintergrund kann als Weißraum dienen.

Das Seitenformat ist eine fixe Größe bei der Gestaltung. Es legt den Bereich fest, innerhalb dessen Sie arbeiten und die Objekte verteilen können. Sie können eigene Seitenformate bestimmen oder auf Standardgrößen zurückgreifen. Bevor wir uns jedoch mit dem eigentlichen Format – also der Abmessung von Breite und Höhe – beschäftigen, sind »Räume« auf der Seite unser Thema. Es gibt freie und belegte Räume, weiße und farbige, helle und dunkle, große und kleine. Wir interessieren uns besonders für den freien Raum, auch Weißraum genannt.

Der Weißraum ist eines der kostbarsten Gestaltungselemente – manche Designer behaupten sogar, er ist das Geheimrezept einer jeden Gestaltung. In jedem Fall ist seine Wirkung unbestritten, und wenn Sie ihn falsch einsetzen, riskieren Sie ein Loch. Genau deswegen haben viele Design-Anfänger großen Respekt vor dem Weißraum.

Seitenformat und Weißraum

Warum wirkt Weißraum?

Eine gewisse Art von Leere, die durch leeren Raum beziehungsweise Weißraum möglich wird, wirkt, und zwar nicht nur in der Gestaltung. Stellen Sie sich ein Zimmer vor, in dem nur ein Stuhl und ein Tisch stehen – sonst nichts. Ganz automatisch würden Sie dem Stuhl-Tisch-Ensemble große Aufmerksamkeit schenken. Im Gegensatz dazu würden Sie in einem komplett eingerichteten, vollgestellten kleinen Zimmer einen Stuhl mit Tisch kaum wahrnehmen und ihm schon gar nicht Ihre Aufmerksamkeit schenken. Doch Tisch und Stuhl wirken nicht nur mangels Alternativen, sondern auch durch die Abgrenzung, die dadurch entsteht.

Ein anderes Beispiel: Denken Sie an eine Gruppe von Personen, die dicht beieinanderstehen; nur eine Person steht zwei Schritte entfernt. Abhängig davon, wie diese Person dort steht und wie sich das Verhältnis zwischen der Person und der Gruppe anfühlt, denkt man, die eine Person wird abgegrenzt oder sie hat einen ganz besonderen, einen hervorgehobenen Status. Egal, welche Situation zutreffend ist: Der freie Raum zwischen der Person und der Gruppe führt zu einer ganz besonderen Wahrnehmung. Es entsteht Spannung. Übertragen auf die Gestaltung bedeutet dies also: Diejenige Information, die der Gestalter räumlich abgrenzt, erhält mehr Aufmerksamkeit und ermöglicht Ihnen, Spannung zu erzeugen.

Freier Raum erzeugt Spannung und Aufmerksamkeit.

‹ Aufmerksamkeit
Aufgrund seines räumlichen Abstands betrachten wir den kleinen Kreis rechts mit mehr Aufmerksamkeit.

Kenne und nutze die Mittel

Zu wenig Raum, zu viel Text

Im ersten Beispiel bestand der Ehrgeiz, alle Teesorten des Teeladens auf der Karte zu platzieren. Das Ergebnis lädt nicht zum Betrachten ein, sondern wirkt unübersichtlich und zu voll.

Der Geschäftsname ist nicht auffällig genug, und die Seite ist vollgestopft mit Informationen.

zu nah am Papierrand

Zeilenabstand zu klein

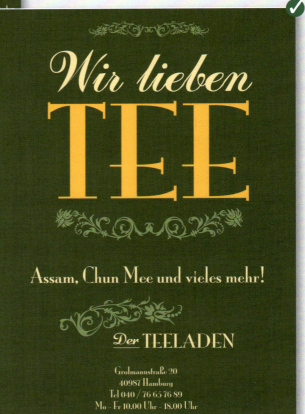

Der Geschäftsname »Der Teeladen« ist größer und hat trotzdem genügend Freiraum.

Weniger Inhalt, mehr Freiraum

In der korrigierten Variante hat der Gestalter auf die Aufzählung verzichtet. Das Ergebnis ist sehr viel ansprechender und aufgeräumter.

Seitenformat und Weißraum

Raum für die Lesbarkeit

Sie kennen das sicher selbst: Mit Informationen vollgestopfte Zettel, selbstgeschrieben oder als Werbung im Briefkasten, sind ausgesprochen unübersichtlich und laden nicht zum Lesen ein. Gestaltungen, die über freien Raum verfügen, sind in der Regel besser lesbar und vor allem übersichtlicher.

Freier Raum gliedert und erhöht die Lesbarkeit.

Raum für Aufmerksamkeit

Erinnern Sie sich an den Schritt »Die wichtigste Information« aus dem ersten Kapitel? Damit der Betrachter möglichst schnell erkennt, um was es eigentlich geht, sollten Sie die eine, die wichtigste Information klar als solche herausstellen. Denken Sie an die Menschengruppe und die eine Person, die etwas abseitssteht. Warum nutzen Sie für diese Aufgabe nicht auch die Macht und die Wirkung des Freiraums? Um Aufmerksamkeit zu erzeugen, müssen Sie also nicht immer nur auf grelle Farben und große Schriften zurückgreifen. Mit genügend Weißraum wirkt auch ein zurückhaltenderes Design. Für die Praxis heißt das, dass Sie für genügend freien Raum um die wichtige Information herum sorgen müssen.

[Kontrast]

Übrigens ist Weißraum ein notwendiges Element, um überhaupt etwas lesen zu können. Denn nur durch den Kontrast zwischen Schwarz und Weiß, zwischen bedruckt und unbedruckt, formt sich ein Buchstabe.

Raum zur Gliederung

Im ersten Kapitel haben Sie erfahren, dass für jede Gestaltung eine Gliederung der Informationen notwendig ist. Das Gliedern können Sie auf unterschiedliche Weise vornehmen. Sie können zum Beispiel mit verschiedenen Schriftgrößen arbeiten. Allerdings sollten Sie aufpassen, dass Sie nicht zu viele verschiedene Größen verwenden, weil es sonst unübersichtlich wird. Eine andere Möglichkeit ist, mit Farben zu gliedern, aber auch hier kommen Sie schnell an Grenzen, da zum einen Farben nicht zwingend Prioritäten verdeutlichen und zum anderen die Gestaltung schnell sehr bunt wird. Hingegen sind Freiräume als Gliederungselement universell einsetzbar, da es hier kaum Beschränkungen gibt.

Trennen Sie also Informationsgruppen, indem Sie zwischen den Gruppen Platz lassen. Ist doch selbstverständlich, sagen Sie? Wunderbar, dann haben Sie den Wert des freien Raums bereits verinnerlicht. Achten Sie aber darauf, dass der Weißraum nicht zu groß wird und nicht zu häufig eingesetzt wird, denn dann verliert er seine Wirkung, und die Gestaltung wird wieder unübersichtlicher. Das richtige Verhältnis macht den Unterschied.

[Gruppieren]

Lassen Sie beispielsweise auf einem Briefpapier Raum zwischen Adressdaten und Bankverbindung. So kann jede Informationsgruppe vom Betrachter isoliert wahrgenommen werden.

Kenne und nutze die Mittel

Freier Raum ist kostbar

Sie haben viel Platz und wenig Text? Dann haben Sie allen Grund, sich zu freuen, denn dann befinden Sie sich in einer privilegierten Situation. Gerade im privaten und im semiprofessionellen Bereich ist der umgekehrte Fall die Regel. Eine großformatige Gestaltung ist teurer als eine kleine, da sie höhere Druckkosten, höhere Papierkosten und eventuell sogar hö-

Innenseite
Auf der Innenseite wurde der Blumenschmuck aufgehellt, damit die Seite nicht zu voll wirkt.

viel Weißraum

zwei Farben genügen

Karte zur Hochzeit
Bei der Hochzeitskarte wirkt die Vorderseite mit viel Weißraum elegant und zurückhaltend. Die Innenseite enthält zwar mehr Text, konnte aber trotzdem noch mit genügend Weißraum gestaltet werden, um zum Titel zu passen und locker zu wirken.

Gelungene Schriftkombination

here Versandkosten verursacht. Somit entscheiden sich viele häufig für das kleinere Format oder für weniger Seiten, und dann muss schon mal ganz schön gequetscht werden. Haben Sie aber viel Platz zur Verfügung, können Sie den Weißraum nicht nur für die Gliederung der Inhalte, sondern auch einfach als das, was er ist, einsetzen: als weißen beziehungsweise freien Raum. Und damit lässt sich sehr elegant gestalten.

Elegant und ästhetisch

Abhängig davon, welche Stimmung Sie mit Ihrer Gestaltung vermitteln wollen, sollten Sie auf die Größe des verwendeten Weißraums achten. Mit viel Weißraum und einer reduzierten und zurückhaltenden Gestaltung wird Ihr Design edel. Wenn der Entwurf dann noch auf Büttenpapier oder einem anderen edlen Naturpapier gedruckt und vielleicht stellenweise sogar geprägt wird, hat man mit Sicherheit keine Einladung für den Kindergeburtstag im Sinn gehabt.

v Freier Raum im Katalog
Die Doppelseite eines Möbelkatalogs zeigt ebenfalls viel freien Raum, was gut zu dem eleganten und ästhetischen Mobiliar passt.

Achten Sie also darauf, dass Sie für die Gestaltung eines ästhetischen und eleganten Druckerzeugnisses genug Weißraum zur Verfügung haben. Andersherum: Besprechen Sie mit dem Auftraggeber, ob bestimmte Informationen wegfallen können. Ist das nicht möglich und können Sie als der Designer bereits absehen, dass nur sehr wenig Weißraum übrig bleiben wird, sollte man in jedem Fall über die Wahl eines größeren Formats oder über mehr Seiten nachdenken.

Freien Raum platzieren

Ob freier Raum Ihre Gestaltung elegant oder löchrig macht, hängt in erster Linie davon ab, an welcher Stelle Sie ihn platzieren. Eine Grundregel besagt: Freier Raum rechts und unten wirkt schnell unschön, weil er *hinter* dem Inhalt platziert wurde und vom Betrachter als Loch empfunden wird im Sinne von »na, ist der Text ausgegangen?«. Zudem verliert die Gestaltung schnell an Gleichgewicht und kippt nach links, wenn es rechts und unten leer ist.

Wenn Sie hingegen den freien Raum links und oben, also *vor* dem Inhalt platzieren, fungiert er als Pause, als kurzes Innehalten, bevor der Inhalt folgt, dem der Betrachter seine Aufmerksamkeit schenken soll.

Raum aufteilen

Vermeiden Sie den Mittelweg, vermeiden Sie halb-halb. Eine Aufteilung in zwei Hälften ist aus gestalterischer Sicht selten der richtige Weg. Denken Sie an das erste Kapitel, und entscheiden Sie sich! Teilen Sie beispielsweise in ein Drittel und zwei Drittel auf oder, wenn Sie noch tiefer in die Welt des Designs eintauchen möchten, nach dem Goldenen Schnitt. Dieses Teilungsverhältnis lässt sich gut dazu verwenden, eine harmonische Aufteilung zu finden, und wird im nächsten Abschnitt erklärt.

Aber nicht nur wenn Sie zwei Flächen aufteilen sollen, sondern auch bei der Aufteilung und Verteilung von Raum und Text sollten Sie den Mittelweg vermeiden. Nehmen wir an, Sie gestalten einen Aushang für die Betriebsweihnachtsfeier. Sie haben einen Textblock und viel Platz auf der Seite. Platzieren Sie – vertikal gesehen – den Textblock nicht genau in der Mitte der Seite. Gestalten Sie ihn lieber so, dass er beispielsweise ein Drittel der Seite einnimmt, der Rest nimmt zwei Drittel ein. Bedenken Sie bei dieser Variante, dass der freie Raum besser über dem Text steht, weil er unten schnell unangenehm als Loch wahrgenommen wird.

Viel Weißraum ist ein Indikator für ein elegantes Design.

[**Preisunterschied**]
Abhängig vom ursprünglich gewählten Format kostet es manchmal nur einen erstaunlich geringen Aufpreis, wenn das Format oder die Seitenzahlen erhöht werden. Nachfragen lohnt sich in jedem Fall.

Seitenformat und Weißraum

Die Gestaltung kippt
Der freie Raum rechts und unten wirkt als Loch. So hat man das Gefühl, dass die Gestaltung kippt.

Ausgewogene Platzierung
Bei dieser Variante wurde der freie Raum hauptsächlich oben und links untergebracht. Dadurch wirkt er nicht als Loch, sondern als elegante Vorbereitung zum Betrachten.

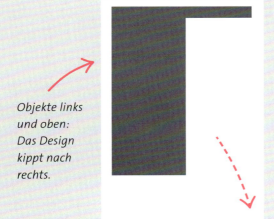

Objekte links und oben: Das Design kippt nach rechts.

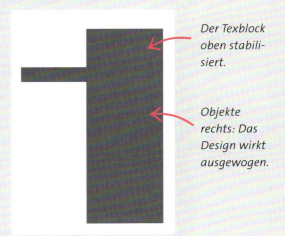

Der Texblock oben stabilisiert.

Objekte rechts: Das Design wirkt ausgewogen.

Kenne und nutze die Mittel

Eine 1:2-Aufteilung des Raums ist meist spannender als zwei gleich große Hälften.

Abhängig von den Inhalten könnte es aber auch umgekehrt funktionieren: Vergrößern Sie die Informationen auf etwa zwei Drittel der Seite; der freie oder auch farbig hinterlegte Raum kann ein Drittel einnehmen.

Goldener Schnitt

Der Goldene Schnitt ist ein Teilungsverhältnis, das bereits in der Antike von Malern, Bildhauern und Architekten verwendet wurde. Das mensch-

Seitenformat und Weißraum

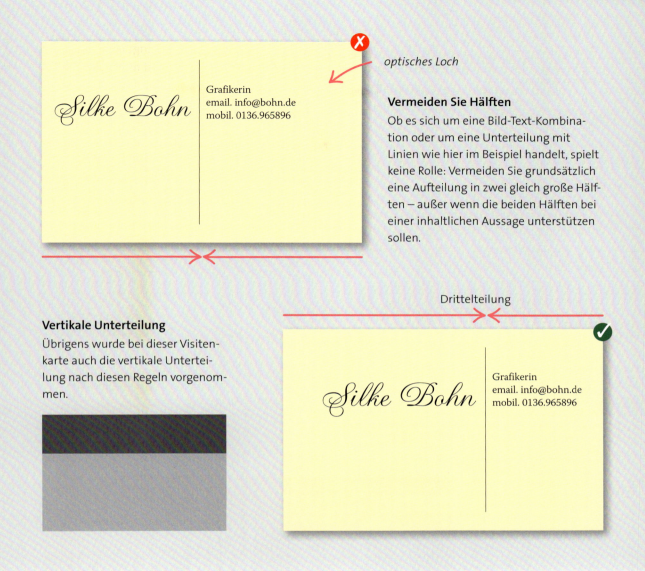

optisches Loch

Vermeiden Sie Hälften
Ob es sich um eine Bild-Text-Kombination oder um eine Unterteilung mit Linien wie hier im Beispiel handelt, spielt keine Rolle: Vermeiden Sie grundsätzlich eine Aufteilung in zwei gleich große Hälften – außer wenn die beiden Hälften bei einer inhaltlichen Aussage unterstützen sollen.

Vertikale Unterteilung
Übrigens wurde bei dieser Visitenkarte auch die vertikale Unterteilung nach diesen Regeln vorgenommen.

Drittelteilung

liche Auge empfindet dieses Teilungsverhältnis als besonders harmonisch und anziehend. Wenn Sie erst einmal einen Blick für diese »göttliche Proportion« entwickelt haben und mit offenen Augen durch die Welt gehen, werden Sie es auch überall in der Natur entdecken.

Die Verhältniszahl des Goldenen Schnitts, also die Goldene Zahl, lautet 1,61. Wenn Sie im Internet nach dem Goldenen Schnitt suchen, finden Sie sogar seitenweise Formeln und Berechnungen. Sie haben keine Lust, sich mit Zahlen herumzuschlagen? Dann formuliere ich es anders: Stel-

Kenne und nutze die Mittel

Der Goldene Schnitt hilft beim Unterteilen von Räumen.

len Sie sich eine horizontale Linie vor. Auf dieser Linie machen Sie einen kleinen senkrechten Strich, wodurch die Linie in zwei Teile geteilt wird. Und genau darum geht es – um das Verhältnis dieser beiden Teile zueinander. Der senkrechte Strich ist nicht in der Mitte, denn davon habe ich bereits ein paarmal abgeraten, und das würde auch nicht dem Goldenen Schnitt entsprechen. Der Strich wird so gesetzt, dass der kleinere Teil der Linie sich zum größeren verhält wie der größere Teil zur gesamten Linie.

Goldener Schnitt >
Die schematische Darstellung des Goldenen Schnitts. Die kurze Strecke (a) verhält sich zur längeren (b) wie die längere zur Gesamtstrecke (c).

Bunte Hochzeit
Besonders bei mehrfarbigen Hintergründen sollten Sie auf eine harmonische Größenunterteilung der Farbflächen achten.

Farben aus der Ampel entnommen

Streckenteilung nach dem Goldenen Schnitt

Ein (Rechen-)Beispiel

Eine Linie oder Fläche ist 15 Zentimeter lang. Nach dem Goldenen Schnitt entspricht das einer Teilung der Linie nach 9,3 Zentimetern. Die lange Strecke ist also 9,3 Zentimeter, die zweite, kurze Strecke ist 5,7 Zentimeter lang. Somit ist das Verhältnis von der kurzen zur langen Strecke (5,7 : 9,3) das gleiche wie das Verhältnis der langen zur Gesamtstrecke (9,3 : 15).

Wie ich die Teilstrecken ausgerechnet habe? Ganz einfach: Ich teile die 15 Zentimeter durch 1,61 und erhalte so die Länge der langen Teilstrecke.

[**In der Natur**]

Die Blütensamen und farbigen Zeichnungen vieler Pflanzen tragen die Teilung in sich, und sogar der menschliche Körper ist nach dem Goldenen Schnitt unterteilt.

Dritteln und der Goldene Schnitt

Ist Ihnen bei den Ergebnissen des Rechenbeispiels etwas aufgefallen? Die Aufteilung in 9,3 und 5,7 Zentimeter ähnelt sehr der Drittelteilung. Würde man die 15 Zentimeter dritteln, hätte man eine Aufteilung von 10 Zentimetern für die lange und 5 Zentimeter für die kurze Strecke. Also: Wer drittelt, kommt nicht schlechter zu einem harmonischen Ergebnis!

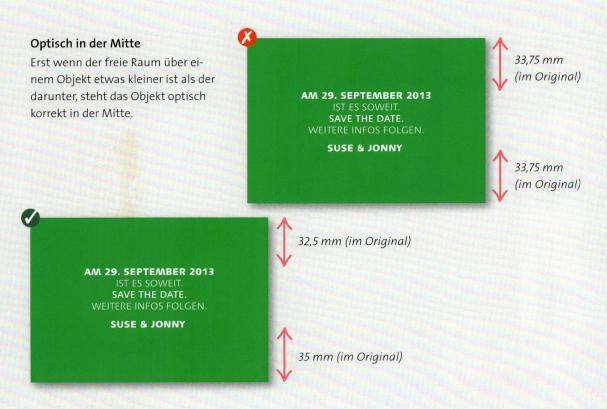

Optisch in der Mitte

Erst wenn der freie Raum über einem Objekt etwas kleiner ist als der darunter, steht das Objekt optisch korrekt in der Mitte.

Papierformate

Nach der deutschen Norm für Papierformate gibt es fest vorgegebene Format-Reihen für Papiergrößen. Die Formate aus der A-Reihe haben ein Verhältnis 1 zu Wurzel aus 2, das entspricht einem Seitenverhältnis von 1:1,414. Das Standardformat DIN A4 beispielsweise kennt sicherlich jeder. Es entspricht einer Größe von 210 × 297 Millimetern und wird für Briefbögen verwendet. Die Formatreihe reicht von DIN A0 mit der Fläche eines Quadratmeters bis hin zu DIN A8 mit einer Größe von 52 × 74 Millimetern.

Das nächstgrößere Format lässt sich leicht errechnen, indem die kurze Seite verdoppelt wird. Genauso können Sie schnell das nächstkleinere DIN-Format ausrechnen, indem Sie die lange Seite halbieren. Übrigens verdoppelt beziehungsweise halbiert sich dabei immer die Grundfläche. Haben Sie also beispielsweise die Maße von DIN A5 im Kopf und benötigen aber die des Formats DIN A6, halbieren Sie einfach die lange Seite des DIN A5. DIN A5 hat die Maße 148 × 210 Millimeter. Wird die lange Seite halbiert, entsteht das Format DIN A6 mit 105 × 148 Millimetern.

Die Reihe DIN B enthält unbeschnittene Formate und wird oft im Buchdruck verwendet, und DIN C wird für Versandhüllen und Briefumschläge eingesetzt.

> #### Schreibweisen
> Für Formatangaben gilt grundsätzlich, dass das erste Maß die quer liegende Seite definiert, das zweite Maß steht für die Senkrechte. Da bei der Liste der DIN-Formate immer erst die kurze und dann die lange Seite angegeben wird, bedeutet dies, dass die Formate als Hochformat gedacht sind. Wie Sie das Papier aber letztlich nutzen, ist natürlich Ihnen überlassen. Wenn Sie mit der Druckerei oder anderen Stationen des Arbeitsprozesses sprechen, denken Sie aber an diese Reihenfolge: zuerst die Breite, dann die Höhe.

Genormt ist preiswerter

Sie planen eine Karte im Format 160 × 120 Millimeter? Wenn möglich, sollten Sie auf das Format 148 × 105 Millimeter umsteigen. Denn das entspricht dem Format DIN A6 – und ist übrigens auch das Standardformat für Postkarten. Sie wollen keinen Standard? Sie wollen etwas Besonderes?

Seitenformat und Weißraum

Natürlich, warum nicht. In der Tat hat sich das menschliche Auge an die DIN-Formate gewöhnt, und entsprechend wirken Gestaltungen auf DIN-Format-Papieren grundsätzlich weniger spektakulär als beispielsweise auf quadratisch geschnittenen Papieren. Allerdings sollte Ihnen bewusst sein, dass die genormten DIN-Formate in der Regel preiswerter sind. Wenn trotzdem der Wunsch nach einem ungewöhnlichen Format besteht, dann fragen Sie am besten vorher nach den Preisunterschieden.

Hoch oder quer

Die Wahl des Papierformats gehört genauso zur Gestaltung wie die Wahl der Schrift oder der Farbe. Deswegen sollten Sie sich bereits zu Anfang Gedanken darüber machen. Häufig sind die Formate schon vorgegeben, beispielsweise dann, wenn Sie Briefpapier entwerfen. Vielleicht möchten Sie aber eine Einladung oder einen Wurfzettel gestalten, bei dem zwar das Format feststeht, aber noch nicht, ob es hoch oder quer bedruckt werden soll. In diesem Fall sollten Sie von der unterschiedlichen Wirkung der Formate wissen.

[**DIN-Formate**]
Viele Arbeitsabläufe, von der Papierherstellung und Lieferung sowie dem Druck bis hin zur Weiterverarbeitung – also beispielsweise dem Binden und dem Versand –, sind durch die einheitlichen Maße vereinfacht.

v **Papierformate**
Die DIN-Formate im Überblick

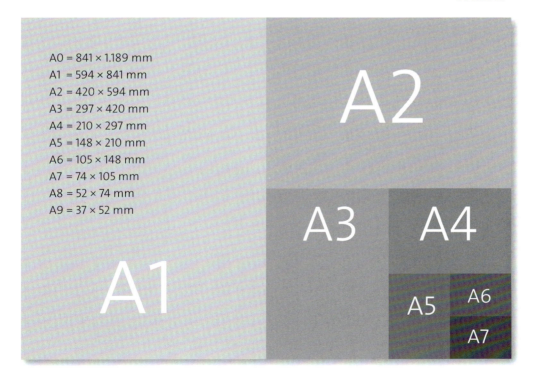

A0 = 841 × 1.189 mm
A1 = 594 × 841 mm
A2 = 420 × 594 mm
A3 = 297 × 420 mm
A4 = 210 × 297 mm
A5 = 148 × 210 mm
A6 = 105 × 148 mm
A7 = 74 × 105 mm
A8 = 52 × 74 mm
A9 = 37 × 52 mm

Kenne und nutze die Mittel

Querformat

Beim Querformat ist die Breite größer als die Höhe. Es entspricht dem menschlichen Sichtfeld, denn das ist ebenso breiter als hoch. Dem Querformat sagt man nach, dass es stabil und somit auch ruhig und gemütlich wirkt. Aber trotz seiner grundsätzlich beruhigenden Wirkung ist es als Papierformat weniger üblich als das Hochformat, wodurch es wieder ungewöhnlich wird.

Das Querformat ist beruhigend, aber auch unüblich.

Verschiedene Wirkungen

Die gleiche Anzeige, einmal als Querformat und einmal als Hochformat. Das Querformat wirkt bequemer und macht sich fast etwas »breit«.

Seitenformat und Weißraum

Hochformat

Das Hochformat ist in der Breite schmaler als in der Höhe. Es kann wackelig wirken, ist in jedem Fall aber dynamischer als das Querformat. Je schlanker das Format, desto eleganter wirkt es. Da man das Hochformat häufiger sieht als das Querformat, wirkt es gewöhnlicher und wenig überraschend. Vor allem bei mehrseitigen Gestaltungen wird vorwiegend das Hochformat eingesetzt.

Das Hochformat wirkt instabiler, aber dynamisch.

optische Achsen

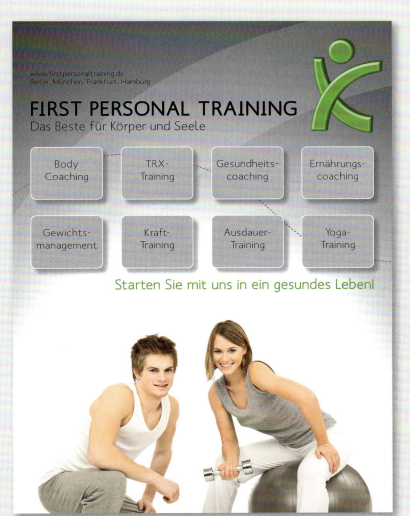

Aktives Hochformat
Die gleiche Anzeige als Hochformat wirkt spannender und aktiver und passt somit auch besser zum Inhalt.

Die Farben wirken frisch und gesund und sind teilweise aus dem Bild entnommen.

Quadratisches Format

Bleibt noch das quadratische Format, bei dem jede Seite gleich lang ist. Dieses ungewöhnliche Format entspricht keinem DIN-Format. Man sieht es nicht häufig, und allein schon deswegen können Sie davon ausgehen, dass Sie mit dem Format einen Aufmerksamkeitsbonus haben. Natürlich dürfen Sie weder die Mehrkosten noch die Wirkung des quadratischen Formats deswegen aus den Augen verlieren. Quadratische Formate wirken ausgeglichen und neutral.

Letztlich gibt es natürlich auch noch andere, irreguläre Formate wie ein Oval, einen Kreis oder andere, gestanzte Formen. Wer seine Visitenkarten als Fluglehrer in Flugzeugform stanzen lässt, hat definitiv einen Blickfang geschaffen. Meist sind aber die Kosten zu hoch, um ernsthaft über solch ungewöhnliche Formen nachzudenken.

Übliche Formate

Durch die DIN-Norm, aber auch durch andere Umstände haben sich für bestimmte Druckerzeugnisse ganz bestimmte Formate bewährt. In vielen Fällen gibt es auch keinen Grund, das Format zu ändern, nur um »anders« zu sein. Hier eine Liste mit Standards:

- **Briefbogen im DIN-A4-Format (210 × 297 mm)**
  Beim Briefbogen ist nicht nur das Papierformat genormt, sondern auch das Adress- und Absenderfeld sowie die kleinen Striche oder Punkte an der linken Kante, die das Lochen und Abheften erleichtern.
- **Visitenkarten**
  Bei Visitenkarten gibt es zwei gängige Formate, das sind 80 × 50 Millimeter und 85 × 55 Millimeter. Wenn Sie sich für größere Karten entscheiden, erregen Sie wahrscheinlich Aufmerksamkeit! Allerdings sollten Sie bedenken, dass diese dann nicht mehr in die Einschübe handelsüblicher Brieftaschen, Geldbeutel und auch Visitenkartenhalter passen und deswegen auch die Gefahr besteht, dass der Kunde nicht weiß, wohin er sie stecken soll, und sie im Mülleimer landen können.
- **Postkarten**
  Eine Postkarte muss nicht zwingend verschickt werden. Das Format DIN A6 (105 × 148 mm) findet man in jedem Geschäft oder Café, in dem Werbung ausliegt. Meist zweiseitig bedruckt, lässt sich mit diesem Medium gut werben. Es ist groß genug, um ein paar Informationen unterzubringen, und klein genug, um in die Handtasche der Interes-

Seitenformat und Weißraum

sierten zu landen. Wenn Sie mehr Platz benötigen, können Sie das Postkartenformat auch als Klappkarte mit vier Seiten einsetzen.

- **Flyer**

    Der Flyer entsteht häufig aus einem quer liegenden DIN-A4-Blatt, das zweimal gefaltet wird. Da die lange Kante der A4-Seite 297 Millimeter lang ist, entstehen zwei Seiten mit einer Breite von 100 Millimetern und eine dritte mit einer Breite von 97 Millimetern, die problemlos nach innen gefaltet werden kann. Diese Art von Flyer wird als DIN lang bezeichnet und sehr häufig verwendet, sicher auch deswegen, weil seine Grundfläche auf dem DIN-Format basiert und er deswegen kostengünstig ist. Außerdem lässt er sich in passenden DIN-lang-Umschlägen verschicken.

[**DIN lang**]

Als DIN lang bezeichnet man eine bestimmte Sorte von Formaten. In erster Linie sind das Flyer oder andere Drucksachen, die – fertig gefaltet – eine Größe von 100 × 210 Millimeter haben sowie die zugehörigen Briefumschläge mit einer Größe von 110 × 220 Millimetern.

Briefbogen
Der Briefbogen wird üblicherweise im DIN-A4-Format angelegt. Die Visitenkarte gibt es als einfache Variante oder als Klappkarte.

Postkarte
Eine Postkarte passt in jede Handtasche.

Flyer
Ein Flyer im Wickel- oder Zickzackfalz ist ein beliebtes und relativ preisgünstiges Werbemittel.

Kenne und nutze die Mittel

▲ Poster
Aushang, Poster oder Plakat: Alles, was wir im Vorbeigehen sehen, muss in wenigen Sekunden erfasst werden.

■ **Poster**

Poster, also Plakate, gibt es in den verschiedensten Formaten. Zwecks Kosten sollte auch das Plakat auf den DIN-Formaten basieren. Üblich ist eine Größe von DIN A1, also 590 × 840 Millimeter. Aus Platzgründen sind Plakate im Hochformat häufiger zu sehen als im Querformat. Klären Sie vorher ab, wo Ihre Gestaltung plakatiert wird – vielleicht ist es ja möglich, auch mal das Querformat einzusetzen, wenn es inhaltlich passt.

Neben dem Plakat kennt man auch den Aushang, der umgangssprachlich ebenfalls als Poster bezeichnet wird. Er ist in der Regel kleiner, zwischen DIN A5 und DIN A3, und im Unterschied zum Plakat ist der Kreis der Interessierten eher klein, wodurch man als Gestalter die Zielgruppe schon genau vor Augen hat. Ein Aushang wird eher für die Veröffentlichung von Informationen wie der anstehenden Weihnachtsfeier oder der Klausurnoten eingesetzt und weniger in der Werbung.

Elemente wirkungsvoll anordnen

Sie wissen jetzt, wie wichtig Räume in der Gestaltung sind, und haben auch schon einiges über Formate erfahren. Um Texte und Bilder nun aber ansprechend auf dem Papier zu platzieren, spielen noch weitere Faktoren eine Rolle, allen voran Blickführung und Lesbarkeit.

Blickführung

Im Optimalfall hat Ihre Gestaltung eine Blickführung, die den Betrachter zwischen dem Text und einem Bild oder einem anderen Blickfang hält und ihn nicht mehr loslässt. Die Blickführung innerhalb einer Gestaltung beeinflussen Sie durch Größe und Verteilung der Gestaltungselemente, aber auch durch die Auswahl der Bilder. Wenn Sie alles richtig gemacht haben, entstehen in Ihren Designs optische Achsen, an denen sich das Auge orientieren wird.

Die Achsen können teilen oder verbinden und bieten Ihnen die Möglichkeit, Dynamik in Ihre Entwürfe zu bringen. Vor allem aber unterstützen und führen sie den Blick des Betrachters und können die optische Wirkung von Text verstärken.

Elemente wirkungsvoll anordnen

Wahrnehmung

In der Regel nimmt der Betrachter Informationen von links oben nach rechts unten auf. Wir finden so das berühmte Betrachtungsmuster in Form eines »Z« wieder. Allerdings gibt es auch Ausnahmen. Zudem ist die Blickführung von der Art der Gestaltung und somit von der Leseart abhängig: Ein Plakat beispielsweise wird eher als ein Bild erfasst und lässt sich somit nicht mit den üblichen Regeln zur Blickführung gestalten.

Das übliche Betrachtungsmuster findet in Form eines »Z« statt.

Blickführung in Form eines »Z«

Sie sehen ein gutes Beispiel für die Blickführung. Hier ist das klassische Betrachtungsmuster in Form eines »Z« eingehalten und wird durch die Pfeile verstärkt.

Überlappung nutzen

Die Überlappung von Uhr und dem Text »Zeitmanagement« unterstützt die Blickführung von der Uhr zur Überschrift.

Reihenfolge

Der Betrachter startet mit dem Blickfang Uhr und dem zugehörigen Titel »Zeitmanagement«. Von dort aus nimmt er die Zeile »Zeitfresser vermeiden« wahr, der Pfeil führt ihn nach links zur Zeile »Effizienter arbeiten«. Von dort aus geht es zu »Bessere Zeitverwaltung« und schließlich wieder nach rechts zum Firmennamen und Logo.

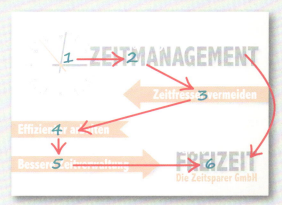

Auch möglich: Der Blick verläuft von der Überschrift zum Firmennamen.

Kenne und nutze die Mittel

Vom Model zum Slogan
Bei dieser Anzeige hat der Gestalter ebenfalls an das Betrachtungsmuster in Z-Form gedacht.

Farben
Die kräftigen Farben, die im Logo zu finden sind, werden in der Überschrift wieder verwendet.

Elemente wirkungsvoll anordnen

Blickreihenfolge
Der Blick wird vom Eyechatcher, dem Model, hin zum Slogan nach rechts geführt. Von dort gleitet der Blick weiter nach links unten zum Logo und zum Text, und zum Schluss landet der Blick des Betrachers auf der Dose rechts unten.

Betrachtung in Z-Form

Blickfang
Damit das Model zweifelsfrei als Blickfang fungiert, wird unterstützend ein Verlauf hinter das Bild gelegt.

Nach außen dunkel
Durch den dunklen Außenbereich des Verlaufs wird es dem Betrachter erschwert, die Gestaltung zu verlassen.

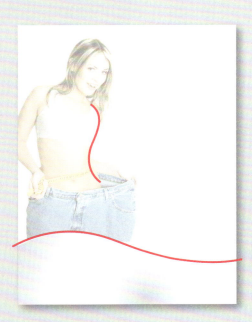

Gestaltungselement Kurve
Die Kurve des Models dient als wiederkehrendes Stilelement. Sie taucht als Begrenzung der unteren Fläche auf, und auch die Schriftwahl wird davon beeinflusst. Auch im Logo finden wir die geschwungenen Formen.

geschwungene Schrift

runde Form im Logo

Blickführung durch Bilder

Die Form eines »Z« entspricht also dem klassischen Betrachtungsmuster. Das Muster wird allerdings in bestimmten Fällen durchbrochen. Wenn Sie beispielsweise Ihre Gestaltung zentriert aufgebaut haben, passt sich die Blickführung des Betrachters an. Auch Bilder können die Blickführung in der Gestaltung unterstützen.

Überlegt aufgenommene Fotos enthalten eine Bildachse, also eine optische Achse, die durch den Bildinhalt bestimmt wird. Diese Achse kann – richtig eingesetzt – den Leser vom Bild zurück zum Text führen. Hier entscheiden Gesten und Blickrichtungen von aufgenommenen Personen oder auch Straßen, Wege oder andere, als Linien erkennbare Formen. So unterstützt das Bild, wenn es den optimalen Inhalt zeigt und an optimaler Stelle platziert wird, die gewünschte Blickführung.

Bildachse
Bilder wie diese haben eine gut erkennbare Achse.

Bildachse folgt der Straße

Bildachse zwischen den Reben

Achse in der Landschaft
Bei Landschaftsbildern wird die Achse häufig durch einen Weg markiert, der zu einem bestimmten Ziel führt, wie zum Beispiel ein Waldweg, der an einer Lichtung oder Hütte endet.

Elemente wirkungsvoll anordnen

Wie nutzt man die Bildachse?
Platzieren Sie die wichtigen Informationen genau in die Bildachse, denn ihr folgt der Blick des Betrachters.

Info

Der Blick ist blickführend
Die Blickrichtung der Frau geht seitlich nach oben, das Gesicht ist ebenfalls leicht zu dieser Seite gedreht. Die gesamte Aufmerksamkeit gilt der – vom Betrachter aus – linken Seite des Bildes.

Bildachse

Finden Sie heraus, ob auf Ihren Bildern Bildachsen vorhanden sind und ob Sie diese für die Blickführung einsetzen können. Sind Personen auf den Bildern abgebildet? Bei Porträts sind Blickrichtung und Körperhaltung entscheidend. Normalerweise verläuft die Achse entlang der Blick- und Körperrichtung. Zeigt der Körper in eine andere Richtung als der Blick, hat das Bild zwei verschiedene Bildachsen, und Sie als Gestalter entscheiden, welche Sie für die weitere Gestaltung aufnehmen.

Auch Licht und Schatten in einem Bild lassen eine Achse entstehen, und zwar von hell nach dunkel.

Sie finden trotz allen Tipps keine Achse? Bitte nicht gleich verzweifeln, häufig haben Bilder tatsächlich einfach keine Achse. In diesem Fall sollten Sie den Blick des Betrachters mit anderen Gestaltungselementen wie beispielsweise Linien führen.

Was tun mit der Bildachse?

Sie haben die Bildachse gefunden? Sehr gut. Wenn das Bild als Eyecatcher fungiert, landet also der Blick des Betrachters zuerst auf ihm. Hat das Bild nun auch noch eine Achse, gleitet der Blick vom Bild weg entlang der Achse und landet – genau, am besten auf dem Text, der Grafik oder dem Logo, das Sie am höchsten priorisieren und das Sie entsprechend auf der Achse platzieren.

Bildachse durch Blickrichtung

Auch hier entsteht die Bildachse durch den Blick der Person. Die Achse verläuft von links unten nach rechts oben. Somit sollte die wichtige Information rechts oben platziert werden. Trotzdem besteht die Gefahr, dass der Leser schnell das Interesse verliert. Wieso?

Verlauf

Der Verlauf im Hintergrund wird zum rechten Rand hin sehr hell und wirkt somit nicht als optische Begrenzung. Somit besteht die Gefahr, dass der Blick des Lesers nach der Informationsaufnahme sofort abschweift.

keine Begrenzung; der Blick des Lesers verlässt die Anzeige

Der Blick des Betrachters folgt also dem Blick der fotografierten Person. Platzieren Sie deswegen grundsätzlich Bilder so, dass die Personen in die Seite hineinblicken – Ausnahmen bestätigen auch hier die Regel.

Enthalten die Bilder vielleicht andere dynamische Elemente wie Autos oder Fahrradfahrer? Auch diese sollten, wenn sie am Rand platziert werden, in die Seite hineinfahren, denn dann führen sie den Blick des Betrachters immer wieder die Seite hinein.

kreisförmiger Verlauf, nach außen hin dunkel

am Rand dunkel; der Blick wird in der Gestaltung gehalten

Blick behalten
Während im Beispiel auf der linken Seite der Blick aus der Gestaltung hinausläuft, verhindert bei diesem Beispiel der nach außen dunkler werdende Verlauf das Ausbrechen. Der Blick wird sozusagen vom dunklen Rand zurück in die Anzeige geworfen.

Kenne und nutze die Mittel

Bewegung

Eine Gestaltung mit der Z-förmigen Blickführung wirkt automatisch aktiv und bewegt. Andere Gestaltungen wirken ruhig und statisch. Welche Wirkung bezüglich ihrer Bewegung können Gestaltungen aufweisen?

- harmonisch/unharmonisch
- dynamisch/statisch
- schnell/langsam
- ruhig/lebendig
- symmetrisch/asymmetrisch
- proportional/unproportional

Doch warum haben manche Gestaltungen diese und andere Designs jene Wirkung? Zuständig dafür sind Blickführung, Schrift, Bild und Farbe, aber auch grafische Formen wie Linien oder Rechtecke. Je nachdem, welche Formen Sie wählen und wie Sie diese platzieren, erzeugen Sie beim Betrachter bestimmte Gefühle.

Ruhig und schwer

Diese Variante der Visitenkarte strahlt Ruhe aus – sie wirkt fast etwas schwer. Verantwortlich dafür ist der Kreis, der rechts unten platziert wurde.

Der Kreis macht die Karte schwer.

Lebendig

Die zweite Variante strahlt mehr Leichtigkeit und Lebendigkeit aus. Dafür sorgt lediglich die andere Position des Kreises. Ein Kreis oben am Rand wirkt, als könne er wie ein Luftballon davonfliegen.

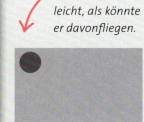

Der Kreis wirkt leicht, als könnte er davonfliegen.

Elemente wirkungsvoll anordnen

Hier kann der Kreis nicht aufsteigen.

Der Kreis steigt auf und wirkt leicht.

Schwer gegen leicht
Bei der Gestaltung dieser Visitenkarte wurde das Logo in Form des Kreises in der unteren Hälfte platziert. Nicht zuletzt durch seine Größe drängt es optisch nach oben. Es kann allerdings nicht aufsteigen, da der Text es unten hält. Das Ergebnis ist unbefriedigend und wirkt schwer.

Aufsteigend
Hier darf der Kreis seinem Wunsch nachkommen und nach oben aufsteigen. Die ganze Karte wirkt dadurch viel leichter und stimmiger.

Statisch oder dynamisch
Ein Auto auf waagerechter und abschüssiger Straße. Nur durch die Neigung der Straße strahlt die zweite Variante mehr Dynamik aus als die erste.

Kenne und nutze die Mittel

Dynamik und Statik

Möchten Sie einen dynamischen Entwurf gestalten, vielleicht für die Fahrschule oder für einen Sportverein? Eine Möglichkeit, Dynamik zu vermitteln, ist, Größenunterschiede zu nutzen und zum Beispiel Bilder unterschiedlich groß einzubinden. Zwei gleich große Abbildungen wirken statisch, vielleicht sogar langweilig; die Dynamik kann höchstens durch die unterschiedlichen Bildinhalte entstehen. Mit einer großen und einer kleinen Abbildung erzeugen Sie automatisch Dynamik. Beachten Sie aber: Durch die Größenunterschiede gewichten Sie – vielleicht ungewollt – die Inhalte auf der Seite. Daher können Sie als Alternative zum Kontrast der Größen auch Formen nutzen, um Dynamik zu visualisieren.

Jede geometrische Form hat ihre eigene Wirkung.

Elementare Grundformen haben ebenfalls eine bestimmte Wirkung. Sie können diese als schmückende Elemente oder als Hintergrund verwenden. Auch Text, den Sie in eine solche Grundform bringen, wirkt entsprechend. Zu den dynamischen Grundformen zählt das mit der Spitze nach oben zeigende Dreieck genauso wie eine senkrechte Linie. Vorsicht, zeigt die Spitze des Dreiecks nach rechts, zeigt es nach vorn – zeigt es nach links, wirkt es rückschrittlich.

Zurück und vor

Der Hintergrund für eine Anzeige. Das Dreieck zeigt nach links und somit zurück, da unsere Leserichtung von links nach rechts erfolgt. Durch die »falsche« Richtung wirkt diese Gestaltung fast wie eine Parodie, die rechts empfinden wir dagegen als fortschrittlich.

Dieses Dreieck zeigt in Leserichtung, also »vorwärts«.

Elemente wirkungsvoll anordnen

Ruhig und weich
Nicht immer sind dynamische Gestaltungen gefragt. Für das Design einer Massagepraxis sollten Sie eher auf die ruhige, weiche Wirkung von Objekten setzen. Ein Quadrat würde sich grundsätzlich eignen, um Ruhe und Stabilität zu vermitteln. Allerdings wirkt es mit seinen harten Kanten auch schnell hart und ungemütlich. Wenn Sie es auf eine Spitze stellen, wirkt es sogar labil und wackelig. Besser eignet sich hier deshalb der Kreis als Form.

Gefüllter Kreis
Wichtig für eine ruhige und emotionale Wirkung ist, dass der Kreis gefüllt ist und nicht nur eine dünne, harte Kontur aufweist. Andernfalls geht die beruhigende Wirkung verloren!

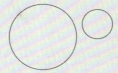 

wirkt ungemütlich

Die Schrift passt mit ihren weichen Rundungen zum Gestaltungselement Kreis.

Weich und wohlig
Das Massagestudio wirkt mit runden Formen sehr viel einladender als mit spitzen Ecken.

wirkt bequem

Kenne und nutze die Mittel

Ohne Linie
Ein dynamisches Bild – eine kursive Schrift, das passt gut zusammen.

Die Linie schwingt
Mit der Linie versucht der Gestalter, Schwung zu vermitteln. Durch die gleichbleibende Stärke erzeugt er aber eher ein statisches Aussehen.

gleichbleibende Linienstärke

Dynamik durch Größenänderung
Anders hingegen die Linie, die nach rechts hin stärker wird – sie verleiht der Gestaltung Dynamik.

stärker werdende Linie

Geschwungene Linien und Formen sind aber nicht die einzigen Möglichkeiten, um Dynamik und Schwung in Ihre Gestaltung zu bringen. Nutzen Sie auch die folgenden Tipps und Tricks für eine temporeiche und spannende Gestaltung. Wenden Sie aber bitte immer nur ein paar Tipps gleichzeitig an!

- große Überschriften
- Negativschriften (also helle Schrift auf dunklem Hintergrund)
- fette Schriften
- veränderte Buchstabenabstände
- kontrastreiche Farben
- kräftige Hintergrundfarben
- horizontale und vertikale Bewegung innerhalb einer Seite
- viele kleine Bilder, die nicht im Raster platziert sind
- Schwarz-Weiß-Bilder kombiniert mit Farbbildern

Elemente wirkungsvoll anordnen

Retro-Karaoke mit Dynamik
Durch den gezielten Einsatz von Bild und Text können Sie Tempo und Schwung vermitteln.

Bilder sorgen für Dynamik
Die Kombination von Bildern im Hoch- und Querformat erzeugt Tempo. Durch schmale vertikale Bilder erzeugen Sie eine vertikale Bewegung, durch querformatige Bilder entsteht Bewegung in horizontaler Richtung. Kombinieren Sie beides in einer Gestaltung, entsteht über den Kontrast die Bewegung.

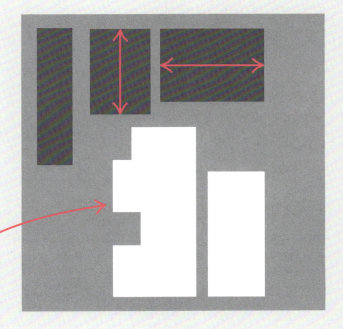

Freier Satz
Bei diesen Textspalten gibt es keine einheitliche Breite. Die Form ist unregelmäßig und somit ein Tempomacher.

Kenne und nutze die Mittel

Die Sache mit der Linie

Auch Linien können dynamisch oder statisch wirken, sie können einer Gestaltung Schwung geben oder sie bremsen. Aber Sie kennen das sicher: Einer Linie kann man keine Wirkung zusprechen, solange man nicht weiß, wie sie verläuft. Eine vertikale Linie wirkt dynamisch, aber auch schnell instabil; mit einer horizontalen Linie hingegen erzeugen Sie Stabilität und Sicherheit, verlieren aber auch an Spannung.

Aufgrund der Leserichtung der lateinischen Schriften von links nach rechts nehmen wir eine Linie, die von links oben nach rechts unten verläuft, als fallend und absteigend wahr. Die Linie von links unten nach rechts oben zeugt von Erfolg, von Fortschritt und aufstrebender Energie. Sie haben gar keine Linie als Gestaltungselement? Dann bedenken Sie, dass auch andere, ähnlich geformte geometrische Objekte wie auch gekippte Textblöcke eine entsprechende Wirkung haben können.

⌵ Rauf und runter
Was ist falsch, was ist richtig? Irgendwie scheint bei beiden Bildern etwas nicht zu stimmen.

Aufsteigend und absteigend
Wir haben eine instinktive Vorstellung davon, wie eine aufsteigende und wie eine absteigende Linie aussieht.

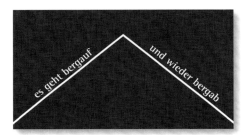

Harmonische Wirkung

Wer zum Beispiel Danksagungskarten einer Hochzeit oder die Einladung zur Goldenen Hochzeit gestaltet, möchte in der Regel den Eindruck von Harmonie erwecken. Aber auch in der gesamten Wellness- und Gesundheitswerbung soll das Produkt harmonisch und wohltuend erscheinen. Im Zusammenhang mit dem Goldenen Schnitt – dem Teilungsverhältnis, das allgemein als besonders harmonisch empfunden wird – wurde bereits über die Harmonie gesprochen. Sie können also schon allein mit der Aufteilung von Flächen eine harmonische Wirkung aufbauen. Nun gibt es aber noch mehr Faktoren, die harmonisch oder eben auch disharmonisch wirken.

Elemente wirkungsvoll anordnen

einfarbiger Verlauf *Gleichmäßige Objekte wie die Kreise wirken harmonisch.*

Wellness mit Harmonie
Symmetrische Objekte, Aufteilungen nach dem Goldenen Schnitt und Verläufe innerhalb einer Farbe wirken harmonisch.

symmetrisch und asymmetrisch

Transparenz
Durchsichtige Flächen eignen sich in diesem Fall besser als harte Grenzen.

Goldener Schnitt im Verhältnis zwei Drittel zu einem Drittel

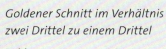

zwei Grundfarben aus dem Bild entnommen, beide aufgehellt

Runde und weiche Formen
Kreise, weiche Verläufe und und eine geschwungene Schrift tragen ebenfalls zu einem sanften Eindruck bei.

Kenne und nutze die Mittel

Symmetrische Formen laden zum ruhigen Betrachten und Entspannen ein.

Harmonie und Symmetrie

In bestimmten Bereichen werden die Begriffe Harmonie und Symmetrie identisch verwendet, da Wiederholungen und Regelmäßigkeiten als harmonisch empfunden werden. Untersuchungen haben gezeigt, dass symmetrische Gesichter beispielsweise als harmonischer empfunden werden als asymmetrische Gesichter. Wenn Sie Objekte symmetrisch anordnen, dann werden sie zum einen als zusammenhängend und deswegen auch besser wahrgenommen, zum anderen wirken sie harmonisch auf den Betrachter.

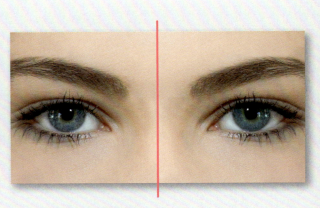

Harmonisches Gesicht
Gesichter, die weitgehend symmetrisch sind, werden als harmonisch empfunden.

Symmetrie durch Gleichmäßigkeit
Wird eine Form in einem regelmäßigen Muster wiederholt, entsteht der Eindruck von Symmetrie.

Wiederholung wirkt symmetrisch.

Die einzelnen farbigen, unregelmäßigen Formen erzeugen Asymmetrie im Gesamtbild.

Elemente wirkungsvoll anordnen

Vorsicht: So entspannend, wie Symmetrie wirken kann, so schnell kann sie auch langweilen. Asymmetrie entsteht durch ungleiche Formen, Flächen oder Abstände und wirkt weniger ruhig, dafür aber spannender.

Symmetrische und asymmetrische Anordnung

Wenn Sie eine symmetrische und damit harmonische Wirkung erzielen möchten, dann

- verwenden Sie Objekte, die eine gleichmäßige Form aufweisen
- teilen Sie Objekte in der Mitte
- ordnen Sie Objekte gleichmäßig an
- verteilen Sie Objekte in regelmäßigem Muster
- achten Sie auf gleichmäßige Abstände
- spiegeln Sie Objekte
- drehen Sie Objekte um einen festgelegten Punkt
- verwenden Sie gleichmäßige Linienstärken
- richten Sie Text zentriert aus
- verwenden Sie gleich große Seitenränder

Symmetrie im Logo

Durch das Spiegeln der Blumenranken wirkt das Logo symmetrisch und harmonisch. Der kreisförmige Verlauf tut sein Übriges für ein harmonisches Bild.

symmetrischer Verlauf

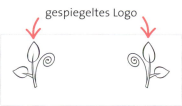

gespiegeltes Logo

Kenne und nutze die Mittel

Gleichmäßigkeit erzeugt Symmetrie, Unregelmäßigkeit lässt Asymmetrie entstehen.

Wenn Sie eine asymmetrische Wirkung erzielen wollen, die nicht harmonisch, dafür aber spannungsreicher wirkt, dann

- setzen Sie Objekte ein, die eine unregelmäßige Form aufweisen
- ordnen Sie Objekte ungleichmäßig an
- arbeiten Sie mit unterschiedlich großen Abständen
- erzeugen Sie starke Kontraste, beispielsweise mit Hell-Dunkel- oder Farbflächen
- teilen Sie Flächen in verschieden große Bereiche auf
- setzen Sie verschieden starke Linien beziehungsweise eine Linie mit wechselnder Stärke ein
- richten Sie Text links- oder rechtsbündig aus
- teilen Sie die Seitenränder ungleichmäßig auf

Symmetrie durch Text
Ohne grafische Elemente, nur durch den Text mit Hinterlegung wird Symmetrie erzeugt.

halb und halb

Drittelteilung

Oh nein!
Eine Zweidrittel-Teilung wäre für diesen Inhalt völlig ungeeignet.

Darf man das?
Vielleicht sagen Sie jetzt: Moment mal, vorhin habe ich aber gelesen, dass ich nicht halb/halb aufteilen soll. Stimmt, das ist meistens so. Aber wenn man zwei gleichberechtigte Größen gestalterisch gegenübersetzen will, ist diese Art von Unterteilung eine schöne Idee.

Das Logo
Zwei unterschiedlich große und verschieden gefärbte Blätter bilden das Logo.

Spannung mit Asymmetrie
Durch das asymmetrische Logo erscheint das Design spannend und lebhaft. Auch der Schriftzug wirkt durch die beiden Farben sowie durch zwei verschiedene Schriften asymmetrisch.

Name aus zwei verschiedenen Schriften

Gestaltungsraster

Sie wissen jetzt, wie Sie die Objekte in Ihrer Gestaltung so platzieren, dass sie zum einen den Blick des Betrachters lenken, zum zweiten aber auch eine bestimmte Wirkung erzielen. Das allein macht aber leider noch keine professionelle Gestaltung aus. Es fehlt noch das Hilfsmittel, um die Objekte auch übersichtlich zu ordnen – das Gestaltungsraster.

Kennen Sie das Gefühl, wenn man etwas betrachtet und es als ungeordnet empfindet? Als chaotisch, unübersichtlich und planlos? Häufig fehlt den Gestaltungen von Hobby-Designern die Ordnung. Es fehlen Achsen, an denen sich die Gestaltungselemente ausrichten. Das Auge findet keinen Halt, es tanzt von hier nach dort, aber es gibt keine Linie, an der es sich festhalten kann. Wenn der Gestaltung die Linien und Achsen fehlen, wirkt sie schnell chaotisch, obwohl schon kleine Verschiebungen der Elemente auf der Seite diesen Eindruck verhindern könnten.

Ein Beispiel: Vielleicht haben Sie bereits einige Gestaltungselemente für Ihr Design gesammelt: ein Logo, ein paar Textblöcke, einen großen Schriftzug, zwei Bilder und eventuell noch ein paar Grafiken. Sie haben auch schon genaue Vorstellungen, welches der Elemente als Blickfang dienen soll. Auch von der ungefähren Aufteilung der Seite haben Sie eine Idee. Doch die genaue Platzierung bereitet Ihnen Kopfzerbrechen?

Kenne und nutze die Mittel

Vertikale und horizontale Achsen

Mit Hilfe von gedachten vertikalen und horizontalen Achsen lassen sich alle Elemente leicht ausrichten. Durch das Ausrichten wird der Blick des Betrachters besser aufgefangen und geleitet, die Gestaltung wirkt ausgeglichen. Am einfachsten ist dies zu sehen, wenn Sie sich beispielsweise ein Gestaltungselement am unteren Rand auswählen, das mit seiner Unterkante eine gedachte horizontale Linie festlegt. Andere Elemente, die ebenfalls unten auf der Seite platziert werden, stehen dann ebenfalls mit ihrer Unterkante auf dieser Linie. Auf die gleiche Weise beruhigen Sie auch die anderen drei Kanten und haben somit schon den äußeren Rand geglättet. Auch innerhalb der Gestaltung sollten Sie horizontale und vertikale Linien finden und mit den Objekten immer wieder aufgreifen.

Jede Gestaltung benötigt Achsen, an denen die Elemente ausgerichtet sind.

Gestaltungsachsen
Auf diesem Aushang sind mehrere Gestaltungsachsen zu finden. Dadurch erhält das Design Stabilität und wirkt professionell.

Gestaltungsraster

Der Einsatz des Gestaltungsrasters

Bisher ging es hauptsächlich um einseitige oder maximal zweiseitige Gestaltungen wie Postkarten, ein Plakat oder eine Anzeige. Wer mit mehreren Seiten und vielleicht auch mit mehr Text arbeitet, sollte sich die Vorteile eines Rasters zu Gemüte führen, das in solchen Fällen ein unerlässlicher Partner ist.

Legt man einige horizontale und vertikale Linien übereinander, entsteht ein Raster. Vielleicht haben Sie schon mal einen Grafiker über ein »Gestaltungsraster« sprechen gehört – ein beliebtes Instrument, um Ordnung und Struktur in ein Layout zu bekommen. Wer mit dem Raster arbeitet, geht letztlich nur einen Schritt weiter und greift nicht nur ein oder zwei Achsen auf, sondern unterteilt seine gesamte Gestaltung in horizontale und vertikale Linien. Er bildet somit Rasterfelder, an denen er sich bei der Platzierung seiner Elemente orientieren kann.

Die Rasterfelder eines Gestaltungsrasters helfen beim Platzieren von Objekten.

‹ Die Arbeit
Die Arbeit mit Rasterfeldern sorgt für eine bessere Übersicht.

Spätestens dann, wenn Sie ein Layout entwerfen, das mehrmals zum Einsatz kommen soll, also zum Beispiel jeden Monat bei der Vereinszeitung des Tennisclubs oder alle vier Wochen bei den Monats-Specials des Massagestudios als Postkarte, ersparen Ihnen solche Raster viel Arbeit und Zeit. Aber auch schon bei einmaligen Gestaltungen, die einen etwas größeren Umfang haben wie beispielsweise eine Broschüre mit acht Seiten, lohnt es sich, sich vor Beginn ein paar Gedanken zum Raster zu machen.

Kenne und nutze die Mittel

Ordnung in der Visualisierung

Habe ich Sie überzeugt? Oder sagen Sie immer noch: »Brauche ich nicht!«? Dann sollten Sie noch wissen, dass das Gestaltungsraster nicht nur für den Designer eine Erleichterung sein kann, sondern auch für den Betrachter. Sofern das Raster Inhalte in eine sinnvolle Form bringt, also sofern Sie ein zweckmäßiges Raster erstellt haben, können Sie davon ausgehen, dass Ihre Gestaltung übersichtlich wird, weil der Betrachter optische Ankerpunkte finden kann. Durch das Raster lassen sich Inhalte systematisch und logisch anordnen. Dadurch entsteht ein übersichtliches und professionelles Erscheinungsbild, und Ihre Designs werden gerne betrachtet.

Das Raster in der Praxis

[**Satzspiegel**]
Der Satzspiegel entspricht der genutzten Fläche, auf der die Objekte angeordnet sind. Lesen Sie ab Seite 185, wie Sie den Satzspiegel erstellen.

Folgende Grundregeln helfen Ihnen dabei, schnell ein Gestaltungsraster zu erstellen:

- Bei einer einspaltigen Gestaltung kann man sich das Raster meist sparen. Hier genügen horizontale und vertikale Linien beziehungsweise Achsen, die die Ränder nach außen hin begrenzen und den sogenannten Satzspiegel definieren.
- Wenn Sie aber längeren Text unterbringen müssen, unterteilt man diesen häufig in zwei oder mehr Spalten. Durch diese Unterteilung haben Sie automatisch die vertikale Unterteilung Ihres Rasters in den Händen.
- Für die vertikale Unterteilung und somit für die Größe des Rasterfeldes sollte man die kleinste Bildgröße als Basis verwenden. Genauso kann man beispielsweise fünf oder sechs Zeilen des Grundtextes auszählen und dies als Höhe für ein Rasterfeld verwenden. Grundsätzlich gilt: Je kleiner die Rasterfelder, desto variabler ist das Raster und somit auch das Layout, aber umso größer ist auch die Gefahr von Chaos durch Verzetteln.
- Haben Sie nun die Gestaltung in die Rasterfelder unterteilt, können Sie alle Gestaltungselemente an diesem Raster ausrichten. Bilder werden beispielsweise auf Rastergröße oder auf ein Vielfaches eines Rasterfeldes zugeschnitten, große Überschriften oder Zitate sollten sich ebenfalls an der Unter- oder Oberkante eines Rasterfeldes ausrichten.

Gestaltungsraster

Rasterhinterlegung
Das Gestaltungsraster unterteilt die Arbeitsfläche in vertikale Bereiche. Häufig wird auch horizontal unterteilt, so dass einzelne Rasterfelder entstehen.

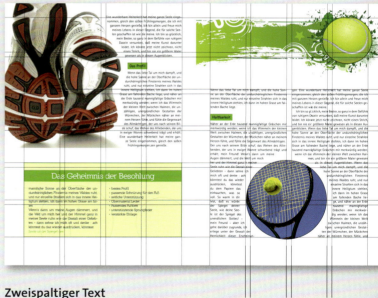

Feldgröße
Die Höhe eines Rasterfeldes kann sich am kleinsten Bild orientieren.

Zweispaltiger Text
Durch den zweispaltigen Text ergibt sich automatisch die Breite der Rasterspalte, die für noch mehr Flexibilität ein weiteres Mal unterteilt wurde.

Kenne und nutze die Mittel

Raster im Detail

Wenn Sie sich die – sich lohnende – Mühe machen und mit einem Gestaltungsraster arbeiten, dann achten Sie bitte auch auf die Feinheiten, denn alles andere wäre schade.

- Ein Rasterfeld, in dem später beispielsweise ein Bild platziert werden kann, schließt mit seiner Unterkante an der Schriftlinie ab, also dort, wo die Unterkante der Zeile steht.
- Die Oberkante eines Rasterfeldes schließt mit der Oberkante der Schrift ab. Dadurch entstehen zwischen den einzelnen Rasterfeldern in der Vertikalen automatisch kleine Abstände.
- Die horizontalen Abstände ergeben sich durch den Raum zwischen den Textspalten.

Wenn Sie so exakt arbeiten, garantiere ich Ihnen einen weiteren großen Schritt in Richtung optimales, professionelles Ergebnis.

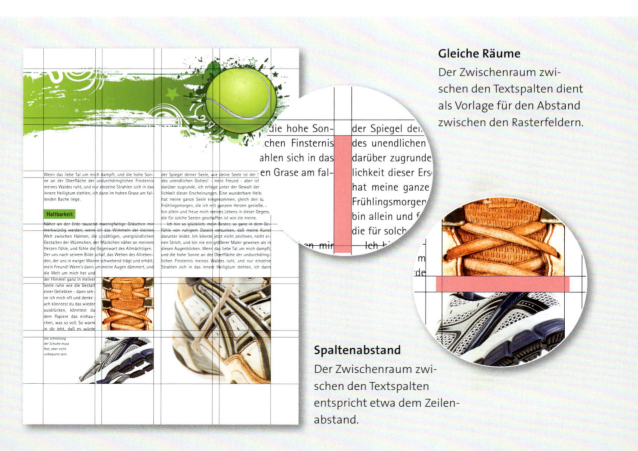

Gleiche Räume
Der Zwischenraum zwischen den Textspalten dient als Vorlage für den Abstand zwischen den Rasterfeldern.

Spaltenabstand
Der Zwischenraum zwischen den Textspalten entspricht etwa dem Zeilenabstand.

Gestaltungsraster

Ober- und Unterkanten

Achten Sie darauf, dass die Oberkante des Bildes bündig ist mit der Oberkante der Schrift. Die Bildunterkante sollte bündig sein mit der Grundlinie der Schrift.

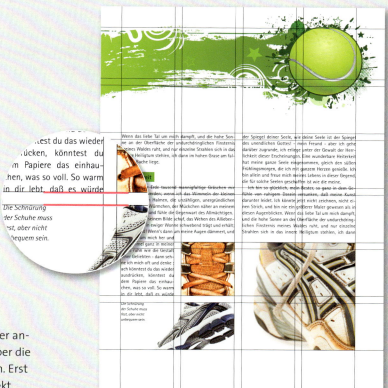

Rundes Bild

Die Rundung eines Bildes oder einer anderen runden Form sollte leicht über die Grundlinie der Schrift hinausragen. Erst dann wirkt die Kante optisch korrekt.

Kenne und nutze die Mittel

Die richtige Schrift auswählen

Sie kennen das Gefühl sicherlich auch: Man nimmt eine Postkarte oder Broschüre in die Hand, beginnt zu lesen – und legt sie nach wenigen Sekunden wieder weg. Die Gründe dafür können vielfältig sein: Vielleicht interessiert Sie das Thema nicht, vielleicht ist das gesamte Design nicht ansprechend (aber dann hätten Sie wahrscheinlich die Karte oder Broschüre erst gar nicht in die Hand genommen), oder aber, und das ist sehr häufig der Grund für ein solches Verhalten: Der Text ist miserabel gestaltet.

Damit Ihren Entwürfen nicht das gleiche Schicksal bevorsteht und sie beiseitegelegt werden, bevor der Leser sie richtig wahrgenommen hat, folgen nun einige Regeln zur Aufbereitung von Text.

Lesbarkeit

Der wichtigste Punkt ist die Lesbarkeit. Ihr Interesse besteht darin, dass die Betrachter die Informationen aus dem Text aufnehmen und dann entsprechend handeln, indem sie in der Massagepraxis einen Termin ausmachen, in der neuen Goldschmiede vorbeikommen, zum Firmenjubiläum pünktlich erscheinen oder über die neuesten Entwicklungen im Verein unterrichtet sind.

Sie sollten sich also nicht in großer Typokunst versuchen, sondern die handwerklichen Grundlagen der Lesbarkeit erlernen. Denn unlesbarer Text ist vielleicht ein Hingucker (und auch nur dann, wenn er sehr gut gemacht ist), aber kein Informationsträger.

Nur mit leserlichem Text lassen sich Informationen transportieren.

Faktoren der Lesbarkeit

Ob Schrift lesbar ist oder nicht, hängt von folgenden Faktoren ab:
- Größe der Schrift
- Form der Schrift
- Farbe der Schrift und Kontrast
- Hintergrund
- Abstände zwischen den Buchstaben und den Wörtern (Laufweite)
- Abstände zwischen den Zeilen (Zeilenabstand)
- Länge der Zeile
- Platzierung des Textes

Die richtige Schrift auswählen

Zu wenig Kontrast
Auch wenn die Farben passend zum Thema gewählt wurden – der Hintergrund ist zu dunkel für den grauen Text, und auch die beige Schrift im rotbraunen Streifen ist nicht gut zu lesen. Der Schriftzug IMMONATUR geht durch die dünne Strichstärke und den geringen Kontrast zwischen Text- und Hintergrundfarbe verloren.

zu wenig Kontrast

mehr Kontrast zwischen Schrift und Hintergrund durch kontrastreichere Farben

Besser lesbar
In der korrigierten Variante wurde der Hintergrund aufgehellt. Zudem wurde der Name der Firma größer und fetter gesetzt.

Das Weiß im Schriftzug und der hellere Hintergrund sorgen für Kontraste und somit für eine deutlich bessere Lesbarkeit.

Kenne und nutze die Mittel

Lesbar? Fehlanzeige
Hier stimmen zwar Kontraste und Farben, aber der Designer hat andere, ausgesprochen ungünstige Schriften verwendet – und schon kann man die gesamte Gestaltung nicht mehr lesen.

Schriftgröße

Schriftgrößen unter 8 Punkt lassen sich nur mühsam lesen, und abhängig von der Schriftart kann es sogar sein, dass sie gar nicht zu entziffern sind. Auf Visitenkarten können Sie für Name oder Beruf eine Größe von 12 oder 14 Punkt verwenden, kombiniert mit 9 Punkt für Adresszusätze.

Für längere Texte in Broschüren sollten Sie – eine gut lesbare Schrift vorausgesetzt – zwischen 9 und 11 Punkt wählen, auch 12 Punkt sind manchmal noch empfehlenswert. Eine größere Schriftgröße sollten Sie vermeiden, da dann die Zeilen zu kurz werden und der Leser mit den Augen zu viel springen muss.

Überschriften sollten sich deutlich vom Rest des Textes absetzen. Ob man das mit einer sehr großen Größe oder mit anderen Stilmitteln wie der Farbe löst, ist abhängig von der Gestaltung. Hingegen sollten Zwischenüberschriften, also die Überschriften zwischen den Absätzen, nicht sehr viel größer sein als der Grundtext. Sie können sogar die gleiche Größe aufweisen und nur fett ausgezeichnet werden.

Für längeren Fließtext eignet sich meist eine Schriftgröße zwischen 9 und 11 Punkt.

Die richtige Schrift auswählen

Punkt

Bei der Arbeit mit Text gilt nicht das metrische, sondern das typografische Maßsystem. Darin ist der Punkt die kleinste Größe. Der DTP-Punkt, der in den gängigen Programmen verwendet wird, ist 0,353 Millimeter groß. Eine Schrift von 12 Punkt entspricht also 4,5 Millimetern.

Schriftgröße eines Magazins

Die Tennisclubzeitung im Format A4. Die Darstellung in den Lupen entspricht 100 %.

Zwischenüberschrift in 12 Punkt

Grundtext in 10 Punkt

Überschrift in 24 Punkt

Anleser in Grün und Grundtext in 10 Punkt

Bildunterschrift in 8 Punkt

Kenne und nutze die Mittel

Schriftform

Die Form der Schrift trägt ganz erheblich zur Lesbarkeit bei. Es gibt Schriften, die sind einfach nur schwer lesbar, unabhängig von ihrer Größe. Dazu zählen verschnörkelte oder verspielte Schriften, aber auch Schriften mit Computercharakter. Häufig ist es empfehlenswert, auf eine solche Schrift ganz zu verzichten und den Gestaltungsvorteil, den diese Schrift mit sich bringen würde, auf andere Art und Weise zu erarbeiten.

▾ So verschieden
Groß, klein, dick, dünn, schwarz, weiß – auch die Welt der Schriften ist vielfältig.

Lesbarkeit und Größe

Oft ist die Lesbarkeit einer Schrift von ihrer Größe abhängig. Zum Beispiel sind manche Schreibschriften mit sehr vielen Zierschwüngen in großen Größen gut lesbar, in kleinen Größen und für längere Texte hingegen völ-

 wenig weißer Raum in den Buchstaben

 wird schnell dunkel

breit sehr dominant

 Diese Schrift braucht viel Kontrast, also möglichst schwarz auf weiß.

Bedeutsame Mittellänge
Auch die Mittellänge, also die Strecke zwischen der Grundlinie der Schrift und der Oberkante der Kleinbuchstaben wie beim a, e, m oder u ist für die Helligkeit und Lesbarkeit einer Schrift verantwortlich.

 gut lesbar durch offenes Schriftbild

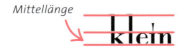 Schriften mit kleinen Mittellängen sind schwer lesbar.

lig unbrauchbar. Eine Grundregel lautet hier also: Als Überschrift oder für nur wenige Worte kann man fast jede Schrift verwenden; für längere Texte, den sogenannten Fließtext, eignen sich nur Schriften, die ein offenes klares Schriftbild haben. Gut lesbare Schriften sind in der Regel auch qualitativ hochwertig, denn hier ist die Laufweite, also der Abstand der Buchstaben zueinander, ausgewogen. Bei Billigschriften ist er dagegen meist nicht gut bearbeitet.

Lesbarkeit
Die Lesbarkeit von Schriften ist extrem unterschiedlich. Manche Schriften lassen sich mit großem Abstand und bei schlechten Lichtverhältnissen lesen, andere wiederum kann man selbst dann nicht gut lesen, wenn man sie bei guter Beleuchtung direkt vor der Nase hat.

Die Schrift Little Days Alt ist trotz ihrer Verzierungen in kleinen und großen Größen gut lesbar.

Jeder Buchstabe der trashco enthält aufwendige Musterteile, die die Kontur des Buchstabens verändern und somit die Lesbarkeit verschlechtern. Allerdings wächst die Lesbarkeit mit der Schriftgröße.

Die Script Free Hand hat zwar auch ein klares Schriftbild, allerdings existiert ausschließlich ein Schnitt aus Großbuchstaben. Grundsätzlich gilt zwar, dass man einzelne Wörter aus Großbuchstaben gut lesen kann, allerdings nicht bei Schreibschriften. Da hilft auch die große Schriftgröße nicht.

Mit ihren Verzierungen ist die Alraun ein typisches Beispiel dafür, dass sich manche Schriften nur in größeren Größen lesen lassen. In 12 Punkt Schriftgröße (oben) ist das kaum möglich.

Kenne und nutze die Mittel

Harmonisches Schriftbild

Da ein geübter Leser nicht Buchstabe für Buchstabe, sondern in Wortbildern liest, sollten diese gut erkennbar sein. Wortbilder wiederum sind dann gut erkennbar, wenn der Text das richtige Verhältnis zwischen schwarzen Buchstaben und hellem Hintergrund aufweist. Dieses Verhältnis, die Grauwirkung eines Textes, wird durch die Abstände der Buchstaben, der Wörter und letztlich auch der Zeilen beeinflusst.

Wenn Sie mit Schriften arbeiten, die eine gute Qualität aufweisen, dann brauchen Sie die Abstände zwischen den Buchstaben und den Wörtern meistens nicht verändern. Je größer allerdings die Schrift, desto eher sollten Sie die Laufweite ein wenig verkleinern.

Qualitativ schlechte Schriften weisen oft auch unausgewogene Buchstabenabstände auf. Hier müssen Sie eingreifen, damit Sie die gewünschte Grauwirkung und somit auch eine gute Lesbarkeit erreichen.

Den Abstand zwischen den Zeilen bestimmt der Gestalter, also Sie. Sie sollten hier für Fließtext etwa 120 % der Schriftgröße wählen. Haben Sie also eine Schrift in 10 Punkt verwendet, beträgt der Zeilenabstand

[**Laufweite**]
Als Laufweite bezeichnet man die Abstände der Zeichen zueinander. Für die Lesbarkeit spielt die Laufweite eine wichtige Rolle. Bei minderwertigen Schriften kann die Laufweite so unausgewogen sein, dass man sie manuell korrigieren sollte.

Laufweitenkorrektur
Die Laufweiten und Buchstabenabstände dieser drei Schriften sind so schlecht vorbereitet, dass Sie in jedem Fall korrigieren müssen.

insgesamt relativ weite Laufweite, ginge auch enger

insgesamt etwas größere Laufweite

12 Punkt. Je größer die Schriftgröße, desto kleiner sollten Sie – im Verhältnis – den Zeilenabstand wählen. Es kann also sein, dass Sie eine Schrift in 48 Punkt auszeichnen und ein Zeilenabstand von ebenfalls 48 Punkt optimal wäre.

Achten Sie für diesen Fall einfach darauf, dass sich die Buchstaben nicht berühren – weder in horizontaler Richtung bei der Laufweite noch in vertikaler Richtung bei der Wahl des Zeilenabstandes. Gleichzeitig dürfen die Abstände aber auch nicht so groß werden, dass Ihr Text auseinanderfällt, weil zu viel Weißraum zwischen den Buchstaben vorhanden ist.

Achtung Serifen
Die Serifen der Schriften sollten sich nur in absoluten Ausnahmefällen berühren.

hier die Schrift im Original

und hier manuell ausgeglichen

Serifen
Als Serifen bezeichnet man die An- und Abstriche beziehungsweise die Füßchen an den Buchstaben. Schriften mit Serifen bezeichnet man als Serifenschriften oder auch Antiqua, Schriften ohne Serifen nennt man Serifenlose oder auch Grotesk.

Schriftwahl: tausend Schriften – tausend Möglichkeiten?

Nun haben Sie bereits eine Menge über die Merkmale einer guten Schrift gelesen. Doch welche Schrift ist nun die richtige für ein bestimmtes Design? Jeder Designer, ob Hobbygestalter oder Profi, hat die Qual der Wahl, und da spielt es keine Rolle, ob man 20 oder 200 Schriften zur Auswahl hat – eine schwere Entscheidung ist es oft genug. Lassen Sie uns zunächst überlegen, durch was sich Schriften eigentlich unterscheiden: Durch

- ihren Charakter,
- ihre Form,
- die Strichstärke, Buchstabenbreite und die Laufweite und
- durch den Schnitt.

Schriftcharakter

Denken Sie bei der Wahl der Schrift an die Zielgruppe und den Inhalt, den Sie vermitteln wollen.

Beginnen wir mit dem Charakter, einem der wichtigsten Kriterien bei der Wahl der Schrift. Jede Schrift hat einen eigenen Charakter, eine eigene Aussage. Manche Schriften sind elegant, manche laut, manche frech und andere lustig. Manche wirken unsicher, manche forsch, manche streng, manche alt, manche modern. Genauso gibt es faule und lebendige Schriften, gewöhnliche und ungewöhnliche. Dieser Charakter wird von den meisten Menschen ähnlich empfunden. Wenn Sie Werbung für eine Weinprobe auf einem alten Weingut machen, dann wählen Sie eine Schrift, die alt und edel wirkt, vielleicht auch etwas schwer. Ein Design für den Geschenkladen darf in einer fröhlichen, verspielten Schrift gestaltet werden, und für die Praxis von Massage und Krankengymnastik sollten Sie eine Schrift wählen, die ruhig, aber gleichzeitig kräftig und dynamisch wirkt. Wir müssen unsere Zielgruppe und das Objekt, das wir gestalten, also wieder ganz klar vor Augen haben.

[**Schriftschnitt**]
Eine Variante eines Schriftstils nennt man Schriftschnitt.

Je ungewöhnlicher die Schrift, desto enger ist ihr Einsatzgebiet. Eine sehr verspielte Schreibschrift beispielsweise lässt sich für viel weniger Gestaltungen verwenden als eine gewöhnliche Serifenlose. Jetzt fragen Sie sich, welche Schrift alt wirkt und welche modern, welche verspielt und welche ungewöhnlich? Hier ein paar Faustregeln:

[**Strichstärke**]
Als Strichstärke wird die Dicke der Linien bezeichnet, die den Buchstaben bilden.

- Schriften mit Serifen wirken alt, aber auch edel.
- Schriften ohne Serifen wirken modern.
- Schreibschriften wirken verspielt und elegant, meistens hell und freundlich.
- Kursive Schriften wirken sportlich und dynamisch.

- Fette Schnitte wirken schwer und laut oder einfach nur kräftig und stabil. Meistens sind sie dunkel.
- Dünne Schnitte scheinen dezent und zurückhaltend, wirken manchmal aber auch unsicher. Sie sind meistens hell und freundlich.

Charakter
Der Charakter einer Schrift muss zum Inhalt der Gestaltung passen. Unterschätzen Sie nicht die Aussagekraft eines jeden Schriftschnitts!

Kenne und nutze die Mittel

Buchstabenform

Um zu beurteilen, wie eine Schrift wirkt, beachten Sie die Form der einzelnen Buchstaben. Ist sie glatt oder eher unruhig, ist die Schrift insgesamt sehr rund oder eher eckig? Betrachten Sie dann die anderen Gestaltungselemente. Verwenden Sie Bilder oder Grafiken, Zeichnungen oder Logos? Wie wirken diese? Sogar Fotos können rund und weich wirken oder sehr scharf und eckig. Besteht vielleicht das Logo aus Ecken und Kanten, oder wirkt es kurvig und sanft? Wählen Sie die Schrift, die zu den anderen Elementen passt.

Welche Schrift passt zur Grafik?

Die Schrift sollte charakterlich zur Grafik der Kaffeetasse passen. Betrachten Sie die Grafik genau: Enthält sie geschwungene oder gerade Elemente?

Ist sie glatt oder wellig, rund oder eckig, nüchtern oder verspielt, hell oder dunkel, gefüllt oder leicht, steif oder locker?

Das Logo zeichnet sich durch unterschiedliche Linienstärken aus. Es ist verspielt und hat einen Zeichenfedercharakter.

Wechselstrich

geschwungene Formen

Die passende Schrift hat einen Wechselstrich und somit auch wechselnde Strichstärken. Der Zeichenfedercharakter passt gut zum Logo.

Diese Kaffeetasse wirkt hell, klar. Die Rundungen sind gleichmäßig und offen.

offene und runde Formen

Mit einem offenen Schriftbild und einer ruhigen, gleichmäßigen Form passt diese Schrift gut dazu.

Die richtige Schrift auswählen

Das Bild von der Kaffeetasse wirkt durch den flächigen Hintergrund voll und dunkel. Somit sollten Sie eine Schrift suchen, die ebenfalls voll und dunkel scheint.

Die Innenflächen (Punzen) sind sehr klein beziehungsweise schmal, wodurch ein dunkles und flächiges Schriftbild entsteht.

flächige Gestaltung

Das Logo sieht durch die leicht unregelmäßige Form wie handgezeichnet aus und hat einen etwas verspielten Charakter. Zudem ist alles sehr luftig.

Die passende Schrift hat ebenfalls einen handschriftlichen Charakter und ist durch ihre dünne Strichstärke sehr luftig. Die Rundungen sind nicht ganz exakt, und auch die Waagerechten und Senkrechten sind leicht unregelmäßig.

unregelmäßige Formen

Hier sehen Sie ein sehr kantiges Logo aus waagerechten und senkrechten Linien und nur leicht abgerundeten Ecken.

kantig

Die passende Schrift hat ebenfalls keine weichen Rundungen, sondern ist kantig und eckig.

harte Kanten und klare Linien

Kenne und nutze die Mittel

Achten Sie bei Negativschriften auf genügend Strichstärke

Helligkeit

Strichstärke, Buchstabenbreite und Laufweite entscheiden darüber, wie hell eine Schrift wirkt. Diese Helligkeit kann Ihnen ebenfalls bei der Wahl der Schrift helfen. Denn für manche Gestaltungen eignen sich helle Schriften besser wie zum Beispiel für die Themen Gesundheit, Sport, Wellness, also alles, was leicht wirken soll. Dunkle Schriften eignen sich für Themen, bei denen es um Kraft, Stärke und Sicherheit geht.

Vorsicht: Verwenden Sie für Negativsatz, also für helle Schrift auf dunklem Hintergrund, keine Schriften mit sehr dünner Strichstärke. Im schlechtesten Fall lässt sich die Schrift gar nicht lesen, weil sie »zuläuft«.

Genug Variationsmöglichkeiten?

Eine Schrift kann verschiedene Schnitte aufweisen. Sie kennen sicher die Variationen bold und italic, also fett und kursiv. Die gleiche Schriftart in bold kann ganz anders wirken als die kursive, was dann weniger an ihrem

Variationen
Die Beschreibung der Kurse findet mit der Schrift Akzelerat in verschiedenen Variationen statt: Auf dem farbigen Hintergrund als Condensed, rechts daneben im Text im fetten und normalen Schnitt.

Charakter als vielmehr an ihrer Form und ihrer Neigung liegt. Manche Schriften gibt es in zahlreichen Schnitten, manche in nur einem. Auch diese Tatsache sollten Sie im Kopf haben, wenn Sie sich für eine Schrift entscheiden. Wenn Sie nämlich beispielsweise eine Broschüre über mehrere Seiten gestalten, bei der es verschiedene Arten von Text gibt wie zum Beispiel den Grundtext, Überschriften, Zwischenüberschriften, Bildunterschriften und andere Elemente, dann sollten Sie zu einer Schrift greifen, die mehrere Schnitte enthält. Sie können dann nämlich mehr variieren – die Bildunterschrift zeichnet man kursiv aus, die Überschrift fett, die Grundschrift normal und die Zwischenüberschrift vielleicht halbfett.

die Akzelerat Condensed und die Akzelerat Condensed Bold im gelben Kasten

die Akzelerat Bold und die Akzelerat Small im Spaltentext

Viele Gesichter
Die Akzelerat ist eine der Schriften, die zahlreiche Gesichter hat. Von schmal bis breit über dünn bis fett, es gibt kaum eine Form, die nicht im Angebot enthalten ist.

Akzelerat
Akzelerat Italic
Akzelerat Bold
Akzelerat Bold Italic
Akzelerat Condensed
Akzelerat Condensed Bold
Akzelerat Condensed Bold Italic
Akzelerat Condensed Large
Akzelerat Condensed Large Bold
Akzelerat Condensed Large Bold Italic
Akzelerat Condensed Small
Akzelerat Extended
Akzelerat Extended Bold
Akzelerat Extended Large
Akzelerat Ext. Large Bold
Akzelerat Large
Akzelerat Large Bold
Akzelerat Small
Akzelerat Super

Schnitte kombinieren
Wenn Sie Schnitte aus einer Familie kombinieren, können Sie – fast – nichts falsch machen. Achten Sie lediglich darauf, dass die Unterschiede nicht zu groß und nicht zu gering sind.

❌ Diese beiden Schnitte sind **zu verschieden.**

❌ Und diese beiden **sind zu ähnlich.**

✅ Das hier **funktioniert.**

Kenne und nutze die Mittel

Schriftquälerei

Falls es keine kursive oder fette Version einer Schrift gibt, sollten Sie nicht der Versuchung erliegen, die Verwandlung dem Computer zu überlassen. Elektronisch geneigte Schriften sehen einfach anders aus als eine echte Kursive – sie sieht eben elektronisch geneigt und somit in der Regel unprofessionell aus.

Beim Fetten von Schriften bin ich nicht ganz so streng, Sie sollten aber auch dies wenn möglich vermeiden. Wenn Sie eine passende Schrift gefunden haben, die Sie verwenden wollen, diese aber nur in der dünnen Variante vorhanden ist oder das Budget nicht reicht, dann legen Sie eine Kontur um die Schrift und erhöhen leicht die Buchstabenabstände.

Fetten na ja, Neigen nein

Das elektronische Neigen beziehungsweise Kursivieren von Schriften sollten Sie grundsätzlich ganz sein lassen. Die Schriften verlieren ihr natürliches Aussehen und wirken – abhängig von der Schrift mehr oder weniger stark – gequält. Die Beispiele zeigen eine elektronische Kursivierung. Einen echten kursiven Schnitt gibt es von diesen Schriften nicht.

Elektronische Kursivierung

✗ **Schriften quälen – das Original**
Schriften quälen – elektronisch kursiviert

schiefe Rundung

✗ Schriften quälen – das Original
Schriften quälen – elektronisch kursiviert

verformt

✗ SCHRIFTEN QUÄLEN – DAS ORIGINAL
SCHRIFTEN QUÄLEN – ELEKTRONISCH KURSIVIERT

✗ Schriften quälen - das Original
Schriften quälen - elektronisch kursiviert

Speziell bei Serifenschriften weisen die echten Kursiven ganz eigene Buchstabenformen auf, die bei einer elektronischen Veränderung natürlich nicht simuliert werden können. Im Beispiel rechts die Adobe Garamond: oben der echte Kursivschnitt und darunter die elektronisch kursivierte Variante.

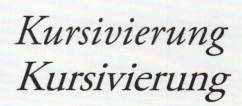

Die richtige Schrift auswählen

Elektronische Fettung

⊖ Die Normale
Vergleich – ein fetter Schnitt
Vergleich – elektronisch gefettet

⊖ Die Normale
Vergleich – ein fetter Schnitt
Vergleich – elektronisch gefettet

⊖ die normale
elektronisch gefettet

✗ Die Normale
Vergleich – ein fetter Schnitt
Vergleich – elektronisch gefettet

✓ *Die Normale*
elektronisch gefettet

✗ Die Normale
Vergleich – ein fetter Schnitt
Vergleich – elektronisch gefettet

Innenräume laufen zu

Enden berühren sich

in Ordnung

falsche Formen

In Ausnahmefällen erlaubt

Das elektronische Fetten funktioniert recht gut. Besonders schön sind die Ergebnisse zwar auch hier nicht, aber immerhin vertretbar. Zum Vergleich sind hier auch die echten fetten Schnitte zu sehen, sofern sie in der Schrift vorhanden sind.

Allerdings sollten Sie dabei die Schrift genau beobachten. Es gibt Schriften, bei denen die elektronische Fettung gut funktioniert: Hier wird nur die Kontur etwas fetter, ansonsten verändert sich die Schrift nicht weiter. Andere Schriften hingegen vertragen solche Veränderungen überhaupt nicht und verlieren ihren Charakter und ihr Erscheinungsbild, wodurch sie unprofessionell wirken. Häufig laufen dann kleine Räume wie der Innenraum vom »e« zu.

Meine Bitte also: Verzichten Sie ganz auf eine elektronische Kursivierung, und setzen Sie die elektronische Fettung möglichst selten und nur für einzelne Wörter ein.

Kenne und nutze die Mittel

Preis und Leistung

Wenn Sie eine Schrift kaufen, dann kaufen Sie – ähnlich wie bei einer Software – genau genommen nicht die Schrift, sondern nur das Recht, sie zu verwenden. An die Benutzung sind bestimmte Bedingungen gebunden. Lesen Sie deswegen unbedingt die zugehörigen Nutzungsbedingungen. Kostenlose Schriften gibt es wie Sand am Meer, und erstaunlicherweise findet man vereinzelt auch kleine Juwelen darunter. Häufig ist die Qualität aber eher schlecht, und die meisten kostenlosen Schriften enthalten weder Sonderzeichen noch Umlaute, viele bestehen nur aus einem Schnitt, und die Laufweite, also die Abstände der Buchstaben zueinander, muss manuell korrigiert werden. Bei kostenlosen Schriften sollten Sie bezüglich der Lizenzen besonders wachsam sein. Häufig ist nämlich nur der private Gebrauch erlaubt, also »no commercial use«.

Auch bei Schriften gibt es große und kleine Hersteller. Viele Schriftenhäuser bieten als Köder ein paar Schriften kostenlos an. Es gibt aber auch Websites, auf denen man fast nur kostenlose Fonts findet. Bestimmte Websites berichten regelmäßig über kostenlose Veröffentlichungen von Schriftdesignern, Hintergründen, Illustrationen und Texturen.

Achten Sie bei kostenlosen Schriften auf den Zeichenumfang, die Qualität und das Kleingedruckte.

Große Anbieter
www.adobe.de
www.fontshop.de
www.urwpp.de
www.linotype.com
www.myfonts.com
www.fountaintype.com
www.itcfonts.com
www.letterror.com

Kleine Anbieter
www.fontsmith.com
http://26plus-zeichen.de
www.fontsquirrel.com

Kostenlose Angebote
www.webpagepublicity.com/free-fonts-v.html
www.dafont.com
http:/manfred-klein.ina-mar.com
www.theleagueofmoveabletype.com
www.philsfonts.com
www.schriftarten-fonts.de

Interessante Typo-Websites
http://creativefan.com
www.creativepro.com
www.1stwebdesigner.com
www.fontwerk.com
www.fontblog.de
www.slanted.de
http://opentype.info
www.designshard.com

Qualitätseinbußen

Wo bleibt da die Qualität? Teilweise sind die kostenlosen oder sehr preisgünstigen Schriften kaum zu gebrauchen. Die Laufweiten, aber auch das Schriftbild sind so schlecht, dass man sie nur schwer lesen kann.

Die FolanCondensedSmall läuft zu eng, zudem hat sie ganz unschöne Abstände bei VERSALIEN.

Die Ministry hat einzelne unschöne Kombinationen

Die Viviane läuft viel zu eng. Auch hier muss man manuell nacharbeiten.

Lettering Style 24 läuft völlig unkontrolliert. Hier muss alles nachbearbeitet werden. Auch die Lettering Style 06 ist so erstmal unbrauchbar.

Die Sensual ist in kleinen Größen in Ordnung, aber nicht bei

mal zu eng, mal zu weit

Persönlicher Geschmack

Natürlich spielt bei der Schriftwahl auch der persönliche Geschmack eine Rolle. In meinem Fall dürfen – von den Standardschriften – weder die Times, die Arial noch die Comic Sans die Bühne betreten, da sie entweder unschön oder zu abgegriffen sind. Verdana, Trebuchet MS, Georgia oder Andale Mono sind für den Bildschirm optimiert und deswegen nicht optimal für Druckprodukte geeignet, aber teilweise immer noch besser als mancher kostenlose Font.

Kenne und nutze die Mittel

Schriften kombinieren

Die Entscheidung für eine Schrift ist endlich gefallen, aber nun brauchen Sie eine zweite? Meine erste Frage lautet nun: Welche der beiden Schriften ist die besondere, und welche soll die gewöhnliche sein? Haben Sie sich für eine ungewöhnliche Schrift entschieden, beispielsweise eine Jugendstilschrift, eine Fraktur oder eine Pinselschrift? Dann muss die zweite Schrift in den Hintergrund treten, darf also keine Konkurrenz zur ersten Schrift bilden. Vermeiden Sie es in jedem Fall, zwei ungewöhnliche, stark aussagekräftige Schriften zu mischen. Sie schaffen dadurch eine Konkurrenz, die beiden nicht guttut.

Auch unter anderen Gesichtspunkten sollten sich die Schriften nicht zu sehr ähneln. Sie sollten nicht beide sehr breit, sehr schmal, sehr hell oder sehr dunkel sein. Gleichzeitig dürfen die Schriften sich nicht zu stark unterscheiden. Das widerspricht sich, sagen Sie? Nicht unbedingt. Zum einen sollte man die Regel »nicht zu ähnlich« nicht auf die Spitze treiben, denn eine sehr dünne Schrift wird von einem sehr dicken Schnitt erschlagen. Zum anderen sollten Sie auf die Ähnlichkeit im Strichcharakter achten. Wechselt er die Stärke? Oder ist die Stärke gleichbleibend? Diese Beobachtung stellt eine wichtige Entscheidungshilfe dar, denn die wechselnde beziehungsweise gleichbleibende Stärke sollte dann genauso in der zweiten Schrift auftauchen. Somit können beiden Schriften einen ähnlichen Charakter aufweisen und als zusammengehörend wirken, ohne miteinander zu konkurrieren.

[Font]
Der Begriff Font bedeutet nichts anderes als Schrift.

∧ Ein Ei …
Nicht zu ähnlich, aber auch nicht zu verschieden sollten die beiden Schriftarten sein.

Strichstärke

Mit Strichstärke wird die Stärke der Linien bezeichnet, die die Buchstaben bilden. Es gibt Schriftschnitte mit sehr dünner Strichstärke genauso wie Schnitte mit fetter Strichstärke. Die Strichstärke kann auch innerhalb eines Schnittes wechseln wie beispielsweise bei der Garamond, im Gegensatz zu Schriften wie der Arial, wo die Strichstärke nahezu gleichbleibt.

Schriften kombinieren

Strichstärke
Die Strichstärke einer Schrift kann gleichbleibend oder wechselnd sein.

Die Strichstärke der Arial ist nahezu gleichbleibend.

Die Strichstärke der Garamond wechselt.

Jugendstilschrift
Die floralen Elemente des Jugendstils sind in der Schrift Arnold Böcklin gut zu erkennen.

florale Elemente

Fraktur
Als Fraktur bezeichnet man eine Schrift, bei der die Rundungen gebrochen sind. Umgangssprachlich wird sie auch als deutsche Schrift bezeichnet.

nicht rund, sondern gebrochen

Pinselschrift
Eine Pinselschrift erkennen Sie am handschriftlichen Charakter und einer leicht unregelmäßigen Strichstärke, als hätte man sie mit dem Pinsel geschrieben.

unregelmäßige Strichstärke

Kenne und nutze die Mittel

Checkliste für die Schriftmischung

Wenn Sie Schriften mischen, dann beachten Sie folgende Checkliste. Das zugehörige Beispiel sehen Sie auf der rechten Seite.

1. Schrift A ist eine auffällig geschwungene Schrift? Dann sollte Schrift B eher zurückhaltend sein. Ein Beispiel dafür sind Zapfino und Garamond. Die Zapfino ist eine Schreibschrift, die in größeren Größen auffällig ist und die Blicke auf sich zieht. Die Garamond hingegen ist eine weit verbreitete und somit eher gewöhnliche, trotzdem aber auch elegante Schrift, die gut zur eleganten Zapfino passt, trotzdem aber nicht besonders auffällt und sich bei dieser Kombination im Hintergrund hält.
2. Schrift A ist sehr breit? Dann sollte Schrift B eher normal oder schmal sein.
3. Schrift A hat eine gleichbleibende Stärke? Dann sollte die Strichstärke bei Schrift B ebenso gleichmäßig sein, so wie bei der Kombination Caflisch Script Pro und Verdana. Die Caflisch Script Pro ist zwar eine Schreibschrift, hat aber eine verhältnismäßig gleichbleibende Strichstärke. Die Verdana als serifenlose Schrift hat ebenfalls eine gleichbleibende Strichstärke, wodurch die beiden harmonieren, nicht aber konkurrieren.
4. Schrift A hat Serifen? Dann sollte Schrift B keine Serifen haben, also entweder eine Schreibschrift, eine handschriftliche Variante oder eine serifenlose Schrift sein oder einen anderen, unüblichen Charakter haben. Die Myriad und die Minion Pro sind beides gut lesbare, unspektakuläre, aber zusammen sehr harmonische Schriften – erstere ohne, die zweite mit Serifen.
5. Schrift A hat keine Serifen? Dann mischen Sie dazu nur eine Schrift, die entweder Serifen oder einen anderen unüblichen Charakter hat. Das Mischen von zwei Serifenschriften sollten Sie vermeiden.
6. Je ausgefallener und spezifischer Schrift A ist, umso zurückhaltender sollte Schrift B sein. Wer eine ausgefallene Schrift wie die Hongkong verwendet, sollte dazu eine Schrift kombinieren, die von ihrem Charakter und ihrer Strichstärke dazu passt, gleichzeitig aber zurückhaltend und leise wirkt. Zur Hongkong passt gut eine Minion Pro, da beide wechselnde Strichstärken haben und gleichzeitig klar ist, wer der Hingucker ist.
7. Schriften innerhalb einer Schriftfamilie wie hier die Schrift TheAntiquaB können Sie grundsätzlich bedenkenlos mischen. Achten Sie nur darauf, dass die Schnitte nicht zu ähnlich oder zu unterschiedlich sind.

[Schriftfamilie]
Zu einer Schriftfamilie zählen alle Schnitte einer Schrift. Eine kleine Familie besteht in der Regel aus dem normalen, dem fetten, dem kursiven und dem fett-kursiven Schnitt. Es gibt aber auch Familien mit sehr viel mehr Schnitten.

Kombinieren Sie nur nicht miteinander konkurrierende Schriften.

1. *Sie wollen heiraten?*
Dann kommen Sie zu uns.

2. SPORT IST MORD?
Das muss nicht sein.

3. Ein unvergessliches Erlebnis.
Tanzabend für Singles

4. Die Zeit ist reif.
Sind Sie bereit für den ersten Schritt?

5. Schlafstörungen?
Mit Repinol kehrt die Ruhe zurück.

6. HONGKONG
Asiatische Spezialitäten in Berlin

7. Vertrauen Sie Ihren Nachbarn?
Man kann nie wissen.

Kenne und nutze die Mittel

Kombination und Schriftgröße

Grundsätzlich kombiniert es sich einfacher, wenn die Größe der beiden Schriften nicht identisch ist. Eine klassische Konkurrenzsituation, wer der Blickfang ist, kann dann nämlich erst gar nicht entstehen. Wenn Sie hingegen das Gefühl haben, dass eine der beiden Schriften zu sehr in den Hintergrund gedrängt wird, dann versuchen Sie, dies durch das Ändern der Schriftgrößen auszugleichen.

Laut und leise

Die Schrift Rough Draft für das Wort »Design« ist eine sehr kräftige und laute sowie auch ungewöhnliche Schrift, zu der eine zurückhaltende Serifenlose kombiniert werden sollte. Allerdings ist eine Kombination dann etwas harmonischer, wenn die Größen unterschiedlich sind.

Farbwahl

Eine kühle, aber gelungene Farbkombination. Beachten Sie, dass die Schrift in positiv (dunkelgrau) und in negativ (weiß) auf dem grünen Hintergrund lesbar sein muss.

In Weiß wirkt die Rough Draft etwas weniger laut.

Beispielmischungen

Als Hilfestellung hier ein paar Beispiele von Schriftkombinationen, die Sie bedenkenlos anwenden können. Bei einigen Kombinationen sollten Sie unterschiedliche Schriftgrößen verwenden.

- Franklin Gothic und Palatino
- Zapf Chancery und Palatino
- Zapf Chancery und Garamond
- Tahoma und Times
- Garamond und Frutiger
- Garamond und Coronet
- Futura und Times
- Times und Helvetica
- Gill Sans und Garamond
- Rockwell und Frutiger
- Minion Pro und Myriad
- Minion Pro und Futura
- Bembo und Gill Sans
- Avenir und Garamond
- Memphis und AvantGarde
- Arial und Times

Die kombinierten Schriften müssen zur Gestaltung, zur Zielgruppe und zum beworbenen Objekt passen.

Längere Texte und mehrseitige Entwürfe

Wenn Sie sich an eine Broschüre oder an einen Flyer wagen, dann stehen Sie vor der Aufgabe, mit mehreren Seiten zu arbeiten. Text, der sich über mehrere Seiten erstreckt, birgt neue Herausforderungen, auch für den Leser. Helfen Sie ihm, indem Sie

- den Text mit Absätzen gliedern. Dies erreichen Sie zum Beispiel durch eine Leerzeile zwischen zwei Absätzen.
- den Text mit Zwischenüberschriften unterteilen. So erhält der Leser schnell einen Überblick und kann direkt zu dem Absatz springen, der ihn interessiert.
- zu viele Trennungen vermeiden. Das stört den Lesefluss. Wörter mit vier Buchstaben sollten nicht getrennt werden; vor dem Trennzeichen sollten mindestens zwei Zeichen stehen, im hinteren Wortteil mindestens drei; Trennungen auf maximal drei hintereinander begrenzen. Solche Einstellungen können Sie in der Regel in Ihrer Software vornehmen.

Zeilenlänge

Manchmal liest man aus Versehen eine Zeile zweimal, oder man überspringt eine Zeile. In diesem Fall ist meistens die Zeilenlänge schuld. Ist sie zu lang, kann das Auge nicht mehr Anfang und Ende der Zeile gleichzeitig erfassen und verhaspelt sich sozusagen beim Zurückfahren. Aber auch zu kurze Zeilen sind für den Leser nicht angenehm, da das Auge zu viele Bewegungen beziehungsweise Zeilenwechsel durchführen muss. Sorgen Sie also dafür, dass Sie dem Text die optimale Zeilenlänge geben – man sagt, dass sich der optimale Wert zwischen 40 und 60 Zeichen pro Zeile bewegt. Zu den Zeichen zählen auch Leerräume, Satzzeichen und Sonderzeichen.

Überschriften

Prioritäten setzen ist ein wichtiges Gestaltungsmittel, das wissen Sie nun. Dazu zählt auch, dass man bestimmte Texte oder Textteile hervorhebt wie zum Beispiel eine Überschrift. Meist wird für Überschriften eine größere Schrift verwendet, und häufig sollte diese auch in einem anderen Stil wie zum Beispiel in einem fetten Schnitt oder farbig ausgezeichnet werden.

Überschriften müssen auffallen!

Große Schriftgrößen in dünnen Schriften können Eleganz ausstrahlen, aber es besteht auch die Gefahr, dass sie verloren wirken und ihre eigentliche Aufgabe, nämlich zu informieren und die Aufmerksamkeit auf sich zu ziehen, nicht erfüllen.

Sprachschule mit zu kleiner Überschrift
Eine Online-Sprachschule wirbt mit einer freundlichen, räumlich harmonischen und auch farblich gut abgestimmten Anzeige. Allerdings wurden bei der ersten Variante die Überschriften so dezent ausgezeichnet, dass der Betrachter suchen muss, um die wichtigen Informationen zu finden.

Längere Texte und mehrseitige Entwürfe

Überschriften zum Hingucken

Verschiedene Beispiele einer Überschrift. Oben links und in der Mitte gehen sie völlig unter, oben rechts ist es besser, aber die Schrift wirkt immer noch etwas unsicher. Bei den beiden Beispielen links ist die Überschrift deutlich als Hingucker angelegt – so, wie es sein soll.

Korrigierte Fassung

Bei der zweiten Variante hat der Gestalter klare Entscheidungen über die Prioritäten getroffen und entsprechend ausgezeichnet: eine deutliche Überschrift, größeres Logo und größerer Slogan sowie eine auffälliger gestaltete Webadresse.

Kenne und nutze die Mittel

Durch wiederkehrende Elemente oder Farben sind Seiten als zusammengehörend erkennbar.

Text über mehrere Seiten

In vielen Gestaltungen sieht man zwei Umbruchfehler, die Sie vermeiden sollten: Die letzte Zeile eines Absatzes soll nicht am Anfang einer neuen Seite stehen. Genauso soll die erste Zeile eines Absatzes oder gar die Zwischenüberschrift nicht als letzte Zeile auf einer Seite stehen bleiben. Ändern Sie in solchen Fällen den Text, oder, wenn Sie das nicht dürfen, die Höhe der Textspalte, den Zeilenabstand oder andere Werte, damit immer mindestens zwei, besser noch drei Zeilen zusammenstehen.

Grundlinie

In diesem Buch lesen Sie immer wieder von den Vorteilen der Gestaltungslinien und Achsen. Läuft Text über mehrere Seiten, gibt es noch mehr Linien, die Sie beachten sollten: die Grundlinien beziehungsweise die Registerhaltigkeit. Grundlinie nennt man die Linie, die von den Buchstabenunterkanten gebildet wird. Diese Grundlinien sollten auf der Vorder- und der Rückseite und auch auf nebeneinanderliegenden Seiten auf der gleichen Höhe sein. Das gilt auch für die Arbeit mit einer Seite und mehreren Textspalten. Zum einen bringt diese Registerhaltigkeit Ruhe und Übersicht in die Gestaltung, zum anderen kann es beim Lesen einer Vorderseite stören, wenn die Schrift der – versetzten – Zeilen von der Rückseite durchscheinen.

[Umbruch]
Als Umbrechen bezeichnet man das Anpassen der Textzeilen an das Layout. Der Umbruch gibt an, wo die Zeile getrennt wird.

Drei Zeilen zusammen
Mindestens zwei, besser drei Zeilen sollten am Ende einer Spalte beziehungsweise am Anfang einer Spalte zusammenstehen.

Die ersten drei Zeilen eines neuen Absatzes am Ende einer Spalte bleiben zusammen.

Auch die letzten drei Zeilen eines Absatzes am Beginn einer Spalte sollten zusammenbleiben. Vor einer Überschrift ist das umso wichtiger, da der Textblock sonst zu zerstückelt wirkt.

Längere Texte und mehrseitige Entwürfe

Register sorgt für Ruhe

Die Registerhaltigkeit ist ein wichtiges Gestaltungsmittel, denn sie bringt Ruhe, System und Übersichtlichkeit in jedes Design. Besonders dann, wenn Sie wie hier im Beispiel eher temporeich und unkonventionell gestalten, sollten Sie auf die Einhaltung der Registerhaltigkeit achten.

abwechslungsreiche Gestaltung der Textblöcke

registerhaltig

Kenne und nutze die Mittel

Konsequentes Design

Grundsätzlich sollten die Seiten so gestaltet sein, dass sie auch als zusammengehörend erkennbar sind. Vermeiden Sie also, dass die erste Seite ganz anders aussieht als die zweite, und die dritte wieder ein neues Design hat. Wiederholen Sie Logos, Farben und schmückende Elemente genauso wie Schriftarten und -größen. Falls Sie Angst vor aufkommender Langeweile haben – Sie müssen die Gestaltungselemente ja nicht auf jeder Seite exakt identisch platzieren, sondern können sie leicht abgewandelt oder aufgehellt in den Hintergrund stellen.

Hervorhebungen

Möchten Sie ein oder mehrere Wörter hervorheben? Vielleicht gibt es bei der Beschreibung einer Kfz-Werkstatt einige Dienstleistungen, auf die der Leser gesondert aufmerksam gemacht werden soll. Oder der Deko- und Geschenkeladen, für den Sie eine Postkarte gestalten, möchte die geänderten Öffnungszeiten markieren. Eine ganz dezente Variante ist der Griff zur kursiven Schrift, auch als italic bezeichnet. Etwas auffälliger ist die Wahl einer halbfetten oder fetten Schrift, allerdings wird dadurch der Lesefluss auch etwas mehr gestört. Guten Geschmack zeigen Sie mit Kapitälchen, allerdings gibt es diese nur in ausgewählten und qualitativ hochwertigen Schriften, die in der Regel auch teurer sind.

Kapitälchen

Kapitälchen sind eine Variante einer Schrift, bei der die Kleinbuchstaben die Form von Großbuchstaben aufweisen. Ihre Höhe entspricht aber der Höhe von normalen Kleinbuchstaben.

K APITÄL   VERSAL   Kleinbuchs

Kapitälchen   *Versalien*   *Groß- und Kleinbuchstaben*

Längere Texte und mehrseitige Entwürfe

Auszeichnung als Gestaltungsmittel
Mit Auszeichnungen hebt man einzelne Wörter beziehungsweise Passagen hervor und gestaltet gleichzeitig den Text. Somit sind die verschiedenen Auszeichnungsarten durchaus als Gestaltungselement zu sehen.

Auszeichnungen

Eine ganz dezente Variante ist der Griff zur *kursiven Schrift, auch als italic bezeichnet*. Etwas auffälliger ist die Wahl einer **halbfetten** oder **fetten** Schrift, allerdings wird dadurch der Lesefluss auch etwas mehr gestört. Guten Geschmack zeigen Sie mit Auszeichnungen in Kapitälchen, allerdings gibt es diese nur in ausgewählten und qualitativ hochwertigen Schriften, die in der Regel auch teurer sind. Letztlich können Sie auch statt zu den Kapitälchen zu EINFACHEN GROSSBUCHSTABEN, zu den Versalien greifen. Kleiner Tipp: VERKLEINERN SIE DIE SCHRIFTGRÖSSE der Versalien minimal, dann fügen sie sich besser in den Grundtext ein.
Vom S p e r r e n sollten Sie besser Abstand nehmen, das Unterstreichen eignet sich auch eher für Überschriften und nicht als Hervorhebung im Text.

‹ Familienmitglieder
Dick oder dünn, schmal oder breit, schräg oder gerade – die Mitglieder einer Familie sind vielfältig.

Letztlich können Sie auch statt zu Kapitälchen zu einfachen Großbuchstaben, zu den Versalien greifen. Kleiner Tipp: Verkleinern Sie die Schriftgröße der Versalien minimal, dann fügen sie sich besser in den Grundtext ein. Das Unterstreichen eignet sich auch eher für Überschriften und weniger als Hervorhebung im Text.

Eine weitere Möglichkeit zur Hervorhebung einzelner Wörter ist das Verändern der Schriftfarbe. Was Sie dabei beachten müssen, erfahren Sie im nächsten Abschnitt.

Kenne und nutze die Mittel

Farbe der Schrift

Kennen Sie ein Buch mit schwarzem Papier und weißer Schrift? Oder ein Buch mit weißem Papier und roter Schrift? Ich nicht, und ich behaupte mal, dass Sie auch keines kennen. Das hat einen einfachen Grund: Gerade bei längeren Texten wie in einem Buch ist man ganz besonders daran interessiert, dass das Lesen leichtfällt und nicht ermüdet. Und genau dafür eignet sich am besten ein schwarzer Text auf weißem Hintergrund. Alle anderen Farbkombinationen sind weniger gut lesbar.

Nun sollen Sie natürlich nicht nur in Schwarz-Weiß gestalten, und bei einer Visitenkarte oder einem einseitigen Flyer geht es kaum darum, auf

Nur bei genügend Kontrast lässt sich Text gut lesen.

die Ermüdung der Augen zu achten. Deshalb sollten Sie dort die Schriftfarbe ganz bewusst als Gestaltungsmittel einsetzen. Beachten Sie aber, dass genug Kontrast, also ausreichend Unterschiede in Farbe und Helligkeit vorhanden sein müssen. Ist die Textfarbe zu hell, muss der Hintergrund dunkel werden. Dieser Negativtext ist erlaubt, eignet sich aber aufgrund seiner weniger guten Lesbarkeit nur für kurze Texte.

Vermeiden Sie konkurrierende und knallige Farben in Schrift und Hintergrund wie rote Schrift auf grünem Hintergrund. Wenn ausgerechnet diese Farben vorgegeben wurden, dann verwenden Sie am besten ein sehr dunkles Rot für die Schrift und ein sehr helles Grün für den Hintergrund. Dadurch erzeugen Sie genügend Kontrast.

Korrigierte Variante
Die korrigierte Version wirkt aufgrund des ausreichenden Kontrasts und der gelungenen Farbkombinationen einladend und angenehm.

Das Rot ist nur im Logo.

mit genügend Kontrast

Durch die große Schriftgröße ist der Text auch mit weniger Kontrast lesbar.

Checkliste zur Typografie

Zu guter Letzt noch eine Checkliste, mit der Sie die größten Typografie-Sünden vermeiden können.

- Mischen Sie nicht zu viele Schriften. Zwei verschiedene Schriften sollten reichen.
- Beschränken Sie die Anzahl von Schriftgrößen sowie von Auszeichnungen.
- Versaltext, also Text in Großbuchstaben, sollte niemals aus einer Schreibschrift oder Handschrift gesetzt werden. Dasselbe gilt für die gebrochenen Schriften wie eine Fraktur.
- Erhöhen Sie bei Negativtext den Buchstabenabstand.
- Achten Sie auf genügend Kontrast zwischen Schrift und Hintergrund.
- Bleiben Sie auch bei der Zeichensetzung korrekt: Drei Ausrufezeichen hintereinander sind keineswegs aussagekräftig, sondern wirken höchstens unprofessionell. Verwenden Sie die richtigen An- und Abführungszeichen, und vermeiden Sie doppelte Leerzeichen und Leerzeichen zwischen Buchstaben und Satzzeichen.
- Gliedern Sie die Texte, und achten Sie auf genügend Weißraum.
- Achten Sie auf die richtigen Zeilenlängen.
- Farbverläufe oder verspielte Füllungen gehören nicht in die Buchstaben.

Spezialfall: Text auf Bildern

Häufig nutzt man Bilder als Hintergrundelement und setzt den Text darüber. Dies ist völlig in Ordnung, solange in dem Bildbereich keine wichtigen Objekte zu sehen sind, er nicht zu unruhig ist und keine starken Farbwechsel enthält. Zudem sollte der Bereich vorwiegend eine gleichbleibende Farbe beziehungsweise eine Helligkeit aufweisen. Dann ist die Farbwahl für den Text nämlich ein Kinderspiel: Ist er hell, färbt man die Schrift dunkel; ist er dunkel, färbt man die Schrift hell, denn nur bei genügend Kontrast lässt er sich lesen.

Verwenden Sie bei heller Schrift auf dunklem Bild keine Schrift mit zu dünner Strichstärke. Auch sehr verschnörkelte Schriften sind dann nicht gut lesbar. Achten Sie auch darauf, dass alle Buchstaben wirklich zu erkennen sind – manchmal tanzt nämlich ein Bilddetail doch aus der Reihe, und ein darüberliegender Buchstabe ist nicht zu sehen.

Ein Bild als Hintergrund für Text darf nicht zu unruhig sein.

Spezialfall: Text auf Bildern

Wohin mit der Schrift?
Für den Schriftzug suchen wir einen Bereich im Bild, der hell und ruhig ist und gleichzeitig zentral.

Kein geeigneter Platz
Für die zweite Variante möchte der Kunde ein anderes Bild. Bei diesem Bild gibt es aber keinen Bereich, der groß genug und gleichzeitig so hell und frei von Zeichnungen ist, dass man den Text darüber platzieren könnte.

Selbst aufhellen
Getrickst: Wenn Sie keine Stelle im Bild finden, an der der Text platziert werden kann, hilft ein Trick: Hellen Sie den gewünschten Bereich selbst auf, indem Sie beispielsweise ein transparentes Feld darüberlegen.

Schwarze Schrift auf hellem Hintergrund ist hier besser lesbar.

Die Alternative: weiße Schrift auf abgedunkeltem Hintergrund

121

Kenne und nutze die Mittel

Farben für Ihre Designs

Eine Traueranzeige in Rot, eine Hochzeitskarte in Schwarz oder eine Einladung zum Firmenjubiläum in Pink – Sie sehen schon, dass jede Farbe ihre eigene Wirkung und Aussage hat. Die ausgelösten Gefühle sind nicht zwingend bei jedem Betrachter identisch, was die Entscheidung für eine Farbe mitunter schwierig macht. Aber einiges lässt sich – zumindest für den europäischen Raum – durchaus verallgemeinern.

Tradition, Kultur, Symbolik, Lebensumstände und Schwingung

Auch wenn jeder seine eigenen Farbvorlieben hat, hat jede Farbe eine allgemeingültige Wirkung.

Warum wirkt die eine Farbe abschreckend, die andere beruhigend und die dritte kühl? Farben verdanken ihre Wirkung unter anderem unserer kulturellen Vergangenheit, beispielsweise ihrer Kostbarkeit in der Herstellung; dazu kommt die symbolische Wirkung, die sich im Laufe der Jahre und Jahrhunderte entwickelt hat und mit der wir aufgewachsen sind. Auch unsere Lebensumstände verleihen einer Farbe wie beispielsweise Grün etwas Gewöhnliches, während sie in anderen Kulturen wie den Wüstenvölkern fast heilig ist. Zuletzt hat jede Farbe ihre eigene Schwingung, die wir von heiß über warm bis kalt wahrnehmen.

Liebe, Energie, Selbstvertrauen, Krieg, Blut, Aggression, Gefahr, Teufel

Treue, Wasser, Himmel, Romantik, Wohlgefühl, Melancholie, Ernsthaftigkeit, Kälte, Grenzenlosigkeit, Depression

strahlende Helligkeit, Sympathie, Sonne, Sommer, Neid, Eifersucht

Wärme, Sonne, Freundlichkeit, Auffälligkeit, billig, grell, Aggression

Farbwirkung

Jeder Farbe lassen sich positive und negative Eigenschaften und Begriffe zuordnen. Beachten Sie, dass bei einigen Farben die Wirkung nachlässt, je heller der Farbton ist. Deutlich wird das beispielsweise bei Violett, das durch Aufhellen zum Lila beziehungsweise fliederfarben wird.

Emanzipation, Geheimnis, Spiritualität, Tod, Geistlichkeit. Je heller der Farbton und je mehr das Violett in Lila übergeht, desto schwächer ist die Wirkung.

Hoffnung, Leben, Herzkraft, Natürlichkeit, Umwelt, Gesundheit, Vertrauen, Unreife, Gift

Eleganz, Exklusivität, Wert, Macht, Kälte, Tod, Trauer

Je nach Helligkeit tendiert es mehr zu den Eigenschaften von Weiß oder von Schwarz; allgemein dezent, zurückhaltend und somit sehr gut kombinierbar, aber auch mittelmäßig, neutral, trübe, alt.

Erde, Umwelt, Natur, Nationalsozialismus, Armut, Tod

Helligkeit, Licht, Glück, Reinheit, Sauberkeit, Freude, Abstraktion, Neuanfang, Leere, Unschuld

Wärme, Reichtum, Glück, Treue, Sonne, Macht

Bescheidenheit, Helligkeit, Klarheit, Kälte

Kenne und nutze die Mittel

Wozu ein Farbkreis?

Anhand eines Kreises lassen sich Beziehungen zwischen Farben darstellen und verdeutlichen. Der Farbkreis ist ein einfaches Mittel, Farben zu finden, zu mischen und miteinander zu kombinieren.

Seit Jahrhunderten versuchen sich Künstler, Psychologen und Wissenschaftler daran, einen geeigneten Farbkreis zu erstellen. Fragen Sie sich, warum es nicht »den einen richtigen« gibt? Das hat einen einfachen Grund: Farben lassen sich nicht nur durch mathematische Werte, sondern auch durch Empfindungen beschreiben. Und je nachdem, unter welchen Gesichtspunkten – wie zum Beispiel den künstlerischen, den technischen oder den psychologischen – man die Farben betrachtet, können Modelle entstehen, die sich entsprechend unterscheiden.

Aufbau des Farbkreises

Der Einfachheit halber arbeiten wir mit dem Farbkreis von Johannes Itten. Sein Modell wird zu Recht dahingehend kritisiert, dass sich die Farbmischungen im Druck nicht korrekt und entsprechend nicht so rein wiedergeben lassen; trotzdem eignet sich sein Farbkreis für unsere Zwecke am besten.

Durch den Farbkreis können wir verstehen, wie Farben miteinander funktionieren. Der Farbkreis von Itten zeigt zunächst

Farben der ersten Ordnung

12 Grundfarben des sichtbaren Lichts

Farben für Ihre Designs

die zwölf verschiedenen Farben und formt so den gesamten Bereich des sichtbaren Lichts zu einem Kreis. Die drei Grundfarben erster Ordnung sind die Farben Blau, Gelb und Rot. Die drei Farben zweiter Ordnung liegen dazwischen, nämlich Orange, Lila und Grün. Die sechs Farben dritter Ordnung liegen zwischen einer Farbe erster und einer Farbe zweiter Ordnung.

Durch diese – theoretischen – Mischungen sehen wir, dass eine Grundfarbe wie Blau in letztlich sieben Farben des Farbkreises enthalten ist. Das Gleiche gilt für die Farbe Gelb und für Rot.
Eine Farbe definiert sich durch
- ihren Charakter, also den eigentlichen Farbton,
- durch ihre Helligkeit und
- durch ihre Sättigung, also durch ihre Reinheit.

Kalt und warm

Farben lösen unterschiedliche Gefühle aus, wie wir wissen. Diese Gefühle lassen sich auch in warme und kalte Gefühle unterteilen. Somit können wir Farben als warm und als kalt bezeichnen.

Farben von Gelb über Rot bis Braun sind warme Farben und erzeugen grundsätzlich angenehme Gefühle wie Nähe und Liebe. Hingegen sorgen die kalten Farben wie Blau und Grün und auch Grau eher für ein Gefühl von Distanz und Sachlichkeit.

Die Wirkung von kalten und warmen Farben auf den Menschen ist unumstritten.

▾ Farbtemperatur
Oben sehen Sie acht warme Farben, darunter acht kühle Farben.

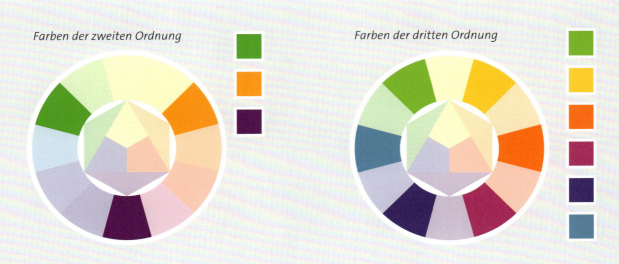

Farben der zweiten Ordnung

Farben der dritten Ordnung

Kenne und nutze die Mittel

Farben kombinieren

Sie wissen mittlerweile um die Wirkung einer einzelnen Farbe. Doch welche Farbe mischen Sie dazu?

- **Kräftig und bunt**

  Wenn Sie reine, kräftige Farben benötigen, dann greifen Sie zu den Farben der ersten Ordnung, also Blau, Gelb und Rot. Wenn Sie nicht nur eine, sondern zwei oder alle drei Farben kombinieren, dann erzielen Sie eine sehr starke Kontrastwirkung und gleichzeitig eine sehr bunte Gestaltung, die beispielsweise Kinder anspricht.

Farbsammlung für Kinder

Kinder lieben reine, kräftige Farben. Die Sammlung zeigt ein paar Beispielfarben, die Sie bei dieser Zielgruppe verwenden können.

Anzeige mit Kinderfarben

Eine bunte Mischung wirkt kindlich und wirkt auch auf Kinder. Die Farben für die Textrahmen sind die drei Grundfarben der ersten Ordnung und wurden aus dem Bild entnommen.

Farben für Ihre Designs

- **Kräftig und harmonisch**
Eine ähnliche Wirkung hat die Mischung von Komplementärfarben. Die Komplementärfarbe ist immer diejenige Farbe, die im Farbkreis genau gegenüberliegt. Üblicherweise werden beispielsweise die Farben Gelb und Blau sowie Grün und Rot als Komplementärfarben bezeichnet. Je nach Farbkreismodell schwanken aber die Farben etwas. Bei Itten beispielsweise liegen sich ein Cyan-Blau und ein Orange-Rot gegenüber.

Die Kombination von Komplementärfarben ist harmonisch, aber abhängig von der gewählten Farbe, von ihrer Helligkeit und von ihrer Sättigung auch sehr kontrastreich. Sie eignet sich also eher als Hingucker denn als dezenter Hintergrund.

Rot-Cyan

Blau-Gelb

Pink-Grün

Komplementärfarben im Logo
Da in diesem Logo helles Blau und dunkles Gelb, fast ein Orange, verwendet wurden, ist der Kontrast nicht ganz so stark.

Gelb statt Orange
Verwendet man reine Komplementärfarben, wird der Kontrast stärker und die Kombination auffälliger.

127

Kenne und nutze die Mittel

- **Dezent und geschmackvoll**
  Eine Mischung, mit der Sie in der Regel immer gut fahren, ist die monochromatische Mischung. Monochrom bedeutet einfarbig, es handelt sich also um eine Farbmischung, deren Basis aus einer Farbe besteht. Die Farben unterscheiden sich lediglich in ihrer Helligkeit wie beispielsweise ein Hellblau, ein mittleres und ein dunkles Blau. Eine monochromatische Mischung ist in der Regel dezent und geschmackvoll; unharmonische Farbkombinationen können hier nicht entstehen. Abhängig von den Abstufungen und den anderen Elementen des Designs kann eine monochromatische Gestaltung aber auch schnell langweilig wirken.

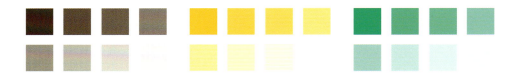

Monochrome Reihe
Durch verschiedene Abstufungen des Violetts kann abhängig von
Inhalt und Aussage auf eine zweite Farbe ganz verzichtet werden.

Farben für Ihre Designs

- **Ruhig und entspannt**
  Die Farbreihe wird auch analoge Farbmischung genannt. Man verwendet hierbei die Farben, die im Farbkreis links und rechts nebeneinanderliegen wie zum Beispiel Grün, Türkis und Blau. Die Farbmischung, die dabei entsteht, ist ruhig und entspannt.

Grün, Gelb und Orange
Eine Visitenkarte mit analoger Farbmischung. Natürlich können Sie die Farben in ihrer Helligkeit noch variieren.

Beispielsammlungen

Farbsammlungen können die Arbeit erleichtern, als Anregung dienen und Prozesse beschleunigen. Ein paar Beispielsammlungen zu gängigen Themen habe ich zusammengestellt.

Bitte nicht alle Farben einer Sammlung verwenden!

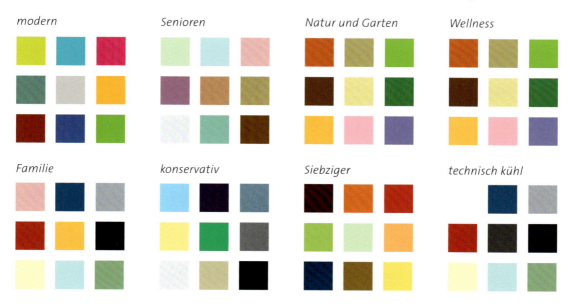

129

Kenne und nutze die Mittel

Grau und Orange
Das Beispiel zeigt ein relativ dunkles Bild mit viel Grau und Braun. Das Grau wurde als eine der beiden Grundfarben der Gestaltung verwendet. Dazu wurde ein Orange kombiniert, damit die Anzeige nicht zu düster wird.

Alternative in Braun
Alternativ hätte auch die Hautfarbe als Basis dienen können – die Anzeige verliert dann aber an Eleganz.

Monochrome Variante
Grau in Grau, auch das funktioniert. Achten Sie auf genügend Kontrast zwischen Schrift und Hintergrund – wechseln Sie also gegebenenfalls von schwarzer zu weißer Schriftfarbe.

Checkliste für die passende Farbe

Sie brauchen die perfekt passende Farbe oder sogar zwei? Verwenden Sie folgende Checkliste:

- Gibt es bereits Farbe in Ihrer Gestaltung, das heißt, verwenden Sie ein farbiges Bild oder ein Logo? Wenn ja, dann sollten Sie die Farben unbedingt an das Bild anpassen (siehe Seite 132).
- Gibt es noch keine Farbe in Ihrer Gestaltung? Dann greifen Sie zu der Farbe, deren Charaktereigenschaften am ehesten zum Inhalt passen (siehe Seite 122).
- Sie haben die erste Farbe ausgewählt und brauchen eine zweite? Benötigen Sie eine kontrastreiche Wirkung? Greifen Sie zu einer Komplementärfarbe.
- Ist Ihnen die Mischung mit der Komplementärfarbe zu laut? Verwenden Sie die monochromatische Mischung mit starken Helligkeitsabstufungen.
- Brauchen Sie eine ruhige, harmonische Mischung? Dann verwenden Sie Farben aus einer Farbreihe.

Farbperspektive und Räumlichkeit

Die Farbperspektive ist eine von mehreren Perspektivarten, die Sie bei der räumlichen Darstellung unterstützen. Deswegen noch ein paar weitere Worte dazu: Größe und Farbe sind zwei wesentliche Eigenschaften von Objekten, die Räumlichkeit erzeugen. Grundsätzlich gilt:

- Dunkle Farben wirken näher als helle Farben.
- Objekte in warmen Farben wie Rot und Gelb wirken näher als Objekte in kalten Farben wie Blau und Grün.
- Reine Farben wirken näher als Pastelltöne oder Farben mit viel Grau.
- Scharf abgegrenzte Flächen wirken näher als diffus ineinander verlaufende Flächen.
- Komplementärfarben wie Gelb auf Blau erzeugen eine starke räumliche Wirkung (unbedingt auch auf die Größe der Flächen achten).

Verlauf und Schatten >

Indem der Kreis nicht flächig grau, sondern mit einem Verlauf von hell nach dunkel gefüllt wird, entsteht eine perspektivische Wirkung. Der Kreis wirkt nicht mehr flächig, sondern dreidimensional. Wenn Sie ihm noch einen kleinen Schatten spendieren, gewinnt er zudem an Räumlichkeit.

∨ Perspektive

Die ADAC-Zentrale in München. Durch den gezielten Wechsel zwischen hellen und dunklen beziehungsweise warmen und kalten Farben entsteht eine räumliche Wirkung.

Bild: Stephan Liebl, Dillingen

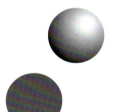

Kenne und nutze die Mittel

Grundfarbe eines Bildes erkennen

Wenn Sie ein Foto, ein Logo oder eine Grafik haben, die Sie für Ihren Entwurf verwenden wollen, sollten Sie Ihre Farbwahl unbedingt darauf abstimmen. Ein Foto hat aber in der Regel alle erdenklichen Farben. Welche Farbe ist nun die richtige?

Jedes Farbfoto hat seine eigene Farbpalette. Der einfachste Weg, an diese Farbpalette zu gelangen, ist über Photoshop: Öffnen Sie das Bild und reduzieren Sie die Farben per **Filter · Vergröberungsfilter · Mosaikeffekt**.

Falls Sie dieses Bildbearbeitungsprogramm nicht haben, können Sie auch einfach die Auflösung des Bildes mit einer anderen, kostenfreien Software so herunterrechnen, dass das Bild stark verpixelt – das Ergebnis ist ganz ähnlich. Jetzt können Sie mit der Pipette die Farbe aus dem Bild in die Datei aufnehmen. Beginnen Sie bei dem größten einfarbigen Bereich. Sie finden so die Grundfarbe des Bildes, die Sie als harmonische Ergänzung in anderen Bereichen der Gestaltung auftauchen lassen können.

Auf der Suche
Bei diesem Bild gibt es keine auffällige, vorlaute Farbe, die im Bild vorherrscht und sofort ins Auge fällt.

Auflösung verringern
Reduzieren Sie die Auflösung mit Photoshop zu einem Mosaikeffekt. Nun sind Grün und Gelb gut zu erkennen.

Farben für Ihre Designs

Zu viele oder zu wenig Farben im Bild?

Manchmal hat ein Bild mehrere Grundfarben. Nehmen Sie dann die Farbwirkung zu Hilfe. Wenn Sie beispielsweise Orange, Rot und Grün im Bild gefunden haben, dann entscheiden Sie doch danach, was inhaltlich besser passt. Gestalten Sie etwas, was kühlere Farben verträgt, vielleicht einen technischen Artikel oder die Werbung eines Handy-Ladens? Oder passen besser warme Töne zum Thema im Werbemittel, weil Sie einen Flyer für einen Ferienpark oder eine Heilpraktikerausbildung gestalten?

Oder Sie lassen sich vom Wissen um die Farbtemperatur helfen. Ein Bild, das rote und grüne Bereiche aufweist, wird durch die Kombination eines Rottons in der Gestaltung wärmer, durch einen Grünton kühler.

Zu wenig Farben?

Wenn Sie nur eine Grundfarbe ausfindig machen können, aber mehrere benötigen, können Sie deren Komplementärfarbe als Kontrastmittel verwenden oder eine der anderen Methoden wie die monochrome Farbreihe einsetzen, um weitere Farben zu finden.

Viele Möglichkeiten
Braun, Gelb, Grün oder Blau? Bei diesem Bild fällt die Entscheidung schwer, es bietet aber auch gleichzeitig eine Menge Möglichkeiten.

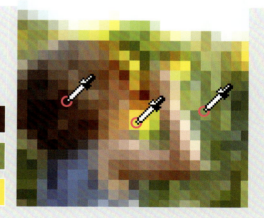

Im Mosaikbild fällt die Suche leichter
Erstaunlich: Gelb ist wenig vorhanden, dafür mehr Braun und Grün. Brauchen Sie freundliche Farbtöne, können Sie aber in jedem Fall auch das Gelb nehmen.

Zwei Farben gesucht?
Bei zwei Farben empfehle ich – natürlich abhängig vom Inhalt der Gestaltung – Grün und Gelb oder Braun und Gelb. Grün und Braun ginge auch, würde aber relativ dunkel werden.

Kenne und nutze die Mittel

Besonderheiten bei Schwarz-Weiß-Bildern

Wenn Sie nur Schwarz-Weiß-Bilder im Zugriff haben, standen Sie sicher auch schon einmal vor der Frage, ob man eine gesamte Gestaltung den Bildern anpassen muss, sprich, ob in einer Gestaltung mit Schwarz-Weiß-Bildern überhaupt Farben erlaubt sind. Die Antwort lautet: Ja, aber. Natürlich können Sie mit Farben arbeiten, wenn die Bilder in Schwarz-Weiß vorliegen. Wenn Sie allerdings eine einfache Lösung brauchen, empfehle ich, die gesamte Gestaltung mit Schwarz und all seinen Abstufungen zu färben. Sie werden überrascht sein, was im Schwarz-Weiß-Bereich alles möglich ist und dass eine solche Gestaltung durchaus elegant und professionell werden kann.

Mit Schwarz-Weiß-Bildern harmonieren häufig gedeckte Farbtöne.

Wenn Sie aber unbedingt Farbe ins Spiel bringen möchten, geht dies natürlich auch. Achten Sie dann aber bitte auf Folgendes: Zu Schwarz-Weiß-Bildern passt häufig nichts Buntes. Verwenden Sie also eher gedeckte Farben oder Pastellfarben. Sie können auch kräftige Farben einsetzen, dann aber nur eine oder maximal zwei.

Grau ist nicht Grau
Das Grau im oberen Bereich ist jetzt nicht mehr das Blau-Grau von Seite 130, sondern passend zum Schwarz-Weiß-Bild ein reiner Farbton von 80 % Schwarz.

Grau kombinieren
Schwarz-Weiß-Bilder harmonieren gut mit Pastelltönen und helleren Farben. Mit dem aufgehellten Orange wirkt die Anzeige freundlich.

Farben für Ihre Designs

Farbe im Logo

Bei Grafiken beziehungsweise Logos mit flächigen Farben ist es leichter, die Hauptfarbe herauszufiltern. Denken Sie daran, dass Sie nicht unbedingt die Farbe des Logos wiederholen müssen. Häufig wird die Gestaltung interessanter, wenn Abstufungen der Farbe oder andere Farben kombiniert werden, die abhängig von der Aufgabe des Designs, der Zielgruppe und ihrer eigenen Wirkung kombiniert werden.

Ein Design mit einem braunen Logo kann also entweder in unterschiedlich hellen Brauntönen gefärbt werden oder man kann gemäß der analogen Mischung ein Ocker, Orange oder Grün dazu kombinieren und eine eher warme Wirkung erzielen; mit Blau erreichen Sie einen stärkeren Kontrast und gleichzeitig eine kühle Wirkung.

Braun und Braun
Die monochrome Variante in dunkel- und hellbraun wirkt eher düster und auch fast etwas langweilig.

Braun und Grün
Das Braun wird durch das kombinierte frische und helle Grün warm und freundlich.

Braun und Hellblau
Braun und Blau weisen den stärksten Kontrast auf. Wenn das Blau aufgehellt wird, ist die Kombination kühl, aber trotzdem in Ordnung.

Kenne und nutze die Mittel

Bunt?

Viel hilft nicht automatisch viel. Besonders beim Einsatz von Farben sollten Sie eher sparsam sein. Je nachdem, für welche Farben Sie sich entschieden haben, können zwei verschiedene wie zum Beispiel Komplementärfarben schon genug sein – eine dritte würde sehr bunt wirken und sich nur für ganz spezielle Gestaltungen eignen, nämlich für die, die wirklich auch bunt sein sollen wie ein Plakat für den Kinderzirkus.

Arbeiten Sie hingegen mit Farben aus der analogen Farbreihe, können Sie getrost auch drei verschiedene Farbtöne und dazu noch Helligkeitsabstufungen dieser Farbtöne verwenden, ohne bunt zu werden. Beim Einsatz einer monochromen Farbreihe, deren Farben sich lediglich in ihrer Helligkeit unterscheiden, können Sie je nach Seitenanzahl auch fünf, sechs oder mehr Abstufungen für verschiedene Elemente einsetzen, ohne dass Ihre Gestaltung albern wirkt.

Je stärker sich die Farben in ihrem Farbton unterscheiden, desto bunter wird die Mischung.

Verläufe

Verläufe über mehrere Farben sind grundsätzlich eine gestalterische Plage. Was wirklich nur in Ausnahmefällen gut aussieht, wirkt in der Regel veraltet und hat den Touch einer 90er-Jahre-Gestaltung.

Eine ganz andere Art von gestalterischer Qualität weisen hingegen Verläufe innerhalb einer Farbe oder zu Weiß auf, also beispielsweise von Hell- zu Dunkelblau. Solche Verläufe können als Hintergrund ihren Zweck erfüllen und durch die Hell-Dunkel-Kontraste sogar eine räumliche Wirkung erzielen.

Verläufe zwischen mehreren Farben wirken schnell unprofessionell und unangemessen »bunt«.

Was wird gefärbt?

Bei all dem Wissen um Wirkung, Temperatur und Kombinationseffekten von Farben sollten Sie nicht vergessen, dass die Antwort nach der perfekten Farbe auch davon abhängig ist, was Sie eigentlich färben wollen.

- Wollen Sie Text färben? Dann sorgen Sie für genügend Kontrast zwischen Text und Hintergrund.
- Wenn Flächen gefärbt werden sollen, legen Sie die Funktion der Fläche fest. Wird die Farbfläche als schmückender Hintergrund genutzt? Dann greifen Sie zu einer dezenten Farbe.
- Soll die Farbfläche oder die Farbkombination der Hingucker der Gestaltung werden? Seien Sie mutig und verwenden Sie ruhig reine, kräftige Farben beziehungsweise deren Komplementärfarben.

Farben für Ihre Designs

- Handelt es sich um eine sehr große Fläche? Vorsicht, auch so manche dezente Farben werden durch ihre Ausmaße vorlaut.
- Müssen Sie kleine Bereiche färben? Dann können Sie getrost auch mit kontrastreichen, reinen Farben arbeiten.

Hell oder kräftig

Weil die Farben des Logos auch in den Textkästen als Hintergrundfarbe dienen sollten, hat man im Beispiel oben pastellige Töne gewählt. Bei sehr kräftigen Logofarben kann man aber auch die Deckkraft der Kästen herabsetzen (rechts).

Farbsuche gelungen: Der Text ist in Schwarz und auch in Weiß gut lesbar.

Hier darf die Negativschrift nicht zu klein sein.

Heikel: schwarzer und weißer Text

Eine besondere Herausforderung sind Farben, die als Hintergrund für schwarzen genauso wie für weißen Text dienen sollen. In beiden Fällen muss genügend Kontrast entstehen, damit der Text lesbar ist.

137

Lege los und lerne dabei

Gestaltungsprojekte in der Praxis

Lege los und lerne dabei

Danksagung zur Hochzeit
Klappkarten mit dem gewissen Etwas

Hochzeits- und Danksagungskarten, Einladungen zum Jubiläum oder Geburtstag sind aufgrund ihrer Häufigkeit eine besondere Herausforderung für Sie als Gestalter. Denn der Jubilar oder das Hochzeitspaar erwartet von Ihnen natürlich einen ganz besonderen Entwurf. Versuchen Sie mit Kontrasten, unüblichen Bildvariationen oder unüblichen Formaten Schwung hineinzubekommen und der Karte das gewisse Etwas zu geben.

Viele Bilder

Ein frisch vermähltes Ehepaar möchte sich bei allen Hochzeitsgästen bedanken. Die Karte ist im Querformat angelegt. Die besondere Aufgabe liegt darin, dem Alltäglichen einer Klappkarte etwas Besonderes zu verleihen. Deswegen habe ich mich für eine Klappkarte entschieden, die mit vielen Bildern gefüllt wird und deren Vorderseite kürzer ist als die Rückseite.

Danksagung zur Hochzeit

Effekt mit verkürzter Seite

Die Klappkarte hat einen ganz besonderen Hingucker: Die erste Seite ist um ein Drittel kürzer als die zweite Seite. Dadurch sieht man in zugeklapptem Zustand am rechten Rand einen Streifen der hinteren Seite.

Durchzählen

Wir zählen durch, um Klarheit zu bekommen: Die erste Seite ist die verkürzte Seite, also der Titel. Klappt man die Karte auf, sieht man links die Seite Nummer 2, ebenfalls mit einer Breite von 140 Millimetern. Als dritte Seite wird die folgende rechte Seite mit einer Breite von 210 Millimetern bezeichnet, und die Rückseite ist die vierte Seite, ebenfalls 210 Millimeter breit.

Zwei verschiedene Längen

Die dritte und die vierte Seite weisen eine Größe von 210 × 105 Millimetern auf, also ein herkömmliches DIN-lang-Format. Die ersten beiden Seiten sind um ein Drittel kürzer und haben somit ein Format von 140 × 105 Millimetern.

Lege los und lerne dabei

Dateigrößen im Programm definieren

Sie überlegen, wie Sie im Layoutprogramm Seiten mit verschiedenen Maßen anlegen können? Müssen Sie gar nicht, denn die Maße sind identisch. Falten Sie sich ein Muster, um Klarheit zu bekommen.

Gleiche Maße

Im Layoutprogramm legen Sie eine Datei an, die über die gesamte Breite der Karte in aufgeklapptem Zustand geht. Die Datei hat also die Maße 350 (210 + 140) × 105 Millimeter und besteht aus zwei Seiten, die später an einer Stelle gefalzt werden.

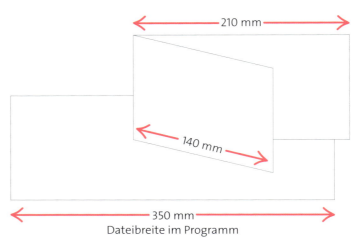

Zusammengehörigkeiten festlegen

Durch die verkürzte Vorderseite entsteht ein ganz besonderer Effekt: Wenn die Leser die Karte aus dem Briefumschlag nehmen, kann es sein, dass sie nicht sofort entdecken, dass die vordere Seite kürzer ist. Wir werden die hintere Seite nämlich so gestalten, dass sie mit der vorderen eine Einheit bildet. Auch die Innenseiten sollten optisch eine Einheit bilden.

Durchgehend

Auf den ersten Blick erscheint die Vorderseite als durchgehend.

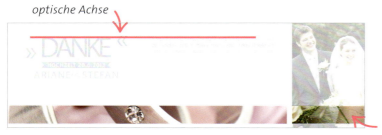

optische Achse

Eine Einheit

Achten Sie auch darauf, dass die aufgeklappten Innenseiten eine Einheit bilden.

Gleiches Gestaltungselement innen und außen: die Bildstreifen

142

Danksagung zur Hochzeit

»Auf den zweiten Blick«

Die beiden Bereiche müssen nicht unbedingt als Einheit erscheinen – es hat aber immer einen eigenen Reiz, wenn der Leser erst auf den zweiten Blick eine kleine Nettigkeit entdeckt.

Und da es bei dieser Karte nicht in erster Linie um Lesbarkeit geht, sondern um Optik und Originalität, kann man hier einen solchen Effekt wunderbar einsetzen.

Effekt
Verwenden Sie für den »Einseiten-Effekt« durchgehende Elemente wie Linien oder Bilder.

Das rechte Drittel
Das rechte Drittel der dritten Seite hat es in sich. Die Herausforderung beim Design ist, dieses Drittel nicht nur optisch passend zum Titel zu gestalten, sondern auch zum Rest der dritten Seite.

Die beiden Seiten müssen optisch zusammenpassen ...

... aber auch diese beiden Seiten.

Bildstreifen auf Seite 3
Den Bildstreifen findet man auch auf dem Rest der dritten Seite. Somit ist die Gestaltung auch in aufgeklapptem Zustand stimmig.

Achtung Knick
Denken Sie daran, dass hier noch gefalzt wird. Es wäre gut, wenn der Text nicht über den Falz laufen würde.

Das Stilmittel Kontrast

Ein wichtiges Stilmittel für eine schwungvolle Gestaltung ist der Kontrast. Dabei muss es sich nicht um Farb- oder Hell-Dunkel-Kontraste handeln – auch Kontraste zwischen verschiedenen Formaten wirken.

Querformat

Das linke und mittlere Drittel der dritten Seite ist als Querformat aufgebaut. Breite Bildbalken, horizontal gestreckter Text, Unterschriften nebeneinander gestellt – die Seite ist deutlich horizontal ausgerichtet.

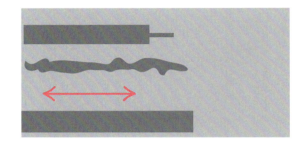

Hochformat

Das rechte Drittel hingegen ist – schon aufgrund seines Formats – vertikal ausgerichtet. Ein Foto des Brautpaares im Hochformat verstärkt die Wirkung.

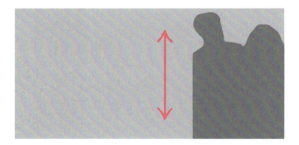

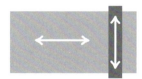

Kontrast

Horizontale und vertikale Gestaltung nebeneinander beziehungsweise auf einer Seite erzeugt Kontraste und bringt Spannung in die Gestaltung.

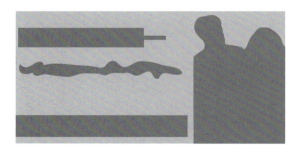

Kontraste bei der Schriftwahl

Für die Namen wurde eine schmale Schrift mit deutlichen Spitzen gewählt, für das &-Zeichen genau das Gegenteil, nämlich eine breite, geschwungene runde Schrift. Durch den Kontrast wirkt die Kombination spannend, und aufgrund ihrer Eleganz harmonieren die beiden Schriften miteinander.

Danksagung zur Hochzeit

Das Stilmittel Bilddetail

Eine Gruppe von wirkt manchmal interessanter, wenn nur Ausschnitte gezeigt werden. Das Brautpaar von links, das Brautpaar von rechts, einmal lacht sie, einmal lacht er – da würde wenig Abwechslung und vor allem wenig Spannung aufkommen.

Bei einer solchen Bildergruppe kommt schnell Langeweile auf.

Spannung
Nehmen Sie einzelne Details aus den Bildern heraus. So lassen sich spannende Bildergruppen erstellen.

Achtung bei der Motivauswahl

Besonders dann, wenn es sich nicht um Gegenstände, sondern um Personen handelt, muss die Auswahl der Details sorgfältig vorgenommen werden. Eine Nase oder ein Ohr wirkt höchstens ulkig und hinterlässt den Eindruck, man wolle sich lustig machen. Augen und Hände hingegen können in der Vergrößerung sehr geschmackvoll aussehen.

Personendetails
Ein lachender Mund, Augen, Hände oder ein Kuss – das sind Details, die man hervorheben kann.

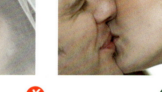
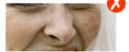

Lege los und lerne dabei

Postkarte »Kulturnacht«
Typografische Feinheiten

Bei der Gestaltung einer Postkarte ist es wichtig, dass der Leser auf einen Blick erfährt, um was es sich handelt. Kümmern Sie sich also um einen gelungenen Blickfang, aber auch um eine lesbare Typografie. Denn wenn Ihre Leser den Text mühsam entziffern müssen, verlieren sie schnell das Interesse, und genau das wollen Sie vermeiden.

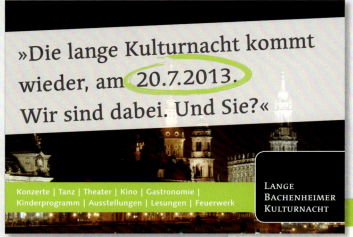

Kulturnacht
Eine Postkarte soll möglichst viele Besucher zur Bachenheimer Kulturnacht locken.

Schnelles Erfassen
Da eine Postkarte häufig nur kurz betrachtet wird, liegt unser Augenmerk – abgesehen vom Blickfang Bild – auf den typografischen Feinheiten wie korrekt gegliederten Telefonnummern, Abständen und dem Einsatz von echten Kapitälchen. Denn mit sorgsamer Typografie erleichtern Sie das schnelle Erfassen der wichtigsten Informationen.

Schriften elegant kombinieren

Beim Kombinieren von Schriften tun sich häufig viele Stolperfallen auf. Sie können kaum etwas falsch machen, wenn Sie eine Schrift verwenden, die es in einer Variante mit und in einer ohne Serifen gibt. Denn dann können Sie davon ausgehen, dass sich die beiden Schriften genug voneinander unterscheiden und gleichzeitig perfekt miteinander harmonieren.

Serifen

Die Linotype Syntax ist eine solche Schrift, die mit und ohne Serifen erhältlich ist.

LinotypeSyntaxSerif Regular
LinotypeSyntaxSerif Bold
LinotypeSyntaxSerif LightItalic

LinotypeSyntax Regular
LinotypeSyntax Bold
Linotype Syntax LightItalic

Negativschrift

Auf einer dunklen Fläche soll Text platziert werden? Das geht, Sie müssen nur die Schriftfarbe entsprechend hell wählen – also mit sogenanntem Negativtext arbeiten. Ein paar Feinheiten sollten Sie dabei beachten. Wichtig ist zunächst vor allem genug Kontrast zwischen Schrift und Hintergrund. Grundsätzlich gilt, dass die Laufweite, also die Abstände der Buchstaben, bei Negativschrift etwas erhöht werden kann.

Erhöhen Sie bei weißem Text auf dunklem Hintergrund die Laufweite ein wenig.

Achtung Strichstärke

Die Strichstärke der Negativschrift muss dick genug sein. Besonders elegante Serifenschriften haben häufig so feine Linien, dass sie im Druck zulaufen würden, also nicht mehr sichtbar wären.

Die horizontal angesetzten Serifen sind in kleinen Größen zu dünn.

Lege los und lerne dabei

Abstände feinjustieren

Wenn Sie für ein Datum in Ihrem Programm die Zahlen einfach so eingeben, sind die Abstände in der Regel nicht optimal. Meist ist ein Leerraum als Abstand zu groß, ganz ohne Leerraum wird es zu eng, und der Abstand zwischen Zahl und nachfolgendem Punkt kann – durch die Form der Zahl – stark schwanken. Machen Sie sich also die Mühe und gleichen Sie die Räume manuell aus – Sie erhöhen damit die Lesbarkeit deutlich.

Abstände regulieren
Beim Datum wird nachgearbeitet, da sonst zwischen der 7 und dem Punkt ein zu großer Abstand ist.

20.7.2013
↓
20.7.2013

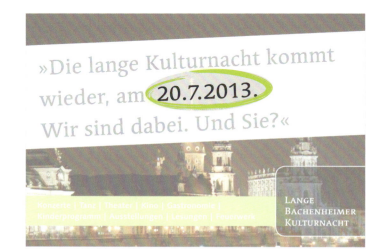

Zweiergruppen
Telefonnummern muss man nicht, aber kann man optisch in Zweiergruppen trennen. So lassen sie sich besser lesen.

0569/9810265
ohne Leerräume

05 69/981 02 65
Ein ganzer Leerraum zwischen den Zahlen ist etwas zu viel.

05 69/981 02 65
Schöner wird es, wenn zur Gliederung nur etwa ein halber bis ein viertel Leerraum verwendet wird.

Trennen Sie immer zwei Zahlen von rechts. Dreiergruppen bleiben zusammen.

05|69/981|02|65

Schriften verzerren

Auf der Postkarte soll ein deutlicher Hinweis zu sehen sein, dass die Veranstaltung kostenlos ist. Deshalb wird der Hinweis fett hervorgehoben. Der Platz ist aber beschränkt, und die gewählte Schrift ist auch nicht in einer etwas enger laufenden Variante vorhanden. Was tun? Ich rate grundsätzlich davon ab, Schriften in der Breite oder Höhe zu verzerren. Unter bestimmten Voraussetzungen kann Ihre Gestaltung aber trotz verzerrter Schrift professionell wirken.

Wenn Sie Schrift modifizieren,
- beschränken Sie sich auf ein Wort oder einen Schriftzug.
- übertreiben Sie die Verzerrung nicht – das Wort muss noch lesbar sein.
- verwenden Sie eine gut lesbare Schrift, also keine Zierschrift, keine Schreibschrift, keine filigrane oder verspielte Schrift und keine Schrift, die sowieso schon sehr schmal oder sehr breit ist.
- unterstützen Sie die verbleibende Lesbarkeit durch ruhige Hintergründe, vermeiden Sie unruhige Bilder oder Verläufe.

Das Original
Die Linotype Syntax heavy ist eine gut lesbare Serifenlose.

KOSTENLOS!

Schmal verzerren
Eine geringe schmale Verzerrung ist hier akzeptabel.

Zu starke Verzerrung
So nicht. Die Verzerrung ist zu stark.

Falsche Schrift
So auch nicht. Diese Schriften sollten nicht verzerrt werden.

Lege los und lerne dabei

Mikrotypografie

Ob Sie professionell gearbeitet haben, lässt sich – auch – an diversen Kleinigkeiten festmachen. Wer Telefonnummern und Anführungszeichen korrekt setzt, vorgegebene Abstände einhält und die richtigen Trennstriche verwendet, überzeugt inhaltlich und auch optisch.

Hinweis zu Software
Jede Software verfügt in der Regel über eine Möglichkeit, die Abstände zwischen den Buchstaben zu verändern. Für einen halben Leerraum verkleinern Sie entweder einen vorhandenen Leerraum, oder Sie verzichten auf das Eintippen eines Leerraums und vergrößern den Abstand zwischen den beiden Zahlen so weit, dass er etwa die Größe eines halben Leerraums aufweist.

Hier wurde in der Software Adobe InDesign der Leerraum zwischen der 3 und der 9 um –100 Einheiten verkleinert.

Anführungszeichen
Die deutschen An- und Abführungszeichen formen am Satzanfang unten eine 99, am Ende eine 66 oben.
Auch spitze Anführungszeichen sind möglich und zeigen in der deutschen Sprache nach innen.

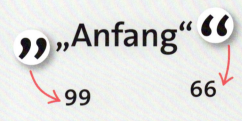

Telefonnummern
Offiziell müssen Telefon-, Fax- und Postfachnummern nicht mehr getrennt werden. Für eine bessere Übersichtlichkeit empfehle ich Ihnen aber, längere Nummern mit einem halben Leerraum beziehungsweise Wortzwischenraum zu unterteilen.
Die Vorwahl in Klammern ist kein Muss, wird aber immer noch gerne genutzt.

Bankleitzahlen und Kontonummern
Die Bankleitzahl gliedert man in zwei Dreier- und eine Zweiergruppe, die Kontonummer in Dreiergruppen von rechts.

BLZ 100 500 00
Kto 98 736 522

Zahlen
Drei Ziffern von rechts bilden eine Gruppe und werden maximal mit einem halben Wortzwischenraum getrennt. Dezimalstellen trennt man mit einem Komma, Stunden und Minuten häufig mit einem Doppelpunkt, was aber nicht zwingend ist.

26 250 Stück
26,5 Prozent
16:45 Uhr
16.45 Uhr

Preise
Euro und Cent trennen Sie grundsätzlich mit einem Komma, die Währungseinheit kann – mit einem ganzen oder noch schöner mit einem halben Leerraum getrennt – davor oder dahinter stehen. Wenn der Preis in einem Fließtext steht, kann die Einheit ausgeschrieben werden.

16,45 €
Das macht im Jahr 16,45 Euro pro Person.

Übrigens …
Einige Schriften verfügen über mehrere Arten von Zahlen. So gibt es Zahlen, die die Größe von Großbuchstaben haben und sich für Tabellen besonders gut eignen, weil alle Ziffern die gleiche Breite aufweisen …

26 250 Stück

… und auch Zahlen, die ähnlich wie Buchstaben Ober- und Unterlängen aufweisen und sich gut in Fließtext einfügen.

26 250 Stück

Lege los und lerne dabei

Prozent und Grad

Zwischen dem Prozentzeichen und der Zahl verwendet man einen halben Wortzwischenraum. Folgt bei der Gradangabe der Zahl nur das Gradzeichen, werden Zahl und Gradzeichen ohne Zwischenraum gesetzt. Folgt der Zahl das Gradzeichen mit der Einheit, wird die Zahl vom Gradzeichen mit einem halben Wortzwischenraum getrennt.

14 %

14°

14 °C

Auslassungspunkte

Die drei Auslassungspunkte … werden auch Ellipse genannt. Sie bestehen nicht aus drei einzelnen Satzpunkten, sondern haben ein eigenes Zeichen auf der Tastatur – nehmen Sie das, denn drei einzelne Punkte stehen weiter auseinander als die Ellipse. Wenn die Punkte ein Wortteil ersetzen wie zum Beispiel „Sie sind ein B…", setzt man sie direkt an den letzten Buchstaben. Ersetzen die Punkte einen Teil eines Satzes, steht vorher ein Leerzeichen wie bei „Sie sind ein …".

„Sie sind ein B…"   **„Sie sind ein …"**

Striche

Es gibt verschieden lange Striche, wir beschränken uns auf zwei, nämlich den Trennstrich und den Gedankenstrich. Der Trennstrich ist ein kurzer Strich, auch Divis genannt. Er wird bei Trennungen und auch bei Auslassungen verwendet.

Der Gedankenstrich ist halb so lang wie ein Geviert und wird – als Gedankenstrich eingesetzt – mit einem Wortzwischenraum vom Rest getrennt. Beim Einsatz als Streckenstrich, als Währungsstrich und als Bis-Strich kommt kein zusätzlicher Raum dazu.

Divis

Magen- und Darmtee

Gedankenstrich

Ich denke – auch laut – darüber nach.

Streckenstrich

Berlin–Moskau

Satzzeichen

Immer wieder sieht man, dass manche Gestalter merkwürdige Dinge mit Satzzeichen tun. Deswegen an dieser Stelle sicherheitshalber noch ein paar absolute Standards:
Satzzeichen wie Komma, Satzpunkt, Ausrufe- oder Fragezeichen folgen direkt nach dem Buchstaben, ohne zusätzlichen Raum dazwischen.

Ohne Raum.

Ohne Raum!

Ohne Raum:

Ohne Raum: Erst dann

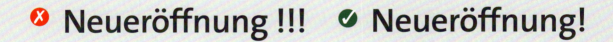

Nach einem Satzzeichen folgt immer ein Wortzwischenraum.

Bitte nicht: drei Ausrufezeichen

Sie wollen Ihren Leser oder Betrachter nicht anschreien. Bitte vermeiden Sie deshalb grundsätzlich die drei (oder noch mehr) aufdringlichen Ausrufezeichen hintereinander. In wenigen Ausnahmefällen, nämlich bei Blickfang-Preisen oder Ähnlichem, kann diese »laute« Schreibweise passen – in allen anderen Fällen sollten Sie sich auf ein Ausrufezeichen beschränken.

❌ **Neueröffnung !!!**   ✅ **Neueröffnung!**

Geviert

Das Geviert ist eine relative typografische Maßeinheit zur Bemessung von Abständen, Leerräumen und Strichen. Die Breite eines Gevierts entspricht der Schriftgröße. Somit ist das Geviert einer 10 pt großen Schrift 10 pt breit. Gängige Größen sind das Halbgeviert (zum Beispiel als Maß für den Gedankenstrich) oder das Achtelgeviert (zum Beispiel als Maß für den Abstand zwischen Zahl und Einheit wie bei 100 %).

Lege los und lerne dabei

Kapitälchen

Kapitälchen haben grundsätzlich eine elegante Wirkung – vorausgesetzt, Sie verwenden einen echten Schnitt. Die Strichstärken echter Kapitälchen sind aufeinander abgestimmt. Bei falschen Kapitälchen hingegen sind die Unterschiede von Groß- und Kleinbuchstaben zu stark, wodurch die Schrift unharmonisch und etwas plump wirkt.

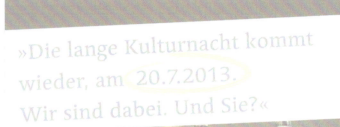

Echte Kapitälchen

Echte Kapitälchen müssen als eigener Schriftschnitt vorliegen. Meist erkennen Sie ihn am Zusatz »SC« (für »Small Caps«) im Namen der Schrift.

Bei den echten Kapitälchen wirkt alles wie aus einem Guss.

Die unterschiedlichen Strichstärken der falschen Kapitälchen sind gut zu erkennen.

Schummeln erlaubt

Nur bei ganz wenigen Schriften ist der Strichstärkenunterschied bei falschen Kapitälchen so gering, dass man sie getrost verwenden kann.

falsche Kapitälchen

Großbuchstaben

Die Alternative zu Kapitälchen können auch einfache Großbuchstaben sein. Erhöhen Sie auch hier etwas die Buchstabenabstände, um den Text besser lesbar zu machen.

Nur für Hervorhebungen

Großbuchstaben und Kapitälchen sind für Hervorhebungen im Text gedacht, also nicht für längere Texte geeignet. Am besten zeichnen Sie nur wenige und kurze Textbereiche damit aus.

❌ AM SAMSTAG, DEN 20. JULI 2013, IST SIE WIEDER DA, DIE LANGE BACHENHEIMER KULTURNACHT. ZUM SIEBTEN MAL FEIERN DIE BACHENHEIMER DIE KULTURELLE VIELFALT IHRER STADT. EIN SPANNENDES UND VIELSEITIGES PROGRAMM ERWARTET DIE GROSSEN UND KLEINEN BACHENHEIMER. DIE VERANSTALTUNGEN FINDEN AB 14.00 UHR IN DER INNENSTADT VON BACHENHEIM STATT.

✅ Am Samstag, den 20. Juli 2013, ist sie wieder da, die LANGE BACHENHEIMER KULTURNACHT. Zum siebten Mal feiern die BACHENHEIMER die kulturelle Vielfalt ihrer Stadt. Ein spannendes und vielseitiges PROGRAMM erwartet die großen und kleinen Bachenheimer. Die Veranstaltungen finden ab 14.00 Uhr in der INNENSTADT von Bachenheim statt.

Nicht bei allen Schriften

Bestimmte Schriften sollte man weder in Kapitälchen noch in Großbuchstaben verwenden. Dazu zählen grundsätzlich alle Schreibschriften sowie ausgefallene und geschwungene Zierschriften.

Viviane
❌ *VIVIANE*

Santa's SleighFull
❌ *SANTA'S SLEIGHFULL*

Wilhelm Klingspor
❌ *WILHELM KLINGSPOR*

Lege los und lerne dabei

Ein Flyer für ein Weingut

Wie wird gefalzt?

Bestimmt haben Sie einen Flyer schon öfter in der Hand gehabt – das Format ist verbreitet und lässt sich aufgrund der Basis DIN A4 günstig produzieren. Häufig enthalten Flyer Rückantwortmöglichkeiten oder Bereiche, die gefaxt oder verschickt werden können.

Breite Zielgruppe
Wir gestalten einen Flyer zu einem Weingut im Rheingau. Das Weingut will seine Weine und Verkostungstermine damit bekannt machen.

Ansprüche
Aufgrund der Menge an Bildern und Text hat sich der Kunde für einen sechsseitigen Flyer im Format DIN lang entschieden. Die besondere Aufgabenstellung liegt in der Umsetzung der Falzung sowie der Rückantwortmöglichkeit.

Ein Flyer für ein Weingut

Reihenfolge der Inhalte

Flyer bestehen aus vier, sechs, acht oder mehr Seiten. Wenn Sie den Flyer in kleiner Auflage auf Ihrem heimischen Drucker ausdrucken, müssen Sie ihn auch selbst falzen. Aber auch wenn in der Druckerei gedruckt und gefalzt wird, müssen Sie die Falzart vorher festlegen. Je nach Art ändert sich nämlich die Reihenfolge der Seiten, in der man die Texte liest.

Wickelfalz

Für unseren Flyer legen Sie einfach eine Seite Papier im Format DIN A4 quer vor sich und erstellen an der langen Seite zwei Falze. Vor Ihnen liegt nun eine Seite Papier, das in drei schmale Seiten unterteilt ist. Klappen Sie jetzt die rechte Seite nach innen und die linke Seite darüber, und schon haben Sie einen Flyer mit dem sogenannten Wickelfalz fertig.

Was ist ein Flyer?

Flyer bedeutet nichts anderes als Flugblatt. Er lässt sich wunderbar dazu verwenden, um etwas zu bewerben oder eine Veranstaltung anzukündigen. Der typische Flyer besteht aus einer Seite Papier, das an einer oder an mehreren Stellen gefalzt wird. Wenn dem Flyer ein DIN-Format zugrunde liegt, lässt er sich auch relativ kostengünstig produzieren. Auch Einleger lassen sich dem Flyer einfach beilegen.

Lege los und lerne dabei

Falzarten

Es gibt viele verschiedene Falzarten. Abhängig vom Falz sind die Seitenreihenfolge und die Seitenbreite. Ich will Ihnen ein paar häufig verwendete Falzarten vorstellen.

Einbruchfalz
Beim Einbruchfalz wird das Blatt einmal in der Mitte gefalzt. So entstehen vier Seiten, die ähnlich wie bei einem Buch von rechts nach links geblättert werden. Man nennt diese Falztechnik auch Lagenfalz.

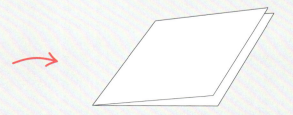

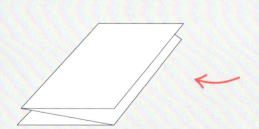

Leporello
Beim Leporellofalz werden mindestens zwei Falze benötigt. Dabei wird das Papier in wechselnden Richtungen wie eine Ziehharmonika gefaltet, und deswegen heißt der Leporellofalz auch Zickzackfalz. Zwei parallele Falzungen, also ein Zweibruch-Leporellofalz, ergeben drei Blätter beziehungsweise sechs Seiten. Bei einem Dreibruch-Leporellofalz arbeitet man mit drei Falzen und erzeugt so acht Seiten.

Wickelfalz
Ähnlich verhält es sich mit dem Wickelfalz, der eine Form des Parallelfalzes ist. Auch hier sind mindestens zwei Falze nötig. Die einzelnen Seiten werden aber nicht nach links und rechts, sondern die rechte Seite wird nach innen geschlagen; es wird also in die gleiche Richtung gefalzt. Der Wickelfalz ist der Falz, der bei unserem Projekt zum Einsatz kommt.

Ein Flyer für ein Weingut

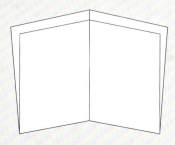

Kreuzfalz
Beim Kreuzfalz wird das Blatt mehrfach im rechten Winkel gefalzt, und zwar jeweils senkrecht zum vorherigen Falz. Bei jeder Falzung verdoppelt sich die Seitenanzahl.

Fensterfalz (Altarfalz)
Der Fensterfalz hat seinen Namen nicht umsonst erhalten: Er sieht aus wie ein Fenster mit zwei Fensterläden links und rechts, die nach innen geschlagen werden. Das Fenster, also der Mittelteil, kann auch noch einmal gefalzt werden.

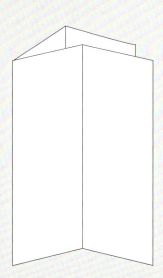

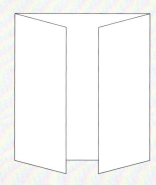

Parallelmittenfalz
Beim Parallelmittenfalz wird das Blatt immer in der Mitte in der gleichen Richtung gefalzt. Man nennt diese Falzart auch Doppelparallelfalz. Wenn Sie zweimal falzen, entstehen acht Seiten.

Was ist Falzbruch?
Die Linie, die beim Falz entsteht, heißt Falzbruch. Sie heißt so, weil die Papierfasern an dieser Stelle überdehnt werden und brechen. Besonders bei dickerem Papier ab 170 g/m^2 und farbigen Flächen am Falz sieht dies unschön aus. Um das zu verhindern, nutet oder rillt man das Papier vorher. Während man beim Nuten Material aus dem Papier herausschneidet, wird beim Rillen der Karton entlang der Falz nur verdichtet, was man an der Wulst auf der Rückseite erkennt.

Innen- und Außenseite

Beim Wickelfalz ergibt sich die Seitenreihenfolge wie folgt: Die erste Seite, also der Titel des Flyers, ist (im aufgeklappten Zustand!) eine rechte Seite. Hält man den Flyer in der Hand und klappt ihn anschließend ganz auf, liegt der Titel natürlich in der linken Hand. Der Betrachter sieht nun alle drei Seiten der Blattinnenseite. Klappt er den Flyer wieder zu, sieht er die linke und die mittlere Seite der Blattaußenseite.

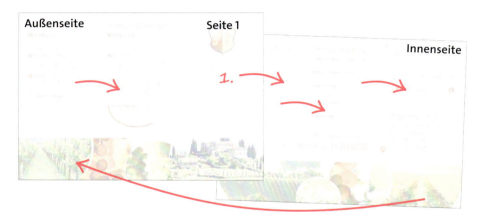

Seite für Seite
Beachten Sie bei der Gestaltung die Seitenreihenfolge. Was wird zuerst gesehen? Und was sieht der Leser als Letztes?

Seitenbreiten festlegen

Die Seite, die nach innen gefalzt wird, muss etwas schmaler sein, damit der Flyer überhaupt zugeklappt werden kann. Andernfalls staucht die Seite. Bei einer Breite von 297 Millimetern arbeitet man mit zwei breiten Seiten von je 100 Millimetern und einer schmalen Seite von 97 Millimetern.

Falzmarken
Setzen Sie sich Falzmarken in Form dünner Linien außerhalb des Formats. Sie behalten so einen besseren Überblick.

2–3 Millimeter
Grundsätzlich sollte die schmale Seite 2–3 Millimeter kürzer sein.

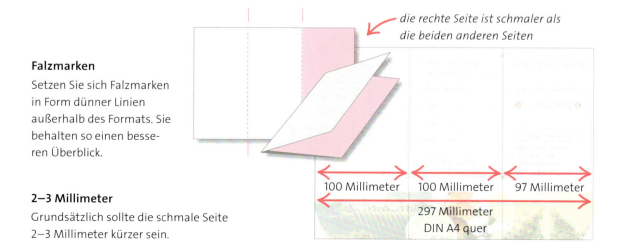

Anmeldung

Kunden, die Sie mit Ihrem Projekt locken oder begeistern möchten, sollten es möglichst einfach haben. Somit gilt es, Hemmschwellen zu minimieren oder ganz zu vermeiden. Wie praktisch ist es da doch, wenn man sich irgendwo anmelden möchte und die Anmeldung nur noch mit dem Namen versehen und abschneiden muss, oder?

In unserem Projekt kündigt das Weingut seine Jahresweinverkostung auf einer solchen Rückantwortseite an. Die Seite muss also besonderen Ansprüchen genügen.

Genug Platz?
Achten Sie darauf, dass die Linie für den Namen lang genug ist und dass darüber genug Platz ist – sonst verärgern Sie womöglich den Interessenten beim Ausfüllen.

Machen Sie es dem Kunden so einfach wie möglich
Bei mehrseitigen Werbedrucksachen wie den Flyern findet man so einen Service häufig. Anmeldungen zu Veranstaltungen oder Rückantworten werden so dem Kunden sozusagen auf dem Teller präsentiert. Somit muss er nur noch zur Schere greifen und die Rückantwort faxen.

Schnittstelle markieren
Die Stelle, an der geschnitten werden soll, markiert man am besten mit einer Linie, einer Schere oder mit beiden Elementen.

Abschneiden?
Die Seite sollte in jedem Fall eine Außenseite sein, sonst muss der Kunde zweimal schneiden.

Auf dem Fax lesbar
Der Hintergrund muss so gewählt werden, dass der von Hand geschriebene Kundenname auch auf dem Fax gut lesbar ist.

Lege los und lerne dabei

Titel und Rückseite

Auf der rechten Außenseite wird der Titel platziert. Das ist die Seite, die der Kunde zuerst in der Hand hat, und hier muss er auf einen Blick erkennen können, was für ein Produkt oder eine Dienstleistung Sie bewerben. Links davon, also auf der mittleren Seite, befindet sich – im zusammengeklappten Zustand – die Rückseite. Hier sollten Sie unbedingt sämtliche Kontaktdaten inklusive Anfahrtsbeschreibung, Landkarte oder Ähnliches versammeln.

eleganter Stil

Wechsel aus Kurven und Geraden

Titelseite
Logo, Schrift und Bild bestehen aus einer Mischung von Kurven und Geraden und sind gut aufeinander abgestimmt. Das Logo und der Name zeigen auf einen Blick, worum es geht; das Bild unterstreicht die Aussage.

Rückseite
Sämtliche Kontaktdaten sollten an einer Stelle auf der Rückseite kompakt zusammengefasst sein. Genügend Kontrast zwischen Hintergrund und Schrift sorgt für gute Lesbarkeit.

Inhaltsseiten

Die rechte ist die schmale Seite mit 97 Millimetern, die später eingeklappt wird. Auf allen drei Seiten der Innenseite können Sie noch beliebige Inhalte platzieren. Achten Sie darauf, dass die freien Ränder trotz unterschiedlich breiter Seiten überall gleich groß sind.

Ränder
Der freie Raum links, rechts und oben sollte – bei jeder Seite für sich genommen – etwa gleich groß sein. Bei den beiden schmalen Seiten zieht man am besten links und rechts den fehlenden Raum ab, wodurch der Satzspiegel etwas schmaler wird.

Gestaltungselement Kreis

Denken Sie bei der Gestaltung daran, Elemente zu verwenden, die immer wieder auftauchen. Als Stilmittel – und Bezug nehmend auf die Traube – sehen Sie den Kreis, in den Bilder und Texte, aber auch Aufzählungszeichen platziert wurden.

Kreise und Segmente
Die runden Bilder wurden mit kreisförmigen Teilstücken weißer Linien noch etwas aufgepeppt.

Aufzählungszeichen mit Kreis kombiniert

Gestaltungselement Farbe

Mit einem Weingut verbindet man in erster Linie saftige, rote Weintrauben, grüne Reben und Hänge, Natur und viel Sonne. Die vorliegenden farbenfrohen Bilder bieten genug passende Farben an, die wir dort entnehmen und verwenden.

Augen auf bei der Farbwahl
Beachten Sie bei der Entscheidung für eine Farbe auch, wofür sie eingesetzt wird: Ein Sonnengelb passt zwar inhaltlich, lässt sich aber in der Regel nicht als Textfarbe verwenden. Je größer die Schriftgröße, desto eher lassen sich auch helle Farben lesen.

Testen Sie die Kombination
Testen Sie die gewählte Textfarbe auf dem finalen Hintergrund aus.

zu wenig Kontrast

dunkel genug für Text auf farbigem Hintergrund

dunkelrot für Aufzählungszeichen und Logo

Falzmarken

Wenn Sie bisher noch keine Falzmarken platziert, sondern vielleicht nur mit Hilfslinien den Überblick behalten haben, sollten Sie es jetzt spätestens tun. Denn auch die Druckerei muss wissen, wo sie nach dem Druck den Bogen DIN A4 falzen muss.

Nicht ins Format
Die Falzmarke soll schwarz sein und darf nicht in das eigentliche Format hineinragen, sonst würde man sie später sehen. Sie ist drei Millimeter lang und endet etwa 2—3 Millimeter vor dem Format. Nicht vergessen: Eine der drei Seiten ist schmaler!

Beschnitt erstellen

Bilder und Farbflächen reichen bis an den Rand des Flyers. Wenn in der Druckerei gedruckt und geschnitten wird, dürfen diese Farbflächen nicht nur exakt bis an den Rand reichen, sondern müssen darüber hinausgehen. So vermeiden Sie, dass durch leichte Verschiebungen im Druck nach dem Beschneiden das weiße Papier an den Rändern blitzt.

Keine Blitzer
Der Bereich über dem Format heißt Beschnitt. Manche bezeichnen den Bereich auch als Anschnitt.

inklusive Beschnitt

der fertig gedruckte Flyer

Lege los und lerne dabei

Carsharing, Cocktailbar, Imker

Logos für alle!

Ein Logo ist nicht zwingend notwendig für ein Unternehmen. Aber es unterstreicht seine Individualität und Besonderheit. Ein Logo zieht Aufmerksamkeit auf sich, es ist ein Teil der visuellen Erscheinung eines Unternehmens.

Wenn Sie ein Logo gestalten, sollten Sie nicht unbedingt versuchen, alle Assoziationen, die Sie mit der Firma haben, im Logo unterzubringen. Stattdessen sollte ein Logo so einfach wie möglich sein.

Drei verschiedene Logos
Ein Carsharing-Unternehmen, eine Bar und ein Imker benötigen ein Logo. Wir erarbeiten eine Checkliste und entwickeln Schritt für Schritt für jedes Unternehmen ein passendes Logo.

das Logo mit Text für den Imker

das Logo für ein Carsharing-Unternehmen

das Logo beziehungsweise der Schriftzug für eine Bar

Eigenschaften eines Logos

Die Eigenschaften eines Logos sind klar festgelegt. Es muss gestalterischen Ansprüchen gerecht werden, es muss aber auch technische Anforderungen erfüllen. Ein gutes Logo

- ✅ erzeugt Aufmerksamkeit.
  Formen, Farben, Bilder, Text – in der heutigen Medienflut ist es eine Herausforderung und gleichzeitig eine Kunst, dem Betrachter mit einer Gestaltung aufzufallen und zu gefallen.

- ✅ ist einfach und verständlich.
  Der Betrachter soll möglichst wenig rätseln müssen. Versuchen Sie nicht, komplexe Inhalte unterzubringen, sondern konzentrieren Sie sich auf einen Inhalt.

- ✅ hat eine klare Aussage.
  Klären Sie, was die Kernkompetenz des Unternehmens ist und was das Unternehmen mit dem Logo aussagen beziehungsweise symbolisieren möchte.

- ✅ ist einzigartig und prägnant.
  Gerade in der Logogestaltung besteht unsere Aufgabe darin, einen einprägsamen und einzigartigen Entwurf zu schaffen, der nicht an andere Produkte erinnert.

- ✅ ist zeitlos und wiedererkennbar.
  Je einfacher und markanter das Logo, desto leichter ist es vom Betrachter wiederzuerkennen, und im Optimalfall genügen leichte Korrekturen, um das Logo dem Zeitgeist anzupassen.

- ✅ ist flexibel und skalierbar.
  Heller oder dunkler Hintergrund, als Stempel, auf einer Faxvorlage oder als Plakat – ein Logo wird überall eingesetzt und sollte sich den Umständen anpassen können.

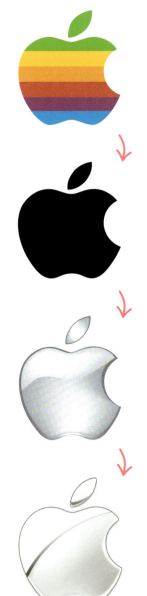

Der Apfel up to date
Eines der bekanntesten Logos, das Markenzeichen von Apple Inc., in der Entwicklung von 1976 bis heute

»Logo« oder »Marke«?

In der Praxis wird der Begriff Logo übergeordnet für alle bildhaften Darstellungen eines Firmen- oder Warenzeichens verwendet. Genau genommen unterscheidet man aber zwischen drei Marken. Am häufigsten sieht man eine Kombination von zwei oder drei Marken.

Zeichenmarken oder Buchstabenmarken
Die Zeichen- oder Buchstabenmarken bestehen aus einzelnen Buchstaben, Abkürzungen oder Zahlen wie O_2 oder CNN. Hier ist der Typograf unter Ihnen gefragt, der mit Zeichen und Farben gut umgehen kann.

Wortmarken
Als Wortmarken werden entweder der Firmenname, der Produktname oder einfach ein frei erfundener Name verwendet. Meist bestehen sie aus einem Wort, manchmal aber auch aus mehreren. Beispiele sind ebay oder Coca-Cola.

Bildmarken
Ob abstrakte oder figürliche Abbildungen, ob Piktogramme oder Symbole – die Herausforderung bei einer Bildmarke ist, sie beim Betrachter so zu verankern, dass sie auch alleinstehend erkannt wird. Ein schönes Beispiel hierfür ist die Bildmarke der Deutschen Bank.

Einzelteile kombinieren, Objekte verändern

Bei der Entwicklung eines Logos gilt es nicht, das Rad neu zu erfinden. Das Geheimnis eines guten Logos ist das erfolgreiche Zusammenfügen von Einzelteilen beziehungsweise einzelnen Formen und Figuren.

Wirkung von Formen
Kreis, Quadrat, Dreieck, Vieleck, Linie, Pfeile, Buchstaben, Zahl, Farbe – alles ist da. Schöpfen Sie aus dem Vollen, und wählen Sie nach Wirkung.

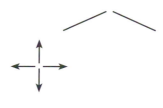 

Die Kunst des Weglassens
Häufig führt der Weg zu einer vollendeten Kombination über das Weglassen von Teilen. Ein Teilstück eines Kreises kann sich besser eignen als ein ganzer Kreis; der Ausschnitt eines Buchstabens ist vielleicht passender als der gesamte Buchstabe. Denken Sie in Bruchstücken.

Verändern eines Objekts
Jedes der Grundelemente ist für sich schon wandelbar. Ein Kreis ist doch nur ein Kreis, denken Sie? Dann haben Sie aber nicht daran gedacht, wie er mit Verlauf und Schatten aussehen könnte – da wird der Kreis nämlich zum Ball.

Der Kreis als Punkt
Klein und schwarz gefüllt – plötzlich wird der Kreis zum Punkt, und viele dieser kleinen Punkte nebeneinander ergeben eine Linie.

Lege los und lerne dabei

Checkliste vor dem Design

Bevor Sie mit dem Logodesign für einen Kunden starten, sollten Sie diese Checkliste durcharbeiten:

1. Vorgaben?
Gibt es bereits Vorgaben in irgendeiner Form, seien es Farben, Formen oder auch eine Hausschrift – also eine Schrift, die im Unternehmen vorwiegend eingesetzt wird? Wenn ja, dann integrieren Sie diese in das Logodesign, beispielsweise die Farbe im Logo. Falls es bereits eine Hausschrift gibt, muss diese nicht zwingend im Logo auftauchen. Sie sollte aber mit den Schriften im Logo harmonieren.

2. Reproduzierbar?
Kommt das Logo in verschiedenen Werbemitteln wie auf Briefbögen, online, auf T-Shirts oder Kugelschreibern zum Einsatz? Gibt es bevorzugte Werbemittel? Wenn ja, dann sollten Sie deren Besonderheiten bei der Logoentwicklung im Kopf haben. Logos sollten außerdem grundsätzlich nicht zu filigran sein, damit sie auch in kleinen Größen gut zu erkennen sind.

3. Farben?
Kann es passieren, dass Broschüren oder Postkarten auch schwarz-weiß gedruckt werden müssen? Dann sollten aneinandergrenzende Flächen genug Kontrast aufweisen.

das erste Logo von Apple – in vielerlei Hinsicht ungeeignet

Ideenfindung
Notieren Sie sich Attribute, die Ihnen zum Unternehmen einfallen, und vor allem auch die Attribute, die beschreiben, wie der Kunde gesehen werden möchte.

- seriös
- modern
- traditionell
- sportlich
- naturverbunden
- gemütlich
- technisch
- trendy

Mindmapping

Tony Buzan hat mit dem Mindmapping eine Methode für die visuelle Darstellung eines Themas geprägt. Dabei wird das Thema in die Mitte eines Blattes geschrieben. Für jeden wichtigen Gedanken zieht man eine Linie vom Thema weg, auf die der Gedanke geschrieben wird. Linien können Unterlinien haben, auf die weitere Gedanken notiert werden, und am Ende ergibt sich eine Art Bild, das Sie als Basis für Ihre Entwürfe nutzen können.

Mindmapping für Carsharing
Für das Logo eines Carsharing-Unternehmens arbeiten wir beispielhaft mit der Mindmapping-Methode.

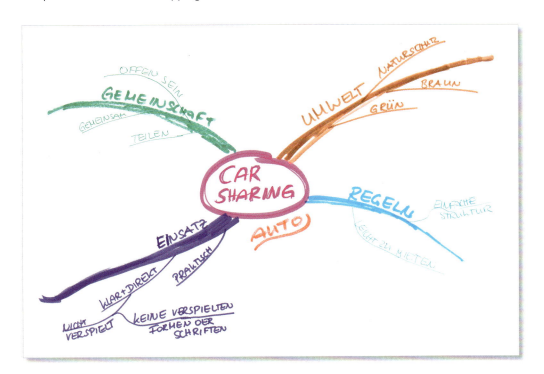

Bild aus Schlüsselworten
Das Besondere ist die Art, wie man die Begriffe aufschreibt. Denken ist kein linearer Vorgang. Deswegen sollen die Schlüsselworte ganz bewusst nicht in einer Liste oder Tabellen notiert werden, um ihnen keine Reihenfolge oder Wertung zu geben.

Einsatz
Die Methode lässt sich als inhaltliche Struktur für Meetings verwenden, für persönliche Notizen oder einfach, um die Assoziationen zu einem Thema zu erweitern. So ergeben sich am Ende neue Schlüsselworte, die Sie wiederum zu Formen, Farben und Typografie führen.

Lege los und lerne dabei

Logoentwicklung für ein Carsharing-Unternehmen

Ein Unternehmen für Carsharing sucht ein Logo, eine reine Bildmarke ohne Text. Mit Hilfe der Mindmapping-Methode haben wir folgende Schlüsselbegriffe festgelegt:

- Auto
- Gemeinschaft
- teilen
- grün, braun

Gemeinschaft und Teilen

Während ein Begriff wie Auto gut darzustellen ist, überlegen wir, wie man Gemeinschaft umsetzt. Mehrere Darstellungen sind möglich, zum Beispiel ein Handschlag oder mehrere Personen, die sich festhalten oder nebeneinanderstehen.

Zu komplex

Der Handschlag, mehrere Personen – das alles steht für Gemeinschaft, ist aber für unser Logodesign zu kleinteilig, zumal wir ja auch noch das Auto kombinieren möchten. Ein anderes, sehr einfaches Symbol steht ebenfalls für Gemeinschaft: Der Ring beziehungsweise der Kreis, und für ihn entscheiden wir uns.

Das Auto

Sie überlegen, wie ein Auto einfach dargestellt werden kann? Zugegeben, im ersten Moment erscheint es viel zu komplex. Aber wenn Sie den Outline-Trick anwenden, wird fast jede komplexe Form zu einer einfachen. Zeichnen Sie also lediglich die Kontur eines Autos nach, und dies auch nur ganz grob. Je glatter die Linien, desto besser.

Carsharing, Cocktailbar, Imker

Vom Ring zum Logo

Ring und Auto sind sehr einfache Objekte. Jetzt gilt es, beide Elemente so zu kombinieren, dass ein ansprechendes Logo entsteht.

Zentrieren
Man könnte beide Objekte übereinander platzieren. Das Ergebnis ist aber nicht besonders originell.

Halbkreis
Ein halber Kreis ist mit dem Auto verbunden und umschließt es gleichzeitig – eine schöne Lösung. Die passende Farbe rundet das Ergebnis ab.

Experimentieren Sie!

Wenn Sie die Linienstärke von einfachen Zeichnungen verändern, können häufig völlig neue Formen und Eindrücke entstehen. Genauso verändern kleine Effekte wie Lichtpunkte, Schatten oder Verläufe das Gesamtbild der gestaltung enorm. Experimentieren Sie, und präsentieren Sie Ihrem Kunden mehrere Versionen. Sie können dann gemeinsam besprechen, was den Wünschen des Kunden am nächsten kommt.

Linie
Mit dicker Linie wirkt das Logo verspielter und auch freundlicher, fast kindlich.

Effekte
Lichter und Schatten setzen – automatische Filter in den Programmen nehmen Ihnen dabei die Hauptarbeit ab. Wie so oft ist hier jedoch weniger mehr.

Schon fertig?

Machen Sie nicht den Fehler und bleiben Sie beim ersten Entwurf stehen. Wenn Sie eine Idee haben, einen Grundgedanken, dann spielen Sie damit. Variieren Sie Position und Größe der Einzelteile, verändern Sie die Schriftart, die Farben. Der erste Entwurf ist vielleicht gut, aber nie perfekt.

Logoentwicklung für einen Imker

Wir entwickeln ein Logo, das aus einer Wort- und einer Bildmarke besteht. Der Kunde ist ein Imker und möchte ein klassisches, sehr eindeutiges Logo plus Firmenname. Die Zielgruppe ist weder beim Alter noch beim Geschlecht einzugrenzen, und auch andere Adjektive sind für die Kundengruppe kaum zu finden. Gestalten Sie deswegen nicht zu speziell, also weder sehr ungewöhnlich noch besonders konservativ, um möglichst viele Geschmäcker zu treffen.

Bienenwabe
Die Entscheidung für ein Sechseck als stilisierte Bienenwabe ist schnell gefallen. Bleibt die Frage, ob wir viele kleine oder wenige große Waben einsetzen und ob die Waben realistisch oder stilisiert sein sollen.

Kleine Waben
Viele kleine Waben – eine Möglichkeit. Der Schriftzug steht noch nicht fest. Deswegen verwenden wir jetzt zu Testzwecken einen grauen Balken.

Position der Waben

Die kleinen Waben werden schnell zu kleinteilig und eignen sich deswegen nicht so gut für ein einfaches Logo. Wir entscheiden uns für drei oder vier große Waben, die fast schon stilisierenden Charakter haben. Die Frage ist nun, wie sie platziert werden. Beachten Sie besonders, wie schnell ein Logo aus dem Gleichgewicht geraten kann.

Platzieren
Je nach Stand der Waben kann das Logo schnell nach links oder rechts kippen oder einfach zu schwer und somit plump werden.

Die Waben kippen nach links.

Hochkant wirkt schnell instabil.

Die Schrift stabilisiert.

Immer in Kombination testen
Da gleich noch der Schriftzug kombiniert wird, sollten Sie immer mit dem grauen Balken testen. Das beste Logo kann nutzlos sein, wenn es so geformt ist, dass sich kein Text dazustellen lässt.

Die Suche nach der Schrift

Nun fällt die Entscheidung für die Schrift. Der Imker ist ein Handwerker, arbeitet in der Natur und mit den Kräften der Natur. Zu ihm passen viele Schriften, mit und ohne Serifen. Eine zarte Schreibschrift würde ich allerdings nicht einsetzen, denn der verspielte Charakter erinnert wenig an den Handwerksberuf. Zudem müssen wir beachten, dass aufgrund der Wabenform das Logo schnell wackelig wird. Wir suchen also eine Schrift, die Stabilität verleiht.

Wackelig
Bei dieser Schrift sind die Senkrechten stark betont, und auch die Waben bilden eine senkrechte Form. So entsteht Instabilität.

Zu viel Bewegung
Trotz der Diagonalen wirkt das Logo insgesamt kantig und senkrecht. Deswegen passt eine Schreibschrift nicht.

Auch eine Kursive bringt das Gesamtwerk optisch zum Kippen.

Zu viel Luft
Diese Schrift ist zu luftig und harmoniert nicht mit den flächigen und eng zusammenstehenden Waben.

Fett macht stabil
Für das zweite Wort wird ein fetter Schnitt verwendet. Dadurch bekommt das Logo mehr Bodenhaftung und gewinnt somit an Stabilität.

Klare, schmale Linien
Die klaren Linien dieser schmalen Schrift passen hervorragend zu denen der Waben.

Abhängigkeiten

Die Wahl für die Schrift ist auf eine schmale Serifenlose gefallen. Aber die Positionierung der beiden Worte ist noch unklar. Erkennen Sie die Abhängigkeiten? Je nach Ausrichtung des Textes kann es sein, dass man Position und Menge der Waben wieder ändern muss. Das Gestalten ist also keine Einbahnstraße, in der man Punkt für Punkt abarbeitet.

Stabilität

Vier Waben haben eine starke vertikale Betonung. Der Schriftzug sollte diese Bewegung ausgleichen und nicht noch verstärken. Außerdem haben wir eine ungewollte Treppe.

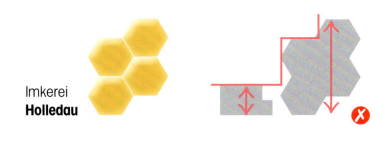

Schon besser, aber der weiße Bereich links unten ist auffallend groß und wirkt als Loch.

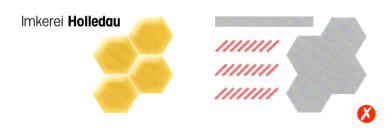

Wabenanzahl ändern

Vielleicht versuchen wir es doch einmal mit drei Waben – die starke Senkrechtbetonung entfällt dadurch. Aber jetzt erhält das ganze Logo eine zu starke horizontale Betonung und fällt zudem auseinander.

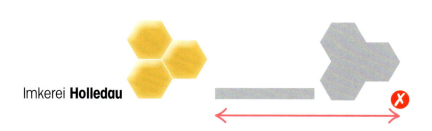

Die rechte Wabe scheint dafür gemacht, unter sich Text aufzunehmen. Waben und Text wirken jetzt viel mehr als Einheit.

Carsharing, Cocktailbar, Imker

Logoentwicklung für eine Bar

Mondscheinlicht und Magie in der Bar – Juans Club Madiag ist eine Bar, in der man magische Momente erleben soll. Wir entwickeln eine Wortmarke, bestehend aus dem Namen der Bar sowie einer Unterzeile.

Schriftwahl
Der Text steht, die Aufteilung auch. In der oberen Zeile steht der Clubname, darunter der Slogan. Zwischen die Zeilen soll eine Linie eingefügt werden.

Juans Club Madiag
Magische Momente erleben

Buchstaben betrachten
Die Schrift für den Barnamen soll ungewöhnlich sein und mit dem Thema Magie harmonieren. Bei der Schriftwahl spielen auch die benötigten Buchstaben eine entscheidende Rolle. Es kann Ihnen nämlich auch passieren, dass der Charakter einer Schrift optimal zum Inhalt der Gestaltung passt, aber genau die Buchstaben, die Sie für Ihr Logo benötigen, von ihrer Form her nicht passen. Unsere Wahl fällt auf die Zapfino, nicht zuletzt deswegen, weil bei ihr einige Buchstaben alternative Formen haben.

Die SamiraVolante – das »M« ist zu aufwendig, die Schrift zu gleichmäßig.

Die Windsong – das »M« ist ok, aber das »g« zu groß und die Schrift insgesamt zu unruhig.

Die Zapfino – der Stil passt, aber das »M« ist zu steif, und der Bogen vom »g« ist zu groß.

Das »M«
Der Stil der Zapfino mit Wechselstrich und Handschriftcharakter passt am besten zur magischen Bar. Besonders das »M« als einziger Versalbuchstabe muss sich jetzt gut ins Bild einfügen. Die Zapfino bietet vier verschiedene Formen für das große »M«. Wir achten darauf, dass der untere Schwung nicht zu weit nach unten ragt, sonst läuft er in die zweite Textzeile.

zu steif

ok, aber gewöhnlich

ungewöhnlich und elegant

Lege los und lerne dabei

Die Linie
Das »M« läuft ein wenig über die Zwischenlinie, das ist wunderschön. Wir unterbrechen die Linie und hinterlegen den Kreuzungsbereich weiß.

Varianten vom kleinen »g«
Auch vom »g« gibt es bei der Zapfino mehrere Varianten. Wir suchen eine Variante, bei der die Unterlänge nicht zu ausladend, aber trotzdem schwungvoll ist.

Linie unterbrechen
Die Linie soll nur einmal, und zwar vom »M«, unterbrochen werden. Eine zweite Unterbrechung würde zu unruhig aussehen. Somit endet die Linie vor dem kleinen »g«.

Strichstärke schummeln
Damit das »M« auffällt, wurde es in 32 Punkt, der Rest des Wortes in 20 Punkt angelegt. Dadurch wirkt es allerdings auch dicker.

Durch eine dünne Kontur um den Rest des Wortes fällt der Unterschied bei den Strichstärken, der durch die unterschiedlichen Schriftgrößen entsteht, weniger auf.

178

Laufweiten anpassen

Die Schriftgröße der Unterzeile soll deutlich kleiner sein. Eine elegante Lösung ist, mit Großbuchstaben zu arbeiten und die Abstände stark zu erhöhen. Diese Erhöhung der Buchstabenabstände nennt sich in der Fachsprache Sperrung. Dies wirkt elegant und sorgt in unserem Fall auch noch dafür, dass die Textzeile exakt so lang wird wie die Linie darüber.

Zu unruhig
Hier wurden für die Unterzeile Groß- und Kleinbuchstaben verwendet. Gerade dann, wenn der Text mit einer Linie kombiniert wird, stört jedoch die Unruhe, die durch die wechselnden Buchstabengrößen entsteht.

Für die Unterzeile kommt die gleiche Schrift wie für »Juans Club« zum Einsatz, die Linotype Syntax.

Gesperrte Versalien
Die gleiche Sperrung, diesmal aber nur mit Versalien, wirkt sehr viel besser. Spielen Sie mit leicht unterschiedlichen Schriftgrößen und Sperrungen.

Versalien passen besser zur Linie.

Wenn die Zeile vor der Unterlänge des kleinen »g« endet, kann sie weiter nach oben geschoben werden.

Versalien

Versalbuchstabe ist ein anderer Begriff für Großbuchstabe. Für eine bessere Lesbarkeit sollte Versaltext leicht gesperrt werden. Wer typografisch hohe Ansprüche hat und Versalien mit Fließtext kombiniert, der verkleinert die Schriftgröße der Versalien um einen Hauch, damit sie sich optisch besser in das Schriftbild einfügen.

Lege los und lerne dabei

Buchstaben verändern

Jetzt, wo die Unterzeile steht, stellen wir fest, dass das »g« zu kurz ist. Das Schöne in der Logoentwicklung ist unter anderem, dass Sie Ihrem Logo Ihre eigene Handschrift verleihen können. Und genau das tun wir jetzt – wir verändern das »g«. In den meisten Illustrations- und Layoutprogrammen wie Adobe Illustrator, Adobe InDesign oder CorelDRAW können Sie Schrift in Pfade beziehungsweise in Zeichenwege umwandeln. Danach verhält sich die Schrift nicht mehr wie bisher, sondern wie eine mit der Zeichenfeder oder dem Stift gezeichnete freie Form. Die Schriftart lässt sich dann zwar nicht mehr ändern, dafür können Sie aber die Form beziehungsweise alle einzelnen Ankerpunkte auf dem Pfad verändern.

Zeichen-Geschick

Mit ein bisschen Übung und zeichnerischem Geschick lassen sich einzelne Zeichen so verändern, dass sie besser miteinander harmonieren.

Langer Hals

Das »g« bekommt von uns einen langen Hals verpasst. Dafür bewegen Sie sämtliche Ankerpunkte unterhalb des Bogens.

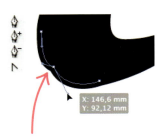

Bei Bedarf können Sie jeden Ankerpunkt bearbeiten.

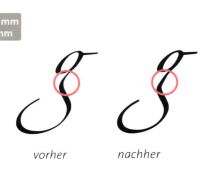

vorher   nachher

Bündig abschließen

Durch das Verlängern des »g« sind jetzt die Schriftlinie der unteren Zeile sowie die Unterkante des »g« bündig. Dadurch bilden die beiden Zeilen eine kompaktere Einheit.

Gleichmäßige Abstände

Zuletzt wird die Linie genau zwischen den beiden Zeilen ausgerichtet. Durch das Verschieben der Linie läuft jetzt allerdings der Bogen des »M« über die Linie. Das wird korrigiert, indem der Bogen gekürzt wird.

Linie zentrieren

Der Bogen des »M« muss gekürzt werden.

Exakt arbeiten

Die Feinheiten machen den Unterschied. Wenn Sie im Detail exakt und penibel arbeiten, gewinnt der Gesamteindruck eines Designs an Professionalität.

Linienstärke

Die Stärke der Linie muss noch angepasst werden. Meistens orientiert man sich an der Schrift mit der dünnsten Linie, so auch hier. Die Strichstärke von »Juans Club« für die Linie würde die untere Textzeile erdrücken.

Achsen

Linie und Unterzeile enden genau untereinander. Auch die linken Kanten sind exakt bündig.

Lege los und lerne dabei

Farbgebung

Spielen Sie mit Farben und Verläufen. Achten Sie darauf, dass die Lesbarkeit erhalten bleibt, und arbeiten Sie mit zurückhaltenden Hintergründen.

Ganz ohne
Das Logo funktioniert ohne Hintergrund.

Die Stimmung von Zauber und Magie lässt sich gut unterstützen, wenn Sie Farben und Verläufe einsetzen. Allerdings ist dann das Logo durch den Kasten mit Verlauf nicht mehr ganz so flexibel. Bedenken Sie dies, wenn Sie ungewöhnliche Werbemittel wie Kugelschreiber damit ausstatten müssen. Eventuell muss in solchen Spezialfällen das Logo ohne Hintergrund verwendet werden.

Braun und Beige harmonieren, die Verlaufsform rahmt das Logo ein und macht es kompakter.

Das frische Grasgrün ist etwas zu hell und sorgt für zu wenig Kontrast mit dem Hintergrund.

Carsharing, Cocktailbar, Imker

Violett ist die Farbe der Magie und des Zaubers – zusammen mit dem Beige eine gute Kombination.

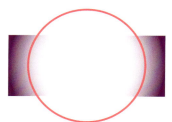

 Alles in Violett und Weiß – konsequent, aber sehr intensiv. Der Verlauf ist diesmal kreisförmig und lässt das Logo nach oben und unten zu offen.

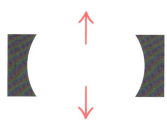

 Durch den dunkelvioletten Abschluss ringsherum wirkt es kompakt und in sich geschlossen. Eine gute Variante.

Lege los und lerne dabei

Broschüre für eine Bücherei

Mehrere Seiten einheitlich gestalten

Bei einer Broschüre haben Sie in der Regel viele Informationen zu sortieren. Machen Sie sich daher zuerst Gedanken darüber, wie diese auf die Seiten verteilt werden sollen. Erst dann sollten Sie das konkrete Layout entwerfen und entscheiden, wie Texte und Bilder auf der Seite platziert werden. Grundlage für diese Verteilung ist der sogenannte Satzspiegel.

Viele Informationen
Eine Bibliothek hat eröffnet. Die Broschüre soll über das Angebot, Öffnungszeiten und Leihmodalitäten informieren.

Satzspiegel und Raumaufteilung
Mit der Suche nach einem Satzspiegel und der damit verbundenen Raumaufteilung bei Doppelseiten stehen wir wieder vor einer besonderen Aufgabe.

Satzspiegel finden

Der Satzspiegel kennzeichnet den bedruckten Bereich einer Seite. Ganz besonders dann, wenn Sie mit mehreren Seiten arbeiten, sollten Sie ihn gleich zu Beginn festlegen, damit er auf jeder Seite identisch ist und Sie die Inhalte optimal verteilen können. Es gibt verschiedene Methoden, um eine ausgewogene Mischung aus bedruckter und freier Fläche zu erreichen. Denken Sie auch an einen eventuell zusätzlichen Rand für die Bindung.

Bund und Steg

Bei einer Doppelseite bezeichnet man den inneren Rand, also dort, wo gebunden wird, als Bund. Die Räume zwischen dem Satzspiegel und der Papierkante nennt man Stege. Jeder Steg hat einen eigenen Namen. Der Steg oben heißt Kopfsteg, der an der Außenseite Außensteg, der Steg innen nennt sich Bundsteg und der Steg unten Fußsteg.

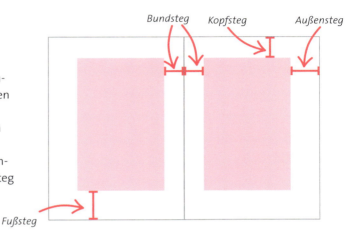

Neunerteilung

Teilen Sie eine Seite waagerecht und senkrecht in neun Teile. Bei einem Hochformat entstehen so schmale, hochkant stehende Rechtecke. Lassen Sie jetzt nach innen und oben ein Rechteck frei, nach außen und unten jeweils zwei Rechtecke, hier als graue Fläche gekennzeichnet.

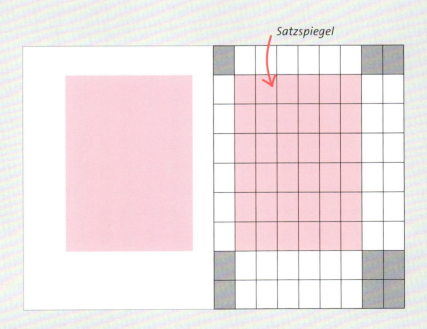

Lege los und lerne dabei

Diagonalkonstruktion

Mit dieser Methode erhalten Sie einen harmonisch wirkenden Satzspiegel. Im Vergleich zur ersten Variante bestimmt man hier nicht die Stegbreite, sondern den Satzspiegel selbst. Die Linienkonstruktion sieht zwei Diagonalen über beide Seiten vor und zudem jeweils eine Diagonale pro Seite, und zwar von außen unten nach innen oben. Mehr Linien sind auch gar nicht nötig.

Stellen Sie sich den Satzspiegel, den Sie jetzt einzeichnen wollen, als Rechteck vor. Der linke obere Startpunkt (a) – bei einer rechten Seite – sitzt irgendwo auf der Diagonalen. Je nachdem, ob Sie viel oder wenig Inhalt unterzubringen haben, wählen Sie den Startpunkt höher oder tiefer. Platzieren Sie danach den rechten oberen Eckpunkt des Satzspiegelrechtecks (b) auf der nächsten Diagonalen, die Sie treffen. Nun geht es zum dritten Eckpunkt, dem Punkt rechts unten (c). Ziehen Sie gedanklich eine Senkrechte, und stoppen Sie an der ersten Diagonalen. Der vierte Punkt ergibt sich, indem Sie nur noch das Rechteck schließen. Für den Satzspiegel auf der linken Seite spiegeln Sie die Angaben.

Abhängig davon, wo Sie auf der Diagonalen den Startpunkt setzen, wird der Satzspiegel größer oder kleiner.

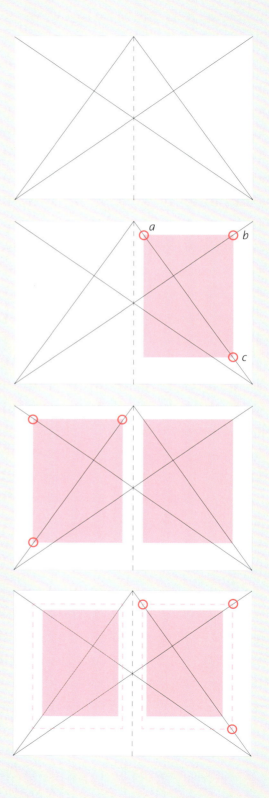

Zahlenreihe

Mit der Zahlenreihe 2:3:4:5 lassen sich nicht nur DIN-Formate hervorragend aufteilen. Dabei bestimmen die Zahlen die Proportionen der Stege untereinander. Die Reihe beginnt mit dem Bundsteg, dann folgt der Kopfsteg, dann der Außensteg und schließlich der Fußsteg. Somit ist der Bundsteg halb so groß wie der Außensteg, der Kopfsteg beträgt etwas mehr als die Hälfte des Fußstegs. Die Größe des Satzspiegels ist bei dieser Methode variabel und kann von den Text- und Bildmengen anhängig gemacht werden.

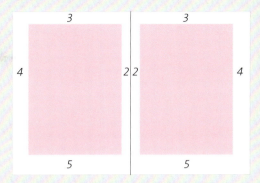

größerer Satzspiegel mit der Reihe 2:3:4:5

Es gibt noch eine zweite Zahlenreihe, die ebenfalls üblich ist und gerne eingesetzt wird, nämlich 2:3:4:6. Hier ist also lediglich der Fußsteg größer. Durch den größeren Weißraum wirkt diese Variante in der Regel etwas eleganter.

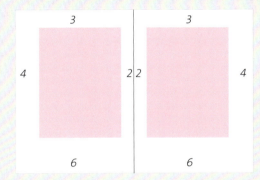

kleinerer Satzspiegel mit der Reihe 2:3:4:6

Achtung Seitenanzahl

Bei allen Methoden ist der Bundsteg grundsätzlich am kleinsten. Es gibt jedoch Situationen, in denen der Bund deutlich größer gehalten werden muss, nämlich dann, wenn Ihr Druckerzeugnis einen großen Seitenumfang hat. Je nach Bindung lassen sich die vielen Seiten dann nicht mehr unbedingt glatt aufschlagen, und der Bund »verschwindet« nach innen. Informationen, die dort platziert wurden, sind kaum noch sichtbar. Sprechen Sie in solchen Fällen vorher mit der Druckerei.

Lege los und lerne dabei

Einheit gestalten

Liegt die Doppelseite aufgeschlagen vor uns, sehen wir zwei Bundstege nebeneinander, die sich visuell addieren. Wäre der Bundsteg genauso breit wie der Außensteg, würde der Abstand zwischen den beiden Seiten zu groß wirken, und die Gestaltung würde auseinanderfallen.

Zweimal Bund

Die Bundstege addieren sich optisch. Deswegen sind sie bei einem doppelseitigen Dokument kleiner als die Außenstege, oftmals genau halb so breit.

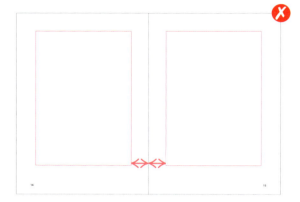
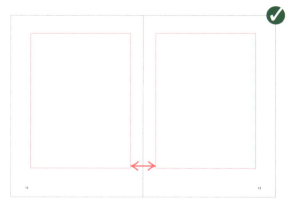

Die beiden Stege addieren sich optisch.

Deswegen werden die Bundstege entsprechend verkleinert.

Doppelseitig gestalten

Gestalten Sie die beiden Seiten nebeneinander als Einheit, denn so nimmt der Betrachter sie auch wahr.

Rechts dominiert

Ist Ihnen schon einmal aufgefallen, dass Werbeanzeigen in Magazinen meist rechts sind? Wenn der Leser durch ein Magazin blättert, fällt sein Blick zuerst auf die rechte Seite einer Doppelseite. Platzieren Sie also rechts die wichtigen Informationen.

Oben neu beginnen
Wenn Sie neue Themen und Artikel oben auf einer neuen Seite beginnen lassen, erleichtert dies den Überblick und das Lesen. Der Blickfang ist eher außen auf einer Seite und in der oberen Hälfte gut aufgehoben.

Wiederkehrende Objekte
Wiederkehrende Elemente wie die Seitenzahl oder Kopf- und Fußzeilen sollten – spiegelbildlich bei linken und rechten Seiten – immer an der gleichen Stelle stehen.

Kopf- und Fußzeilen
Die Kopfzeile steht oben auf der Seite, die Fußzeile steht am unteren Rand, beide außerhalb des Satzspiegels. Sie enthalten statische Informationen wie zum Beispiel den Namen des Magazins oder die Ausgabe, aber auch dynamische Informationen wie Kapitelüberschriften und Seitenzahlen. Aussehen und Position sollte auf jeder Seite identisch sein, und natürlich sollten die Informationen nicht doppelt auf der Seite stehen. Verwenden Sie also entweder Kopf- oder Fußzeile.

Lege los und lerne dabei

Paginierung

Grundsätzlich brauchen mehrseitige Drucksachen Seitenzahlen, die meistens unten außen platziert sind. Die Zahlen unterliegen dabei einer klaren Regelung. Schlagen Sie ein beliebiges Buch auf, und Sie werden immer folgende Regel erkennen: Die rechte Seite ist immer eine ungerade Seite, die linke eine gerade Seite.

Titel und Rückseite: keine Pagina

Pagina

Pagina ist eine alte Bezeichnung für Seite bzw. Seitenzahl. Das Titelblatt hat grundsätzlich keine Pagina, wird aber mitgezählt. Auch auf die Rückseite kommt keine Seitenzahl. Eine feste Regel, ab wie viel Seiten eine Drucksache paginiert wird, gibt es nicht. Bei vier- oder sechsseitigen Flyern oder Broschüren wird die Seitenzahl meist weggelassen.

Die Seitenzahl wird meist außen platziert.

Gestaltungsraster einsetzen

Gerade bei einem gleichbleibenden Layout ist ein Raster eine große Hilfe. Es unterstützt Sie dabei, Texte und Bilder harmonisch zu platzieren und die Seiten einer umfangreicheren Broschüre einheitlich und trotzdem abwechslungsreich zu gestalten.

Achsen

Die durch das Raster entstehenden senkrechten und waagerechten Achsen verleihen der Gestaltung Statik und Halt.

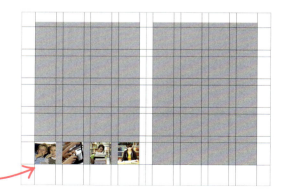

Als Größenvorgabe für ein Rasterfeld können Sie beispielsweise das kleinste von Ihnen verwendete Bild heranziehen.

Statik und Dynamik kombinieren

Die Kontinuität, die ein Gestaltungsraster mit sich bringt, hat viele Vorteile. Schnell kann ein Raster aber auch zu starr wirken. Wer also ein bisschen Schwung in das Design bringen will, nimmt einige Objekte ganz bewusst aus dem Raster heraus.

Raster verlassen

Sie müssen sich nicht streng an das quadratisch unterteilte Raster halten. Variieren Sie Breite und Höhe – und bringen Sie so Abwechslung hinein.

Schräge Elemente

Bilder, die eher einen schmückenden Charakter haben, können auch mal aus dem Raster fallen! Durch schräge Elemente wird das regelmäßige Raster aufgelockert.

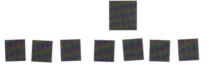

Achten Sie darauf, dass sich die Bilder ausgeglichen nach links und rechts drehen und die Rotation nicht zu stark ist. So sieht es aus, als würden die Bilder hüpfen – ein gelungener Kontrast zum Aufmacherbild, das sehr viel Ruhe ausstrahlt.

Lege los und lerne dabei

Geschäftsausstattung
Ein Design für unterschiedliche Zwecke

Eine Geschäftsausstattung besteht meist aus mehreren Werbemitteln wie einer Visitenkarte, einem Brief- oder Rechnungsbogen sowie vielleicht noch einer Broschüre oder einer Postkarte oder Karte im Format DIN lang. Das Design, das Sie entwerfen, soll sich optimal für alle Medien eignen. Machen Sie sich also zuerst Gedanken darüber, welche Anforderungen bezüglich Größe, Format und Farben an das Design gestellt werden.

Maklerausstattung
Die Maklerin benötigt einen Briefbogen und Visitenkarten, später vielleicht auch mal eine Broschüre oder Postkarte. Somit haben wir direkt zwei Herausforderungen zu bewältigen: Ein Briefbogen muss bestimmte DIN-Normen erfüllen, und das gesamte Design muss sich für verschiedenste Printmedien eignen.

Mögliche Größen abklären

Das Entwerfen eines völlig neuen Erscheinungsbildes ist eine spannende Aufgabe, die man genießen sollte. In dieser Situation sollten Sie aber unbedingt vor der kreativen Arbeit klären, mit welchen Werbemitteln der Kunde demnächst auftreten will. Das hat einen einfachen Grund: Wie Sie mittlerweile wissen, eignet sich nicht jede Schrift für jede Größe. Genauso gibt es Farben, die auf kleinen Flächen freundlich, auf großen Flächen aber laut und unangenehm werden.

Die Wahrscheinlichkeit, dass die Maklerin aus unserem Beispiel später einmal großformatig mit Plakaten oder Aushängen wirbt, ist sehr gering; das Unternehmen wird eher mit Postkarten, Anzeigen oder Handzetteln werben.

In allen Größen?

Groß, mittel oder klein? Wer weiß, dass der zu gestaltende Schriftzug in allen Größen benötigt wird, greift zu Schriften, die sich klein und groß gut lesen lassen. Probieren Sie verschiedene Schriften in kleinen Größen aus. Welche sind gut lesbar, welche wirken verloren?

Mit feinen Serifen und kleinen x-Höhen werden Schriften in kleinen Größen schlecht lesbar.

x-Höhe

Starke Unregelmäßigkeiten in der Schrift stören in großen Größen weniger als in kleinen Größen.

Große x-Höhen und klare Linien machen Text auch in kleinen Größen leichter lesbar.

Das Logo

Eine Grafik mit Schriftzug dient hier als Logo. Mit der Grafik links oben und dem Text rechts unten ist dem Gestalter eine ausgewogene Positionierung gelungen.

Die Grafik allein könnte kippen.

Der Schriftzug stabilisiert.

Gegengewicht
Die beiden Blöcke Logo und Text stellen Gegenpole dar. Somit kippt das Logo nicht, sondern wirkt ausgewogen.

Eine geeignete Farbe finden

Achten Sie auf die Größe der einzufärbenden Teile, wenn Sie eine Farbe aussuchen. Bei der Logogestaltung gilt: Je größer die Fläche, desto zurückhaltender die Farbe. Rot und Gelb beispielsweise sind Signalfarben und leuchten je nach Farbton knallig.

Vorsicht vor knalligen Farben
Wenn das Logo oder der Schriftzug in einem Werbemittel auch stark vergrößert werden soll, dann sollten Sie mit lauten Signalfarben vorsichtig sein und sie nicht großflächig einsetzen.

CD – Corporate Design

CD steht für Corporate Design und ist ein Teil des Corporate Identity (CI). Häufig werden auch beide Begriffe für dasselbe verwendet. Unter Corporate Design versteht man den visuellen Gesamtauftritt eines Unternehmens, also das Logo, den Schriftzug, die verwendeten Schriften, Farben, Bilder und Elemente.

Geschäftsausstattung

Variabel bleiben

Die Herausforderung bei der Gestaltung eines Gesamtauftritts lautet grundsätzlich, Wiedererkennung und Konsistenz zu schaffen, damit die Betrachter die Zusammengehörigkeit erkennen. Wer also das Briefpapier in den Händen hält, sollte sofort erkennen, dass dies von der Dame stammt, deren Visitenkarte er letztens eingesteckt hat. Es gibt aber noch einen zweiten Anspruch an die Gestaltung: eine möglichst große Flexibilität, damit verschiedenste Werbemittel erstellt werden können. Je individueller und markanter das Logo, desto eher lässt sich der zweite Anspruch erfüllen, ohne dass die Wiedererkennung verloren geht. Das Logo mit den beiden Textblöcken zeigt, wie so ein Kompromiss aus beiden Ansprüchen funktionieren kann. Es lässt sich problemlos zerlegen und dadurch an verschiedene Formate anpassen. Gleichzeitig sind das Haus und der Schriftzug individuell genug, so dass die Wiedererkennung gegeben und die Zusammengehörigkeit erkennbar ist.

Baukastensystem
Bei Platzmangel kann ein Logo wie dieses in seine Bestandteile zerlegt werden. Prüfen Sie aber immer, ob das Logo eventuell kippt.

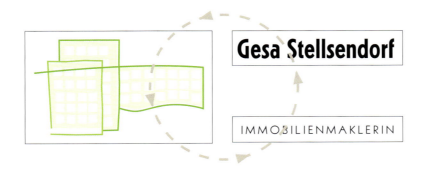

Variabler Schriftzug
Auch die Schriftgrößen und somit die Größen der Textblöcke sind variabel, ohne dass das Logo seine Einzigartigkeit verliert.

195

Lege los und lerne dabei

Angaben auf dem Briefbogen

Der Geschäftsbriefbogen präsentiert das Unternehmen und wird von jedem betrachtet, mit dem man schriftlich in Kontakt tritt. Umso wichtiger, dass alle nötigen wie wichtigen Informationen enthalten und professionell gestaltet sind.

Jeder Briefbogen sollte enthalten:
- Firmenname bzw. Vorname und Nachname der Person
- Straße und Hausnummer
- Postleitzahl mit Ort
- Telefonnummer und evtl. Faxnummer
- eventuell Land
- eventuell Niederlassungen
- eventuell Postfachadresse
- E-Mail-Adresse
- Internetadresse, wenn vorhanden

Weitere Angaben

Je nachdem, ob es sich um einen im Handelsregister eingetragenen Gewerbetreibenden oder um ein Unternehmen handelt, sind weitere Angaben nötig zu
- der Rechtsform
- dem Ort der Handelsniederlassung beziehungsweise dem Sitz der Gesellschaft
- dem Registergericht und der Nummer, unter der die Firma im Handelsregister eingetragen ist
- allen Geschäftsführern

Geschäftsausstattung

Normbriefbogen

Ein Briefbogen im Format DIN A4 muss bestimmte Kriterien erfüllen. So sollte zum Beispiel das Adressfeld so platziert werden, dass man die Adresse in einem Fensterbriefumschlag lesen kann. Aber nicht alle im Folgenden vorgestellten Felder und Marken sind ein Muss.

Adressfeld (frei halten)
Das Adressfeld, das natürlich in der Gestaltung frei gehalten wird, hat eine Größe von 85 × 55 Millimetern und beginnt bei 20 Millimetern von links und 50 Millimetern von oben. Hier sollten Sie sich unbedingt an die Vorgaben halten, da sonst die Adresse in einem Fensterumschlag nicht zu sehen ist.

Bearbeitungsvermerke (frei halten)
Rechts neben dem Adressfeld befindet sich das Feld für Eingangs- und Bearbeitungsvermerke. Genau dafür sollte es auch frei gelassen werden. Man sieht allerdings relativ häufig, dass nur ein schmaler Bereich frei gehalten wird und rechts daneben noch Angaben zum Geschäft gemacht werden, was auch möglich ist.

Lege los und lerne dabei

Absenderzeile (setzen)

Die Absenderzeile, meistens sehr klein gehalten in 6 oder 7 Punkt Schriftgröße, steht direkt über dem Adressfeld. Für die Zeile sind 5 Millimeter Platz in der Höhe frei gehalten, das Feld beginnt also bei 45 Millimetern von oben. Die Absenderzeile können Sie natürlich schon platzieren. Sie besteht in der Regel aus dem Namen oder der Firma sowie der Adresse.

Faltmarke (setzen)

Wer seinen Briefbogen in einem Umschlag im Format DIN lang versenden will, freut sich über zwei Faltmarken. Die erste wird nach 105 Millimetern von oben platziert, die zweite Marke nach weiteren 105 Millimetern.

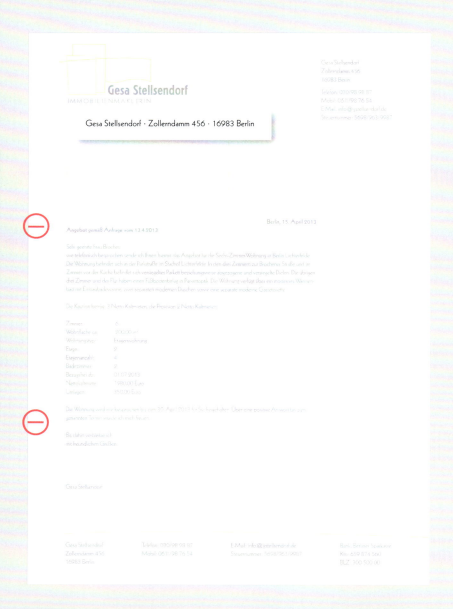

Geschäftsausstattung

Lochmarke (setzen)
Angenehm, wenn man weiß, wie der Bogen in den Locher zu halten ist, damit das gelochte Papier auch in den Ordner passt. Die Lochmarke wird genau in der Mitte, also auf 148,5 Millimeter von oben, platziert. Verwenden Sie für Falt- und Lochmarken kurze Linienstücke mit maximal 0,3 Punkt Stärke.

Geschäftsangaben (setzen)
Am unteren Rand des Briefbogens stehen Geschäftsangaben wie Geschäftsführer, Kontodaten etc. Die Höhe dieses Bereichs ist nicht vorgegeben. Sie sollten aber aus gestalterischen Gründen nach unten zum Papierrand mindestens 7–8 Millimeter freien Raum lassen. Die Geschäftsangaben können auch rechts oben platziert werden.

Varianten des Briefbogens

Im oberen Teil des Briefbogens ist das Logo untergebracht; die Geschäftsangaben befinden sich rechts. Die Linie, aus dem Logo übernommen, lässt sich wunderbar als optischer Trennstrich einsetzen.

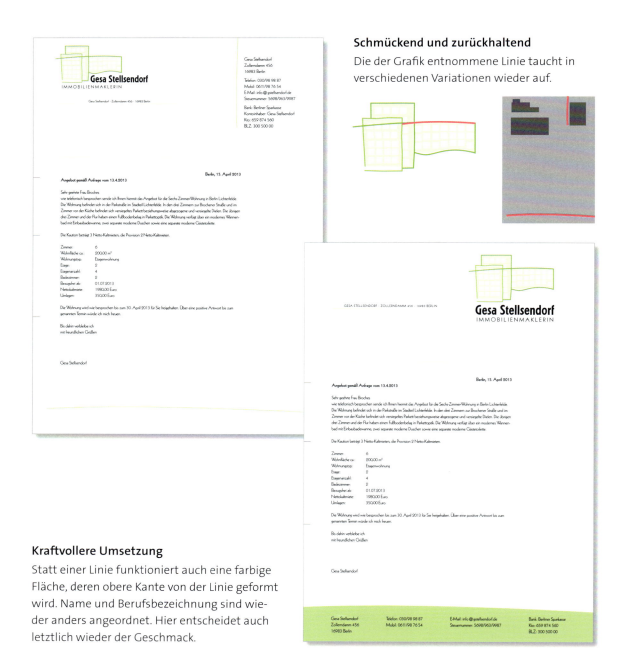

Schmückend und zurückhaltend
Die der Grafik entnommene Linie taucht in verschiedenen Variationen wieder auf.

Kraftvollere Umsetzung
Statt einer Linie funktioniert auch eine farbige Fläche, deren obere Kante von der Linie geformt wird. Name und Berufsbezeichnung sind wieder anders angeordnet. Hier entscheidet auch letztlich wieder der Geschmack.

Geschäftsausstattung

Adressfeld

Das Adressfeld kann mit einer dünnen Linie eingerahmt oder auch farbig hinterlegt sein, es kann aber auch gänzlich leer sein.

Variation im Briefkopf

Bei dieser Variante wurden die beiden Textblöcke des Logos nebeneinander platziert. Dadurch wird in der Breite zwar viel Platz benötigt – bei dem Briefkopf ist das aber kein Problem und funktioniert unter gestalterischen Aspekten genauso gut.

Informieren oder werben?

Bitte verwechseln Sie einen Briefbogen nicht mit einem Werbemittel. Der Briefbogen repräsentiert natürlich das Unternehmen und sollte dem Corporate Design entsprechend gestaltet sein, aber die Aufgabe eines Briefbogens ist nicht, zu werben.

Kein Werbemittel
Wir benötigen beim Briefbogen also weder einen Blickfang im klassischen Sinn, noch stellt sich die Frage nach der einen, wichtigsten Information. Auf dem Briefbogen steht die Information im Vordergrund – auf anderen Medien hingegen ist die Werbung und Einprägsamkeit entscheidend.

Im Vergleich
Der Briefbogen soll in erster Linie sachliche Informationen enthalten und diese übersichtlich darstellen. Als Beispiel dient eine Karte im Format DIN lang – sie soll werben und aufmerksam machen.

Die Farbe für den flächigen Hintergrund stammt aus der Grafik.

Bei der Karte als Werbemittel hat der Gestalter an den Blickfang und an die Vermittlung der wichtigsten Information gedacht.

Auch die Linie als Gestaltungsmittel taucht wieder auf. Achten Sie auf gerade Achsen; die Linie sollte aus optischen Gründen links und rechts etwas herausragen.

Die Visitenkarte mit Variationen

Zur Geschäftsausstattung gehört natürlich auch die Visitenkarte. Der Kunde kann sich zwischen dem Hoch- und dem Querformat entscheiden. Das Logo funktioniert in beiden Fällen.

Für verschiedene Formate geeignet
Hoch oder quer, hinterlegt oder nicht – die Elemente lassen sich gut variieren. Das Hochformat ist etwas eleganter, gleichzeitig aber auch unüblicher.

Lege los und lerne dabei

Faxfähig

Der Kunde wird seine Angebote auf dem Briefpapier häufig auch per Fax versenden. Ein faxfähiges Design ist also Voraussetzung. Welche Punkte müssen Sie folglich beachten? Grundsätzlich gilt, dass Flächen je nach Faxqualität und Auflösung mehr oder weniger stark gepunktet werden. Achten Sie auf:

- ausreichend Kontrast im Logo oder Schriftzug
- keine zu dunklen flächigen Hintergründe, sonst lässt sich nach dem Faxen die Schrift nicht mehr entziffern
- keine zu dünnen Linien und feinen Schriften verwenden, da sie beim Faxen verschwinden
- keine farbigen Schriften in kleinen Größen

Abgewandeltes Design
Falls sich das Corporate Design nicht mit einer faxfähigen Vorlage vereinen lässt, weil beispielsweise der Kunde auf dünne Linien im Logo oder dunkle Hintergrundflächen besteht, kann eine zweite, faxfähige Variante des Briefbogens erstellt werden, bei der dann die kritischen Objekte verändert oder entfernt werden.

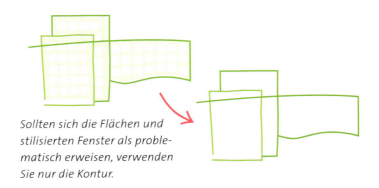

Sollten sich die Flächen und stilisierten Fenster als problematisch erweisen, verwenden Sie nur die Kontur.

Geringe Auflösung
Aufgrund der geringen Auflösung eignen sich flächige Elemente und dünne Striche grundsätzlich weniger zum Faxen.

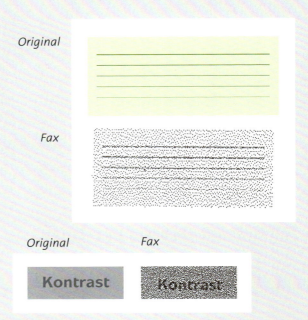

204

Tipps zum Briefbogen

Wenn Sie die Gestaltung abgeschlossen haben, sollten Sie Ihren Kunden noch ein paar Tipps an die Hand geben, damit Ihre Designs später auch perfekt gedruckt werden können. Falls der Kunde seine Briefbögen später mit seinem heimischen Laserdrucker bedrucken möchte, dürfen die Briefbögen nicht digital gedruckt werden. Wenn digital gedruckte Briefbögen mit dem Laserdrucker bedruckt werden, kann es sein, dass sich die Farbe vom Papier ablöst. Daher sind Briefbögen und Rechnungsvordrucke – zumindest beim momentanen Stand der Technik – ein Fall für den Offsetdruck. Das Bedrucken von digital gedruckten Briefbögen mit Inkjetdruckern hingegen können Sie Ihren Kunden problemlos empfehlen.

Papierstärke

Üblicherweise wählt man für Briefbögen eine Papierstärke von 80 g/m². So hat man die Möglichkeit, in einem Briefumschlag drei Blätter zu versenden. Inklusive des Briefumschlags bleibt man bei den drei Seiten noch unter den vorgegebenen 20 Gramm Gesamtgewicht und zahlt nur das Standardporto von 58 Cent – bei mehr Gewicht werden 90 Cent fällig.

Für maximal drei Bögen DIN A4 plus Umschlag genügen 58 Cent Porto.

Grammatur und Papiergewicht

Als Grammatur bezeichnet man das Gewicht des Papiers. Es wird in Gramm pro Quadratmeter angegeben. Spricht man also von einem 80-Gramm-Papier, wiegt ein Bogen mit einer Fläche von 1 m² genau 80 Gramm.

Übliche Grammaturen:
- Briefbogen: 80 g/m²
- Visitenkarte: 240 – 400 g/m²
- Flyer oder Broschüre: 135 – 170 g/m²
- Postkarten: 180 – 450 g/m²

Lege los und lerne dabei

Das Gemeinschaftshaus
Eine Broschüre mit vielen Porträtbildern

Wer in einem Werbemittel viel von sich zeigen will, kann Bilder als dominantes Gestaltungselement einsetzen. Porträtbilder strahlen Persönlichkeit aus und wirken grundsätzlich sympathisch und einladend. Wenn Sie einige Grundregeln bei der Arbeit mit Porträts beachten, wirkt Ihre Gestaltung ansprechend und harmonisch.

Porträts wirken persönlich

Die Betreiber eines Gemeinschaftshauses für ältere Menschen stellen sich in einer Broschüre vor. Die Herausforderung liegt im Umgang mit den vielen Bildern. Die Porträtbilder sollten freundlich und sympathisch erscheinen, und mit der Platzierung möchte man mehr spannend als langweilig wirken.

Persönliche Ansprache der Zielgruppe

Bei dieser Arbeit ist die Zielgruppe klar eingrenzbar: ältere Menschen, die offen für ein Leben in einer Gemeinschaft sind, also weniger konservativ, sondern eher kommunikativ. Wir entscheiden uns für die Farben Gelb und Orange – freundliche helle Farben.

Gut geeignet – Porträts

Die vielen Porträtbilder der Ärzte und Mitbewohner sind gut geeignet, um die Zielgruppe optimal anzusprechen.

Skalieren
Auch hier ist weder der Stuhl noch das Fenster im Hintergrund interessant. Zeigen Sie dem Leser das eigentlich Interessante – die Person.

Bildausschnitt
Schneiden Sie Überflüssiges weg.

Tipps zu Porträts

Umgangssprachlich bezeichnet man die Nahaufnahme einer Person als Porträt, auch wenn die korrekte Definition des Begriffs »Porträt« lediglich besagt, dass es sich um die Darstellung einer Person handelt, nicht aber, wie nah die Aufnahme sein soll. Wenn Sie mit Porträts arbeiten, sollten Sie besondere Regeln und Tipps kennen.

Die Blickrichtung

Personen sollten grundsätzlich in die Seite hineinblicken. Zum einen können Sie damit die Blickrichtung des Betrachters in die Seite hineinführen, zum anderen wirkt die Person dann interessiert und beteiligt.

Wenn Sie ganz bewusst eine abweisende und desinteressierte Haltung der Person zeigen möchten, dann lassen Sie die Person aus der Seite herausblicken.

am Inhalt desinteressiert

Zwei Personen

Personen, die sich ansehen oder einander zugewandt sind, wirken offen und aneinander interessiert. Rücken an Rücken wirken die beiden einander ablehnend, trotz lächelndem Gesicht.

Bilder beschneiden

Angeschnittene Großaufnahmen von Gesichtern wirken interessant. Häufig wird an der Stirn angeschnitten, aber auch seitlich kann man das Bild anschneiden. Beschneiden Sie aber maximal an zwei Seiten, sonst entstehen – trotz ansprechendem Motiv – schnell Bilder, die an Fahndungsfotos erinnern.

Augenhöhe

Platzieren Sie – bei einem Foto vom Kopf einer Person – die Augen etwa auf der ⅓-Kante. Alles andere würde ungewollt komisch wirken.

⅓ der Höhe

⅔ der Höhe

⅓ der Höhe

⅔ der Höhe

½ der Höhe

½ der Höhe

Mehrere Bilder nebeneinander

Achten Sie auf die Interaktion zwischen den Bildern. Wenn Sie wie beispielsweise bei einer Zeitung oder einer Broschüre mit Doppelseiten arbeiten, dann sollten Sie immer die nebeneinanderliegenden Seiten als eine Einheit gestalten. Gemeinsam präsentierte Bilder ergeben wieder ein neues, großes Bild.

Darstellungsgröße

Wenn es mehrere Porträts zusammen zu platzieren gibt, muss die Größe beachtet werden. Je größer das Gesicht, desto mehr Bedeutung kommt ihm zu. Beachten Sie dies, wenn Sie niemanden kränken möchten.

Hier sind beide Personen gleichberechtigt.

Hier wirkt der Mann wichtiger.

Oben oder unten

Bilder, die aus der Vogelperspektive aufgenommen wurden, sind unten besser aufgehoben.
Bilder aus der Froschperspektive fühlen sich oben auf der Seite wohler.

Froschperspektive: von unten fotografiert

Vogelperspektive: Aufnahme aus der Luft

Hintergrundfarbe

Beachten Sie die Hintergrundfarbe, auf der das Porträt liegt. Die Farbe verändert die Ausstrahlung des Bildes auf erstaunliche Weise, und Sie erzielen so unterschiedliche Wirkungen. Kühl, sympathisch, offen, zurückhaltend, freundlich – Attribute, die sich durch die Farbe des Hintergrundes ändern können.

Die obere Reihe zeigt das Bild auf warmen, freundlichen Farben, die untere Bildreihe auf kalten oder härteren Farben.

Die Körperhaltung beachten

Wenn man nicht nur das Gesicht, sondern den Oberkörper oder sogar den gesamten Körper im Bild sieht, spielt die Körperhaltung eine entscheidende Rolle. Kleine Details können die Wirkung Ihres Designs schnell komplett umkehren.

Abweisend

Die Ärztin blickt zwar fast geradeaus, die Körperhaltung ist aber zur rechten Seite offen, zur linken Seite abweisend. Insofern sollten Sie die Dame trotz gerader Blickrichtung an den linken Seitenrand stellen, so dass ihre offene Körperhälfte zu den Inhalten der Seite zeigt.

Durch den rechten Arm, den die Ärztin links vor den Oberkörper hält, entsteht eine Drehung des gesamten Körpers. Eine Platzierung am rechten Seitenrand würde somit abweisend wirken.

Zugewandt

Die beiden Ärzte sind einander zugewandt und strahlen eine freundschaftliche Kollegialität aus. Tauscht man die Seiten, wirken sie nicht mehr so kollegial.

Bewusst das Gestaltungsraster verlassen

Die Gestaltung von kleinteiligen Layouts mit vielen Bildern, Kästen oder anderen Elementen ist spannend, weil sie kreativen Spielraum bietet. Und genau deswegen, weil Sie kreativ und ideenreich sein können, erwähne ich wieder das Gestaltungsraster.

Im Raster

Legen Sie sich – besonders in solchen Fällen – das Raster als Hilfsmittel in den Hintergrund.

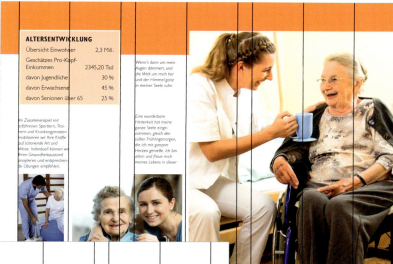

Aus dem Raster raus

Jetzt können Sie es wagen, ganz bewusst aus dem Raster herauszugehen.

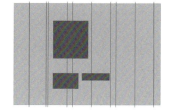

Achsen suchen

Wenn Sie bewusst das Grundraster verlassen, dann suchen Sie andere optische Achsen, oder orientieren Sie sich an einem zweiten Raster, das Sie darüberlegen.

Lege los und lerne dabei

Café-Eröffnung
Eine Postkarte in gedeckten Farben gestalten

Eine Werbe-Postkarte, die auf die Eröffnung eines Cafés hinweisen soll, muss nicht nur Ort und Datum bekanntgeben, sondern sollte auch einen Eindruck vom Stil des Cafés vermitteln und die richtigen Leute ansprechen. Es gilt also, ein passendes Logo und geeignete Farben zu finden. Wir wollen eine möglichst breite Zielgruppe ansprechen.

Breite Zielgruppe
Verantwortungsvolle Kaffeegenießer, die auf Fairtrade-Kaffee Wert legen, gehören genauso zur Zielgruppe wie diejenigen, denen der biologische Anbau des Kaffees wichtig ist. Das kleine Café hat einen sehr persönlichen Charakter. Unsere Aufgabe ist die Gestaltung eines Schriftzugs, der den Café-Namen und einen Slogan enthalten soll.

Wort-/Bildmarke gestalten
Der Schriftzug – die exakte Bezeichnung wäre Wort-/Bildmarke – muss gestaltet werden.

Farbgebung bestimmen
Die Farben werden auf die Aussage abgestimmt und für die gesamte Postkarte verwendet.

Café-Eröffnung

Eine Schrift für den Café-Namen finden

Wir beginnen mit der größten Herausforderung, nämlich dem Entwurf des Schriftzugs. Wenn dieser gefunden ist, dann gestaltet sich der Rest der Karte leichter. Wir beginnen damit, verschiedene Schriften auszutesten und auf ihre Wirkung hin zu vergleichen. Damit wir einen realistischeren Eindruck erhalten und das Ergebnis besser beurteilen können, färben wir den Text schon einmal in einem beliebigen Braunton.

mocca bacio
Snell Roundhand, zu gleichmäßig

mocca bacio
Popcorn, zu seriös

mocca bacio
University, zu steril

mocca bacio
Zapfino, zu elegant

mocca bacio
Poker, wäre auch möglich

MOCCA BACIO
Usambara, unpassender Stil

mocca bacio
SambaAntiqua, nicht individuell genug

mocca bacio
Typographer Rotunda, wirkt altertümlich

Schrift ist nicht gleich Schrift

Wir entscheiden uns für eine ungewöhnliche und leicht verspielte Schrift, die Ziggy Zoe unten im Bild. Sie hat einen handschriftlichen Charakter, ganz so wie das Café, in dem alles von Hand und mit Liebe zubereitet wird.

Durch ihre Unregelmäßigkeit wirkt sie nicht so edel wie eine Schreibschrift, sondern menschlich und individuell, also ganz so, wie das Café wirken möchte.

mocca bacio ✓

215

Lege los und lerne dabei

Schriften auswählen und kombinieren

Unser Ziel ist es, den Schriftzug als Marke zu etablieren. Eine gute Voraussetzung dafür ist der Einsatz der ungewöhnlichen Schrift. Zum Namen des Cafés gehört aber auch der Slogan, also der Text darunter, für den wir jetzt eine passende Schrift suchen.

Mit oder ohne Serifen?
Bei der Entscheidung für eine Schrift spielen die Serifen eine tragende Rolle, denn sie bestimmen den Charakter einer Schrift maßgebend. Allerdings gibt es kein »besser« oder »schlechter«. Wenn Sie den Kunden bei der Schriftwahl beraten, dann lassen Sie sich also besser nicht zu Aussagen wie »Serifen sind immer besser lesbar« verleiten.

ohne Serifen
Serifen
serifenbetont

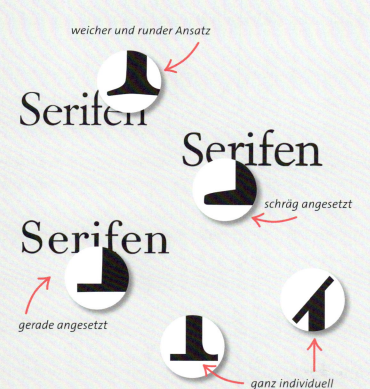

Wirkung von Serifenschriften
»Die eine« Serifenschrift gibt es nicht. Dies sieht man schon allein an den verschiedenen Arten von Serifen: Manche setzen waagerecht an, andere rund und wieder andere leicht geschwungen.
Eine Aussage allerdings trifft zumindest auf viele Serifenschriften beziehungsweise Serifenlose zu: Schriften mit Serifen wirken oft elegant, traditionell oder einfach auch älter; Serifenlose werden gerne für eine moderne Gestaltung beziehungsweise für einen modernen Inhalt verwendet.

Café-Eröffnung

elegant, traditionell, edel

Adobe Garamond
Baskerville
Bembo
Minion Pro

kühl, klar, modern

Bitstream Vera Sans
Futura
ITC Avant Garde
TitilliumText

Serifenschrift
Bembo

TRADITION HANDWERK MIT ZUKUNFT

Serifenlose
Avant Garde

Kombinieren
Wenn Sie zwei Schriften kombinieren, sollten Sie in der Regel eine mit Serifen und eine ohne Serifen wählen.
Zu einer Schreibschrift wie hier im Beispiel lassen sich je nach Charakter Schriften mit Serifen und serifenlose Schriften kombinieren.

Franklin Gothic + Palatino

Gill Sans + Garamond

Zapf Chancery + Garamond

Swing + Gill Sans

mocca bacio
DAS LEBEN IST ZU KURZ FÜR SCHLECHTEN KAFFEE

✗ *in kleinen Größen schlecht lesbar*

mocca bacio
DAS LEBEN IST ZU KURZ FÜR SCHLECHTEN KAFFEE

✓ *Helvetica, gut lesbar und zurückhaltend*

Individuell auswählen
Der Slogan »Das Leben ist zu kurz für schlechten Kaffee« steht unter dem Café-Namen. Würde man für den gesamten Text dieselbe Schrift verwenden, würde der Schriftzug des Namens seine Individualität verlieren. Zudem ist die Schrift in kleinen Größen nicht gut lesbar.
Somit entscheiden wir uns für eine gut lesbare, aber gewöhnliche Serifenlose, damit der Café-Name unangefochtener Blickfang im Schriftzug bleibt.

Die Suche nach Farben

Die Grundfarbe Braun mit ihren Abstufungen bis hin zu Beige steht für Natur und Umwelt, genauso aber für die braune Kaffeebohne und die Farbe von Espresso. Durch Abstufungen der Grundfarbe entstehen passende Farbtöne, die Sie bedenkenlos kombinieren können. Sie sollten sich allerdings auf vier beschränken, da die Farbgestaltung sonst zu unruhig wird.

Der Ton macht die Musik
Durch den Verlauf in der Kaffeetasse sind verschiedene Abstufungen des braunen Farbtons entstanden. Das ist prima, denn so haben wir gleich einige Farben zur Auswahl, um Texte und andere Elemente Ton in Ton zu färben.

Farbe und Kontrast

Im Beispiel befinden sich zahlreiche Abstufungen des Brauntons in unserer Farbpalette. Doch wie viele dürfen beziehungsweise sollen Sie jetzt einsetzen? Heißt es nicht, dass bei mehr als drei Farben die Gestaltung automatisch zu bunt wird?

Abstufungen
Wenn Sie vier oder fünf der monochromatischen Farben verwenden, dann achten Sie darauf, dass sich die Farben genug voneinander unterscheiden.

Wann ist bunt zu bunt?
Wenn die Farben kräftig und eigenständig sind, sollten Sie in der Regel drei verwenden; häufig genügen auch schon zwei Farben. Im Beispiel handelt es sich aber um Abstufungen des Brauntons. Wir arbeiten also – bis auf kleine Ausnahmen – monochromatisch, und deswegen können auch mehr als drei Farben verwendet werden.

Arbeit mit dem Kontrast

Weiße Schrift auf weißem Hintergrund können wir nicht lesen. Das Erkennen der Buchstaben und Zeichen entsteht erst durch Kontrast, nämlich durch den Unterschied zwischen den hellen und dunklen Bereichen.

Ist genügend Kontrast vorhanden?
Achten Sie auf genug Kontrast, damit der Text leserlich bleibt. Bei einem dunklen Hintergrund muss die Schrift nicht unbedingt weiß sein, aber doch so hell, dass man die Zeichen gut erkennen kann.

Weitere Elemente finden

Jetzt, nachdem wir den Schriftzug und somit den Charakter der Gestaltung festgelegt haben, entstehen die weiteren Elemente. Orientieren Sie sich beim Entwerfen der anderen Elemente am besten am bereits vorhandenen Schriftzug beziehungsweise der Schrift.

organische, weiche Formen

krumm und verspielt

Geschwungene Formen mit klarer Linie
Eine strenge Espressotasse oder gar ein hochwertiges Foto eines Latte macchiato würde unpassend wirken und nicht den Stil des kleinen Cafés vermitteln. Vielmehr gehören ähnlich gezeichnete, also leicht kindliche und verspielte, aber nicht alberne, geschwungene Formen mit klarer Linie dazu.

Schatten sorgen für Räumlichkeit.

Aufmerksamkeit lenken

Der Eyecatcher der Vorderseite ist der Schriftzug »Eröffnung«. Hier dient also die wichtigste Information, nämlich die »Eröffnung« gleichzeitig dazu, die Aufmerksamkeit des Betrachters zu erregen. Von der Eröffnung leiten wir den Blick des Betrachters direkt zum Datum. So wird anschließend auch automatisch der Café-Name wahrgenommen.

Blickführung
Zuerst landet der Blick des Betrachters auf der Eröffnung. Aufgrund der räumlichen Nähe und der Größe springt das Auge danach zum Datum, und von dort landet es automatisch beim Logo.

Anderer Eyecatcher
Zum Vergleich eine ähnliche, optisch ebenfalls gelungene Gestaltung. Hier ist nicht die Eröffnung der eindeutige Eyecatcher, sondern er teilt sich die Ehre mit dem Schriftzug des Café-Namens. Das ist nicht grundsätzlich falsch, aber für eine Postkarte, die in erster Linie über die Eröffnung informieren soll, nicht optimal.

Café-Eröffnung

Die Rückseite der Karte

Eine weitere Besonderheit ist die Aufgabe, eine passende Rückseite zu gestalten. Was kann und was muss sie enthalten? In jedem Fall sollte dem Betrachter sofort klar sein, dass beide Seiten zum Café gehören. Arbeiten Sie also auf der Rückseite mit den gleichen Farben beziehungsweise Farbtönen, den gleichen Schriften, den gleichen grafischen Elementen und natürlich auch mit dem Schriftzug. Bleibt die Frage, welche Informationen auf der Rückseite zu sehen sein sollten. Hier gilt die Regel: Wichtige Infos können in jedem Fall wiederholt werden. Wichtig sind bei uns der Café-Name beziehungsweise der Schriftzug sowie die Adresse.

Besonderheiten des Cafés
Wenn es noch mehr Informationen gibt, die auf der Vorderseite keinen Platz gefunden haben – wunderbar, auf der Rückseite findet sich sicher noch ein Plätzchen.

Farben und Effekte übernehmen
Denken Sie auch daran, die exakten Farben, aber auch Effekte wie Schatten oder Verläufe der Vorderseite hier zu wiederholen. Im Beispiel wurden auch die Gestaltungselemente wie Bagel und gestrichelte Linien genutzt – in ähnlicher, aber nicht vollkommen gleicher Anordnung.

Vorderseite

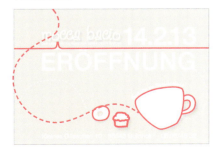

Rückseite

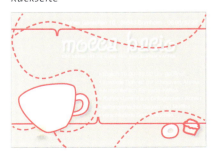

Lege los und lerne dabei

Heilpraktiker oder Technoclub?
Passende Visitenkarten gestalten

Eine Heilpraktikerin und ein Berliner Club benötigen Visitenkarten. Wir entwerfen mehrere Varianten.

Das übliche Format für eine Visitenkarte beträgt 85 × 55 Millimeter. Bedenken Sie, dass größere Karten zwar ein Hingucker sind, häufig aber dann nicht mehr ins Portemonnaie beziehungsweise in den Visitenkartenständer passen. Ob hoch oder quer entscheidet in erster Linie der Geschmack. Das Hochformat ist ungewöhnlicher und spannend, aber häufig schwieriger aufzuteilen.

Die Heilpraktikerin

Bevor Sie mit der Gestaltung der Visitenkarte für die Heilpraktikerin beginnen, rufen Sie sich unsere drei Schritte zur Gestaltung in Erinnerung: Zielgruppe, Aufmerksamkeit, Information. Die Zielgruppe besteht aus offenen, an alternativen Methoden und Wegen interessierten Menschen jeden Alters. Die Aufmerksamkeit können wir durch Bilder, ungewöhnliche Farben oder auffällige Schriften gewinnen. Die wichtigste Information kann abhängig vom Design mit dem Eyecatcher identisch sein, kann aber auch aus gut gestaltetem, lesbaren Text bestehen.

Schriftwahl

Die »eine Information«, die wir vermitteln wollen, nämlich Name und Beruf, ist deutlich hervorgehoben. Der Name wird durch die große Schriftgröße sowie durch den Handschriftcharakter der Schrift Pacifico hervorgehoben.

Für Berufsbezeichnung und Adresse wird eine Schrift gewählt, die weniger auffällt, damit keine Konkurrenz entsteht.

222

Heilpraktiker oder Technoclub?

Texte platzieren

Auf einer querformatigen Visitenkarte haben Sie grundsätzlich zwei Bereiche, in denen Name, Berufsbezeichnung und Kontaktdaten platziert werden können.

Optisches Loch
Wenn der Text links auf der Karte steht, haben Sie rechts ein optisches Loch.

Löcher vermeiden
Wenn der Textblock rechts steht, wirkt die Karte harmonisch.

Ein Bild als Blickfang

Ein Bild dient als Eyecatcher. Somit hätten Sie die zweite Gestaltungsregel, den Blickfang setzen, befolgt. Das Bild ist hell und freundlich, die Blume wirkt kraftvoll und spricht unsere Zielgruppe an.

Gerangel
Kommen sich Blume und Schriftzug ins Gehege? Verschieben Sie den Textblock nach oben und die Blume nach unten links.

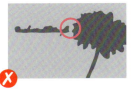

Lege los und lerne dabei

Eine zweiseitige Variante

Die meisten Visitenkarten werden einseitig bedruckt. Manchmal bietet sich aber auch eine zweiseitige Gestaltung an. Auf der Vorderseite werden Name und Beruf platziert. Auf der Rückseite finden die Kontaktinformationen ihren Platz.

Achtung Textplatzierung
Bei der Gestaltung ohne Bild fühlen sich Name und Beruf – bei zentrierter Ausrichtung – wohl, wenn sie leicht über der horizontalen Mitte platziert werden.

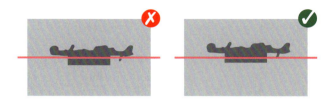

Zweiseitig mit buntem Bild
Bringen Sie ruhig etwas Farbe auf die Karte. Diesmal wurden die Arbeitsmittel eines Heilpraktikers als schmückendes Bild verwendet.

Farbige Fläche
Auch so bringen Sie Farbe ins Spiel. Name und Beruf sind vertikal nach dem Goldenen Schnitt platziert. Die zurückhaltende Schrift konkurriert nicht mit dem farbigen Hintergrund.

Mit grafischen Elementen arbeiten

Es müssen nicht immer Bilder sein. Auch Formen und grafische Elemente eignen sich, um eine Visitenkarte aufzupeppen.

Gestaltungselement Kreis

Der Kreis steht für Harmonie und Ausgeglichenheit, auch für die Gesamtheit – ein zentraler Aspekt bei der Arbeit eines Heilpraktikers.

Anders arrangiert

Und noch einmal der Kreis als Gestaltungselement, diesmal im Hintergrund. Wegen der dunklen Hintergrundfarbe verwenden wir weiße Schrift. Die Laufweite wurde leicht erhöht.

Hintergrundbilder

Wenn Sie Bilder als Hintergrund verwenden, müssen Sie darauf achten, dass der Text trotzdem noch gut lesbar ist. Nicht alle Bilder eignen sich also dafür – manche sind zu unruhig.

Hier erschwert wenig Kontrast zwischen Text und Hintergrund das Lesen.

Negativschrift
Je dunkler das Bild, desto eher greift man zur Schrift in weißer Farbe. Durch die leicht dunkle Hinterlegung wird der Name noch etwas hervorgehoben.

Neben- oder untereinander?
Mehr in die Horizontale oder untereinander – beide Varianten sind gelungen, denn bei beiden ist der Text gut lesbar, und vom Bild ist genug zu sehen.

Ein senkrechter Strich hilft dabei, Name und Beruf optisch besser voneinander zu trennen.

Lesbarkeit

Denken Sie wieder an Ihre Aufgabe, nämlich Informationen zu vermitteln. Eventuell muss der Text an eine andere Stelle gerückt werden, damit er besser lesbar wird.

Unruhiger Hintergrund

Vorsicht, das Bild ist zu unruhig, um als Hintergrund verwendet zu werden. Entweder tauschen Sie das Bild aus, oder Sie arbeiten mit Hinterlegungen.

Transparenz

Um Text lesbar zu machen, wird der Transparenz-Trick angewendet, bei dem der Bereich hinter dem Text abgedunkelt oder aufgehellt wird.

Ein Berliner Nachtclub

Der Berliner Nachtclub BeatGold braucht eine Visitenkarte. Der etwas gehobene Technoclub hat eine strikte Kleiderordnung, Kunden und Zielgruppe sind junge und eher schicke Technohörer. Bei der Innenausstattung des Clubs wurde viel in Goldtönen gearbeitet. Ein Logo oder Schriftzug gibt es noch nicht, wir haben also keinerlei Vorgaben.

Schriftsuche

Eine Schrift wie Technomusik? Da passt keine zarte Schreibschrift, oder? Modern, kräftig, laut – das sind Attribute, die mir im ersten Moment einfallen. Experimentieren Sie doch ein bisschen, aber seien Sie offen. Eventuell ist ja doch die Schreibschrift die richtige Wahl.

Titillium

Die Titillium ist eine Schrift mit einfachen runden Formen in Dünn und Halbfett. Sie wirkt aufgeräumt und eignet sich für modernes und kühles Design. Durch den Einsatz verschiedener Schnitte vermeidet man Langeweile.

Die freundlichen, hellen Farben unterstützen die offene Wirkung und lassen die Bar als gepflegte Räumlichkeit mit Stil und Niveau wirken.

Der Raum der Visitenkarte wird fast komplett eingenommen, trotzdem wirkt die Karte durch die offene Schrift mit den großen Innenräumen nicht voll oder gar beengt.

Heilpraktiker oder Technoclub?

Adobe Garamond Pro und Colaborate

Die Adobe Garamond ist eine verbreitete und häufig verwendete, aber trotzdem immer wieder schön anzusehende und sehr ästhetische Schrift. Durch ihre Serifen hat sie eine klassische und etwas elegante Wirkung; wenig modern, dafür eher traditionell. Passt das zu einer Bar mit Technomusik?

Kombiniert wurde die moderne, serifenlose Colaborate. Die dünne Strichstärke und die große Laufweite sorgen für genügend Licht und Luft und lassen die Schrift erst gar nicht mit der Adobe Garamond in Konkurrenz treten. Auch die großen Unterschiede in der Schriftgröße verhindern ungewollte Konkurrenz.

Aufgrund des wunderschön geschwungenen kleinen »g« hat man sich für die Kleinbuchstabenvariante entschieden. So findet auch die Unterzeile »Der Berliner Nachtclub« sein Plätzchen.

Bei der Aufteilung des freien Raums hat der Goldene Schnitt geholfen: Zwei Drittel der freien Fläche sind unterhalb der Schrift, ein Drittel ist oberhalb.

Die Farben passen zur Adobe Garamond: zurückhaltend, elegant und nicht aufdringlich. Die Bar strahlt, auch wenn es eine Tanzbar mit lauter Musik ist, Eleganz und Stil aus.

Cut

Mit der Schrift Cut haben wir eine ungewöhnliche, schwer lesbare Schrift gewählt. Die Buchstaben sehen aus, als wären sie an einer oder an mehreren Stellen zerschnitten oder zerbrochen und mit einem leichten Versatz wieder zusammengebaut worden. Lauter Sound, der auf die Buchstaben einhämmert und sie damit in einzelne Stücke bricht – eine Assoziation, die naheliegt.

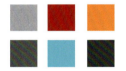

Auch die Farben sind diesmal weder zurückhaltend noch dezent: Das Rot und das Cyan sind reine, kräftige Farben; erst die Kombination mit Grau schwächt sie etwas ab, damit sie nicht zu laut werden.

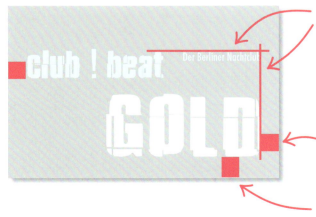

Optische Achsen
»Der Berliner Nachtclub« verbindet durch seine Positionierung die beiden anderen Textblöcke miteinander.

Anordnung der Texte
Optisch gleiche Abstände zwischen Kartenrand und den Texten sorgen für ein ausgeglichenes Bild. Unten darf es wie immer etwas mehr sein.

Swanky and Moo Moo

Eine Schrift mit dem Charakter einer ungleichmäßigen Handschrift wirkt grundsätzlich sehr persönlich. Der Swanky and Moo Moo fehlt es an Eleganz, dafür strahlt sie Fröhlichkeit und Unbeschwertheit aus. Locker statt seriös, individuell statt uniform, freundlich statt reserviert. Bei dieser Schrift hat man keine Sorge, dass man eventuell nicht reingelassen wird. Dazu passt die Syndikat, eine im Vergleich zur Swanky and Moo Moo schlanke Serifenlose, die sich im Hintergrund hält.

Ungewollte Neigung

Jeder Buchstabe der Swanky and Moo Moo hat entweder einen leichten Links- oder Rechtsdrall. Je nach verwendeten Zeichen kann das bei manchen Kombinationen ungewollt komisch aussehen. Hier ist es das »l« von »gold«, das zwischen den beiden Rundungen von »o« und »d« zu weit nach rechts kippt und sich nicht harmonisch einfügen kann.

Das »l« kippt nach rechts.

Jetzt steht das »l« gerade.

Ein kleiner Trick schafft Abhilfe: Färben Sie das »l« in der Hintergrundfarbe ein, so dass es unsichtbar wird. Dann platzieren Sie ein zweites »l« in exakt der gleichen Größe in einem separaten Textrahmen auf der Originalstelle und drehen es um drei Grad nach links – perfekt!

Alternative Farben

Würde man die Schrift mit dem persönlichen und fröhlichen Charakter mit bunten Farben kombinieren, würde man schnell eine Kindergeburtstagsstimmung erzielen. Um den Schritt von fröhlich zu lustig zu vermeiden, verwendet man etwas dunklere und »erwachsene« Farben.

Teleman und Tall Paul

Die Teleman ist schmal und hat sehr kräftige Striche. In Versalbuchstaben wirkt sie sehr gleichmäßig, ausgeglichen, fast monoton, aber trotzdem laut und stark.
Dazu wird die Tall Paul in der Unterzeile kombiniert, eine zarte, unregelmäßige Schrift mit Handschriftcharakter.

Die Tall Paul sorgt für genügend Kontrast zu den Paukenschlägen der Teleman und bringt Schwung in die Karte.

Die schmalen, gleichmäßigen Buchstaben erinnern an Paukenschläge oder an rhythmisches, monotones Trommeln.

Hintergrund

Schrift und Farbe sind gefunden. Wie wäre es mit einem Muster statt eines farbigen Hintergrunds und einem Logo? Nehmen Sie Text- oder Buchstabenteile aus dem Namen, und stellen Sie diese – aufgehellt – in den Hintergrund.

Heilpraktiker oder Technoclub?

Das Markenzeichen

Spielen Sie mit den Elementen aus dem Schriftzug. Das Ausrufezeichen kann zu einer maßgeblichen Form werden, indem es – auf verschiedene Arten – als schmückendes Objekt eingesetzt wird.

Sonderfarben Gold und Silber

Gold und Silber lassen sich im Vierfarbdruck schwer simulieren. Fragen Sie in der Druckerei nach den Kosten für Sonderfarben. Falls Sie trotzdem im Vierfarbdruck drucken wollen, können Sie folgende Farbwerte für die vier Druckfarben (C, M, Y und K) verwenden:

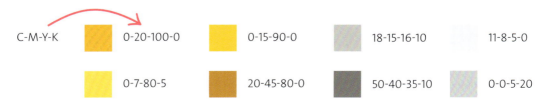

Lege los und lerne dabei

Eine perfekte Speisekarte
Ideale Bindemethoden und harmonische Farben

Wenn Sie eine Gestaltung mit mehreren Seiten entwerfen, müssen Sie vorab klären, wie die Seiten gebunden werden. Manche Bindungen benötigen zusätzlichen Raum, den Sie beim Entwurf beziehungsweise bei der Formatwahl einplanen müssen.

Bindung und Farben

Eine neue Speisekarte für ein Restaurant wird entworfen. Die Seiten sollen nicht gefalzt und ineinandergesteckt, sondern – auch optisch passend – gebunden werden. Die zweite Herausforderung besteht in der Farbwahl: Gerade bei Speisekarten sind die richtigen Farben ein Schlüssel zum Appetit des Lesers.

Bindung

Die Speisekarte besteht aus 16 Seiten inklusive Umschlag. Aufgrund der geringen Seitenanzahl kommt theoretisch jede Art der Bindung in Frage. Da die Spiralbindung mit Metallringen optisch gut zur Speisekarte passt und ausgesprochen strapazierfähig ist, fällt unsere Wahl auf sie. Zudem lassen sich bei dieser Bindung einfach Seiten auswechseln.

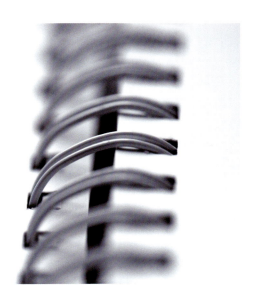

Vorteil Spiralbindung
Die Spiralbindung hat noch einen anderen, entscheidenden Vorteil: Einzelne Seiten können nachträglich eingefügt oder ausgetauscht werden. Ändert sich also das Menüangebot des Restaurants, lässt sich die Karte mit dieser Bindung leicht anpassen.

Bild: Bölling GmbH & Co. KG

Papier für eine Speisekarte
Eine Speisekarte muss widerstandsfähig sein, da sie durch viele Hände geht und schnell einmal bekleckst wird. Erkundigen Sie sich daher in Ihrer Druckerei nach wasser- und reißfestem Papier. Ist das nicht vorhanden, können Sie das Papier auch nach dem Druck noch wasserfest oder abwischbar machen. Eine solche Behandlung wird als Veredelung bezeichnet. Im Bild sehen Sie einen Stahlstich – auch das ist eine mögliche Form der Veredelung.

Umfang und Bindung

Je nach Einsatz und Beanspruchung, aber auch abhängig vom Umfang wählen Sie die Art der Bindung. Die verschiedenen Bindungen unterscheiden sich in der Haltbarkeit, in der Handhabung, in den Kosten und im maximal möglichen Seitenumfang.

Rückstichheftung

Die Rückstichheftung wird auch Klammerheftung oder Drahtheftung genannt. In der Regel ist sie am günstigsten und trotzdem recht robust. Die gefalzten Bögen werden dabei ineinandergesteckt und mit Metalldraht beziehungsweise Klammern zusammengehalten. Die Seitenanzahl ist aber begrenzt, je nach Papierdicke ist bei etwa 80–100 Seiten Schluss.

Spiralbindung

Die Bindung mit Spiralen ist auch als Wire-O-Bindung oder Metallringbindung bekannt. Hier werden die Blätter am Rücken mit einer Lochperforation versehen, in die die einzelnen Gänge der Spirale kommen. Die Spirale kann aus Metall oder Plastik bestehen und verläuft üblicherweise über die gesamte Länge des Bundstegs. Bei dieser Bindung sind große Umfänge auch kein Problem, und die Bindung ist zudem sehr robust. Die Seiten lassen sich leicht blättern und um 360 Grad drehen. Bei der Spiralbindung sollten Sie 1–1,5 Zentimeter freien Raum im Bund einplanen, denn dieser Bereich wird benötigt, um die Löcher zu stanzen. Platzieren Sie also bitte keine Informationen in diesem Bereich.

Ringösenheftung

Die Alternative zur Rückstichheftung ist die Ringösenheftung. Hierbei wird der Heftdraht zu einem Abheftloch geformt. Man wählt zwischen einer 2-fachen und einer 4-fachen Heftung, und der Benutzer kann die Broschüre mit Hilfe der Ringösen direkt abheften.

Bild: diedruckdienstleister.de

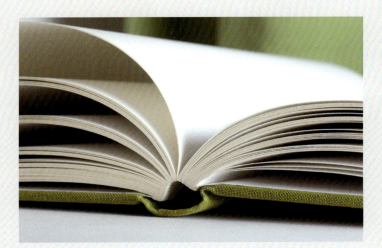

Klebebindung

Die Klebebindung sollten Sie bei größeren Seitenumfängen in Betracht ziehen – 300 Seiten sollten kein Problem sein. Bei der relativ langlebigen Bindung werden die Seiten heiß verklebt. Je umfangreicher das Werk, desto größer sollte der Bundsteg sein, damit der Text nicht im Bund verschwindet.

Fadenheftung

Statt mit Metall kann auch mit einem Faden geheftet werden, was robust, aber auch teurer ist. Die Fadenheftung wird bei Büchern angewendet. Dabei werden die gefalzten Druckbögen mit dem jeweils folgenden Bogen vernäht und anschließend verleimt. Diese Art von Heftung ist hochwertig.

Farben suchen

Eine Farbe steht bereits fest: Mit dem Restaurantnamen »Grünthal« sollte die Farbe Grün in jedem Fall verwendet werden. Die Wahl fällt auf ein dunkles, kräftiges Grün. Es bildet unsere Basisfarbe, da es zum gediegenen, aber dennoch modernen Ambiente des Restaurants passt.

Farbkreis

Mit Hilfe des Farbkreises sollen weitere, passende Farben bestimmt werden. Die Zielgruppe ist ein gehobeneres Publikum mittleren Alters, nicht unbedingt Feinschmecker, sondern eher Kunden, die gut bürgerlich essen gehen. Die Stimmung, die Sie erzielen wollen, soll also seriös und bodenständig sein – der Gast will hier keine Überraschungen erleben.

Gelb, Orange, Rot

Wissenschaftler haben herausgefunden, dass Gelb- und Rottöne den Appetit anregen.

Grün plus Komplementärfarbe

Mit dem Farbkreis suchen wir die Komplementärfarbe des Grüns. Die Komplementärfarbe liegt direkt gegenüber, also ist es das Rot.

Die Kombination ist kontrastreich und auffällig. Allerdings tritt bei dieser Farbkombination ein unerwünschtes Flimmern auf, der sogenannte Flimmerkontrast. Je mehr sich das Rot und das Grün in der Helligkeit ähneln, desto stärker ist die Reaktion unserer Augen auf diese Farben. Auch wenn das Rot eine appetitanregende Farbe ist, kommt diese Kombination wegen des Flimmerns nicht in die engere Auswahl.

Ungeeignet

Hier funktionieren die Farben überhaupt nicht miteinander. Durch den Flimmereffekt ist es ausgesprochen unangenehm anzusehen. Zudem ist Rot eine sehr starke Farbe, die als Hintergrund kaum einsetzbar ist.

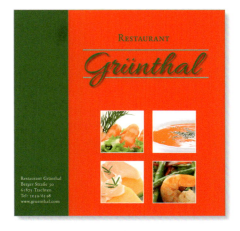

Dreierharmonie

Um etwas Energie und Kontrast herauszunehmen und den Flimmereffekt zu vermeiden, können Sie die geteilte Komplementärfarbe beziehungsweise Dreierharmonie anwenden.

Statt der Komplementärfarbe verwendet man die beiden Farben, die im Farbkreis links und rechts der Komplementärfarbe liegen, hier also Violett und Orange.

Wir entscheiden uns für eine der beiden geteilten Komplementärfarben, nämlich für ein kräftiges Orange.

Achten Sie auf die Helligkeit der gewählten Farben, und wechseln Sie wenn nötig die Schriftfarbe von Schwarz in Weiß.

Lege los und lerne dabei

Dunkel plus analoge Farbreihe

Nun folgt der Versuch mit Grün und der analogen Farbreihe, bei der die benachbarten Farbtöne verwendet werden. Unsere Grundfarbe Grün hat nach der analogen Farbreihe Grüngelb auf der eine Seite und Türkis auf der anderen Seite. Diese Farbmischung wirkt grundsätzlich ruhig und entspannt, und in diesem Fall ist die Gesamtwirkung eher kühl. Mein Favorit!

Das Grüngelb harmoniert mit dem Dunkelgrün. Die Schriftfarbe kann bei dem hellgrünen Hintergrund wieder dunkel werden. Türkis kommt nicht zum Einsatz.

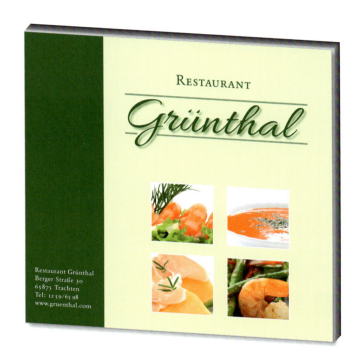

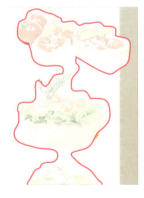

Durch den weißen Hintergrund entsteht eine fließende Form, die den Bilderrand deutlich auflockert.

Eine perfekte Speisekarte

Farbwahl nach Zielgruppenanalyse

Die Zielgruppe haben wir als gehobenes Publikum mittleren Alters, gut bürgerlich bezeichnet. Das Grün als erste Farbe steht nach wie vor fest, die zweite Farbe für den Hintergrund sollte aufgrund der großen Größe zurückhaltend sein. Stellen Sie sich nun eine zielgruppenspezifische Farbsammlung zusammen, aus der Sie wählen.

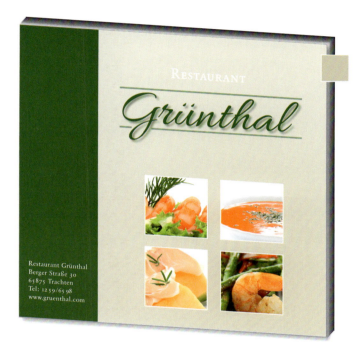

Die zielgruppenspezifische Farbsammlung. Die Wahl fällt auf das Beige. Damit es nicht zu flächig wirkt, versehen Sie es mit einer leichten Struktur, was sich zum Beispiel ganz einfach in einem Bildbearbeitungsprogramm vornehmen lässt.

Diese Farbvariante ist etwas konservativer als der hellgrüne Hintergrund, aber nicht weniger appetitlich.

Lege los und lerne dabei

Broschüre »Locationguide«
Durchschnittsbilder gekonnt aufpeppen

Der Workshop zeigt das Design einer 16-seitigen Broschüre, eines Locationguides von Unterwiesenheim. Vor der besonderen Herausforderung bei diesem Projekt haben Sie sicher auch schon oft gestanden: Die Motive der Bilder sind unglaublich langweilig und zudem teilweise auch noch verwackelt, zu hell, zu dunkel oder haben einen Farbstich.

Broschüre DIN A5
Ein kleiner Urlaubsort präsentiert in einer Broschüre seine lokalen Unternehmen wie Restaurant oder Fahrradverleih. Das vorliegende Bildmaterial ist wenig spannend.

Klare Struktur durch Farbwechsel

Der Locationguide weist eine klare Grundstruktur auf: Abschnittsüberschriften oben, farbige flächige Hintergründe, viele Bilder, wenig Text in aufgehellten Rahmen. Diese Gestaltungselemente sind auf jeder Doppelseite zu finden. Der Rest wie zum Beispiel die Hintergrundfarbe kann variieren, ohne dass die Seiten dadurch ihre Zusammengehörigkeit verlieren.

Motiv herausarbeiten

Das Aufmacherbild zum Café Rondell ist nichtssagend und nicht besonders einladend. Die Lösung heißt hier: Bild beschneiden.

Beschneiden

Das Motiv, das Café, muss im Mittelpunkt stehen. Die Steine im Vordergrund sind irritierend und wenig einladend. Beschneiden Sie das Bild so, dass der Blick des Betrachters nicht abgelenkt wird, sondern sofort auf den Sitzbereich am Wasser gelenkt wird.

Lege los und lerne dabei

Format wechseln

Die Doppelseite des örtlichen Fahrradverleihs wartet mit einem Schwung Bildern mit Fahrradfahrern auf. Das passt zwar zum Thema, ist aber spätestens beim dritten Bild langweilig.

Um Spannung zu erzeugen, können Sie die Formate entgegengesetzt ihrer Wirkung einsetzen. Ein alltägliches Wald- und Wiesenbild, jetzt aber im Hochformat, wird so interessanter.

Kein Standard
Muss es denn überhaupt ein übliches Hoch- oder Querformat sein? Seien Sie kreativ und erfinderisch – und ändern Sie den Ausschnitt in ein gänzlich ungewöhnliches Format.

Wald und Wiesen dürfen auch schon mal ein wenig breitgeschummelt werden.

Bild unterteilen

Das Foto vom Hotel Hofer zeigt einen recht langweiligen Hof bei grauem Himmel. Um das Bild interessanter zu machen, können Sie mit dem Gestaltungsmittel Rahmen arbeiten. Die Rahmen können sich überschneiden, müssen aber nicht.

Schnittstellen beachten
Achten Sie darauf, dass die Bildbereiche, die sich überlagern, ungefähr zueinander passen.

Unterteilen Sie in zwei, drei oder fünf Bildstreifen – mehr als fünf wären zu verwirrend.

Lege los und lerne dabei

Filter und Effekte nutzen

Das Bowlingcenter hat leider nur verwackelte beziehungsweise unscharfe Bilder für die Gestaltung geliefert. Machen Sie aus der Not eine Tugend, und verstärken Sie die Unschärfe mit einem Filter. So sieht es nach einem gewollten Effekt und nicht nach einem Versehen aus.

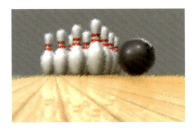

Nur die Keulen wackeln
Der Verwacklungseffekt passt gut zum Thema. Wenn Personen auf dem Bild zu sehen sind, sollten Sie diesen Effekt allerdings nicht benutzen.

Filter und Effekte
Bildbearbeitungsprogramme bieten Filter und Effekte. Hier wurde der Effekt »Ozeanwellen« aus Photoshop CS6 benutzt. Er lässt sich ohne große Bildbearbeitungskenntnisse auf das Bild legen. Unscharfe Bereiche spielen dann keine Rolle mehr.

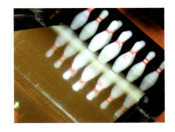

Broschüre »Locationguide«

Schlechtes Bildmaterial

Mit langweiligen und qualitativ schlechten Bildern ein gutes Design zu erzielen ist eine Herausforderung. Mit ein paar Tricks wird es Ihnen aber gelingen.

Gruppenaufnahmen

Auf einer Gruppenaufnahme soll eine Person nachträglich in den Mittelpunkt gestellt werden. Auf dem Foto ist sie aber nicht besonders hervorgehoben.

Das Ausgangsfoto: Alle Kinder sind gleichberechtigt.

Setzen Sie den Rahmen um die Hauptperson. Ein Rahmen wie dieser simuliert eine Polaroid-Aufnahme, der sich sogar beschriften ließe.

Einfach, aber effektiv: Der Bereich mit den unwichtigen Personen wurde aufgehellt.

247

Lege los und lerne dabei

Auch bei dieser Aufnahme wird nicht sofort klar, wer die Hauptperson sein soll.

Hell-Dunkel-Effekt
Durch das Aufhellen beziehungsweise Abdunkeln von bestimmten Bildteilen erzielen Sie Perspektiv-Effekte, fokussieren auf das Wesentliche oder gestalten das Bild einfach interessanter.

Wenn Sie den hinteren Bereich abdunkeln, wird der Fokus automatisch auf die Frau rechts im Bild gesetzt.

Auch Verfremdungseffekte können in solchen Fällen helfen. Programme wie Photoshop und GIMP bieten viele dieser vorgefertigten Effekte. Achten Sie aber darauf, dass der Stil immer noch zur restlichen Gestaltung passt. Hier sehen Sie den Filter »Buntstiftschraffur« aus Photoshop CS6.

Der Filter »Verwackelte Striche« aus Photoshop CS6. Ausgewählte Bereiche werden so unscharf gestellt, dass der Blick des Betrachters automatisch auf den scharfen Bereich, also die rechte Frau, fällt.

Der Filter »Prägepapier« aus Photoshop CS6, der unwichtige Bildbereiche noch deutlicher abschwächt. Hier verschwinden die feinen Bereiche, lediglich grobe Konturen in Grau bleiben übrig, wodurch der Blick des Betrachters wieder auf die rechte der beiden Frauen gelenkt wird.

Schlechte Bildausschnitte
Manche Aufnahmen wirken eher wie Schnappschüsse und zeigen statt eines Hauptmotivs viele zum Teil uninteressante Bilddetails.

Die Bäume im Hintergrund lenken den Blick vom Hauptmotiv ab.

Beseitigen Sie unwichtige und störende Objekte aus dem Bild, indem Sie das Bild beschneiden oder Objekte entfernen.

Lege los und lerne dabei

Langweilige und alltägliche Bilder
Manche Aufnahmen hat man einfach schon zu oft gesehen wie zum Beispiel den Sonnenuntergang über dem Meer oder das Bergpanorama. Solche Bilder verlieren schnell ihren Reiz und machen eventuell auch den Rest der Gestaltung langweilig.

Verändern Sie das Format. Setzen Sie Formate entgegengesetzt ihrer Wirkung ein. Automatisch entsteht ein anderer Fokus, der Berg wirkt gewaltiger, die Wanderer stechen mehr hervor.

Manche Bilder sind wenig interessant, weil das Motiv zu alltäglich und die Art der Aufnahme und der Blickwinkel gewöhnlich sind.

Detaildarstellung
Konzentrieren Sie sich auf ein Detail, und verändern Sie den Bildausschnitt. Schon wirkt das Bild deutlich ansprechender.

Verfremden

Wenn nicht jedes Detail des Bildes erkennbar sein muss, können Sie langweilige Bilder mit Hilfe von Filtern verfremden. Dieses Bild zeigt ein exotisches Tier, die Aufnahme selbst ist aber wenig gelungen. Sie ist matt, ein richtiges Zentrum fehlt.

Der Filter »Leuchtende Konturen« aus Photoshop CS6 schwärzt die hellen Bereiche des Bildes, die Konturen des Motivs erhalten einen Neon-Look.

Der Filter »Strichumsetzung« aus Photoshop CS6. Das Bild sieht nun aus, als sei es mit schwarzen, feinen Federstrichen gezeichnet, der fotografische Eindruck verschwindet.

Der Filter »Mit Struktur versehen« aus Photoshop CS6. Dieser Strukturierungsfilter raut die Oberfläche des Bildes optisch auf.

Lege los und lerne dabei

Theaterprogramm im Zickzackfalz
Viel Text, aber wenig Platz

Wahrscheinlich besteht eine der häufigsten Aufgaben eines Designers darin, viele Informationen übersichtlich auf wenig Platz unterzubringen. Häufig hat der Kunde viel Text und einige Bilder, die man verwerten soll. Sie stehen also immer wieder vor der Aufgabe, viele Informationen auf kleinem Raum nicht nur lesbar, sondern auch ansprechend zu gestalten.

Viel Text im Programm

Ein Theater informiert über sein Programm der nächsten Monate. Der Flyer, in einem Format von 160 × 200 Millimetern und im Zickzack gefalzt, hat eine begrenzte Seitenanzahl. Wir stehen vor der Herausforderung, wenig Platz für viel Text zu haben und diesen so unterzubringen, dass keine Textwüsten entstehen.

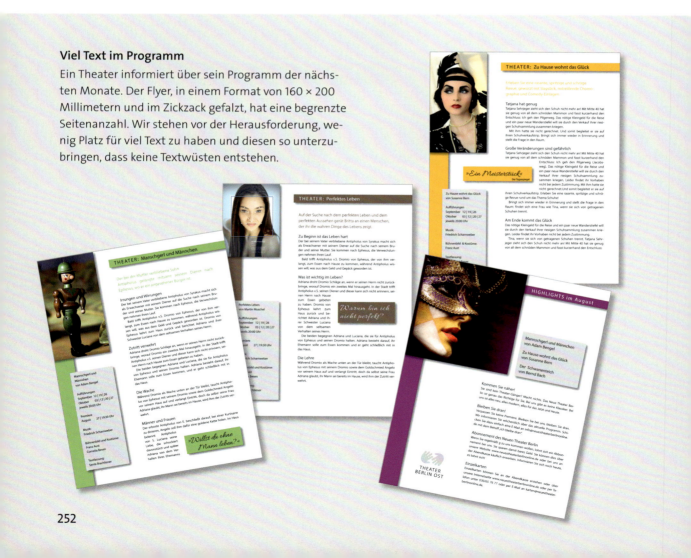

Theaterprogramm im Zickzackfalz

Satzspiegel

Der Satzspiegel ist verhältnismäßig groß gewählt, damit wir viel Material unterbringen können. Da die Texte unterschiedlich lang sind, enden sie auch nicht immer an der gleichen Stelle. Dies sollte Ihnen kein Kopfzerbrechen bereiten. Es gibt genug gleiche Attribute auf jeder Seite, die der Broschüre ein einheitliches und professionelles Erscheinungsbild geben.

Kein links und rechts
Da wir keine linken und rechten Seiten haben, wechselt der Satzspiegel nicht – die Breite des Stegs innen und des Stegs außen sind identisch.

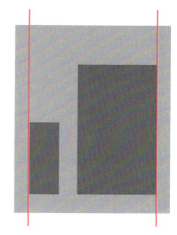

Reihenfolge beim Zickzackfalz

Achten Sie auf die Seitenreihenfolge. Da der Flyer im Zickzack gefalzt wird, ist die Reihenfolge schnell durchschaut. Wir haben also drei nebeneinanderliegende Seiten vorn und drei hinten. Ein Musterfalz als Vorlage kann aber trotzdem nicht schaden.

Nach vorn und nach hinten
Beim Zickzackfalz werden die Seiten abwechselnd nach vorn und hinten gefalzt.

Wie vermeidet man Textwüsten?

Den Inhalt sollten Sie so gestalten, dass er zum Lesen einlädt und verführt. Erinnern Sie sich an die drei Schritte der Gestaltung aus dem ersten Kapitel: Die Zielgruppe, nämlich theaterinteressierte oder doch zumindest kulturinteressierte Menschen von jung bis alt bilden die Zielgruppe. Die Aufmerksamkeit gewinnen Sie mit einer interessanten Titelseite, und die Informationen, die Sie vermitteln wollen, sollten gut gegliedert und übersichtlich sein, damit Sie die Leser zum Lesen einladen. Aber damit Text nicht nur lesbar ist, sondern vor allem auch Lust auf Lesen macht, bedarf es einer fachkundigen Gestaltung wie auch der Berücksichtigung einiger typografischer Regeln. Textwüsten sollten Sie dabei vermeiden.

Verschiedene Faktoren tragen zur Lesbarkeit eines Textes bei. Gerade wenn wenig Platz zur Verfügung steht und es eng wird, sollte man einige Regeln beachten, um den Text platzsparend, aber trotzdem lesbar zu gestalten.

Die Schriftgröße
Wer nur wenig Platz hat, könnte auf die Idee kommen, einfach die Schriftgröße zu verkleinern. Das ist aber keine gute Idee, es sei denn, Sie wollen einen Vertrag gestalten, bei dem man froh ist, wenn der Leser »das Kleingedruckte« übersieht. Ihr Ziel sollte es sein, einen lesbaren Text zu gestalten. Wer längeren Text verarbeitet, sollte eine Mindestgröße von 8 bis 9 Punkt wählen.

6 Punkt Arial
Wer nur wenig Platz hat, könnte auf die Idee kommen, die Schriftgröße zu verkleinern. Das ist aber keine gute Idee, es sei denn, Sie wollen einen Vertrag gestalten, bei dem man froh ist, wenn der Leser »das Kleingedruckte« übersieht. Ihr Ziel sollte es sein, einen lesbaren Text zu gestalten. Und der sollte nicht kleiner sein als 7 bis 8 Punkt, wobei die Schriftgröße von 7 Punkt auch nur für einzelne Zeilen zumutbar ist.

7 Punkt Arial
Wer nur wenig Platz hat, könnte auf die Idee kommen, die Schriftgröße zu verkleinern. Das ist aber keine gute Idee, es sei denn, Sie wollen einen Vertrag gestalten, bei dem man froh ist, wenn der Leser »das Kleingedruckte« übersieht. Ihr Ziel sollte es sein, einen lesbaren Text zu gestalten. Und der sollte nicht kleiner sein als 7 bis 8 Punkt, wobei die Schriftgröße von 7 Punkt auch nur für einzelne Zeilen zumutbar ist.

8 Punkt Arial
Wer nur wenig Platz hat, könnte auf die Idee kommen, die Schriftgröße zu verkleinern. Das ist aber keine gute Idee, es sei denn, Sie wollen einen Vertrag gestalten, bei dem man froh ist, wenn der Leser »das Kleingedruckte« übersieht. Ihr Ziel sollte es sein, einen lesbaren Text zu gestalten. Und der sollte nicht kleiner sein als 7 bis 8 Punkt, wobei die Schriftgröße von 7 Punkt auch nur für einzelne Zeilen zumutbar ist.

Die Schriftbreite

Um Platz zu sparen, greift man gerne zu einer schmalen Schrift, die auch als Condensed bezeichnet wird. Achten Sie darauf, dass die Strichstärke angemessen und die Schrift – vor allem bei kostenlosen Schriften – nicht zu schmal ist, damit die Lesbarkeit erhalten bleibt. Es gibt auch schmale Serifenschriften; die Serifenlosen lassen sich aber als schmale Variante meistens besser lesen.

Myriad Pro Regular 9 pt
Um Platz zu sparen, greift man gerne zu einer schmalen Schrift, die auch als Condensed bezeichnet wird. Achten Sie darauf, dass die Strichstärke angemessen und die Schrift – vor allem bei kostenlosen Schriften – nicht zu schmal ist, damit die Lesbarkeit erhalten bleibt. Es gibt auch schmale Serifenschriften; die Serifenlosen lassen sich aber in der Condensed-Variante meistens besser lesen.

Verwendet man statt der Myriad Pro Regular die schmale Variante Myriad Pro Condensed, spart man in diesem Beispiel immerhin 1 bis 2 Textzeilen ein.

Myriad Pro Condensed
Um Platz zu sparen, greift man gerne zu einer schmalen Schrift, die auch als Condensed bezeichnet wird. Achten Sie darauf, dass die Strichstärke angemessen und die Schrift – vor allem bei kostenlosen Schriften – nicht zu schmal ist, damit die Lesbarkeit erhalten bleibt. Es gibt auch schmale Serifenschriften; die Serifenlosen lassen sich aber in der Condensed-Variante meistens besser lesen.

Myriad Pro Condensed
Um Platz zu sparen, greift man gerne zu einer schmalen Schrift, die auch als Condensed bezeichnet wird. Achten Sie darauf, dass die Strichstärke angemessen und die Schrift – vor allem bei kostenlosen Schriften – nicht zu schmal ist, damit die Lesbarkeit erhalten bleibt. Es gibt auch schmale Serifenschriften; die Serifenlosen lassen sich aber in der Condensed-Variante meistens besser lesen.

Die Laufweite wurde hier unverändert übernommen. Der Text wirkt leicht gedrängt, was bei einer schmalen Schrift fast immer der Fall ist.

Hier wurde die Laufweite leicht erhöht. Der Textblock wirkt nicht mehr so dunkel und ist viel besser lesbar, trotzdem ergibt sich noch eine Platzersparnis.

Schriften besser vergleichen

Vergleichen Sie die Schriften, und zwar nicht nur anhand eines Wortes, sondern am besten auf einer bereits gesetzten Seite. Die Wirkung und auch die Lesbarkeit sind nämlich auch von der Menge des Textes abhängig – ein Wort oder eine Zeile können anders wirken als ein ganzer Absatz.

Lege los und lerne dabei

Die x-Höhe
Als Mittellänge oder x-Höhe bezeichnet man die Strecke von der Schriftlinie der Buchstaben bis zur Oberkante der Kleinbuchstaben wie dem »n«, dem »x« oder dem »a«. Schriften mit einer großen x-Höhe wirken meist offener und lassen sich somit auch in kleinen Größen besser lesen.

Buchstabenform
Je verspielter die Schrift, desto schlechter lesbar ist sie in kleinen Größen.

in kleinen Größen schlecht lesbar

Tall Paul
Susie's Hand
Quigley Wiggly

gut lesbar

TheSansOsF SemiLight
News Gothic MT
OFL Sorts Mill Goudy

Der Zeilenabstand
Der Zeilenabstand sollte etwa 120 % der Schriftgröße betragen. Also wählen Sie bei einer Schrift von 10 Punkt einen Zeilenabstand von 12 Punkt. Ausnahmen gibt es leider viele, besonders bei Schreib- und Zierschriften. Auch bei so manchen Serifenschriften sind die tatsächlichen Schriftgrößen deutlich kleiner, so dass manchmal auch 100 % für den Zeilenabstand genug sind.

TheSansOsF
20 Punkt Größe
120 % Zeilenabstand

Der Zeilenabstand
von Grundlinie zu Grundlinie

Rabiohead
20 Punkt Größe
100 % Zeilenabstand

Der Zeilenabstand
von Grundlinie zu Grundlinie

Theaterprogramm im Zickzackfalz

Die Zeilenlänge

Besonders bei längeren Texten dürfen die Zeilen weder zu lang noch zu kurz sein. Bei sehr kurzen Zeilen muss der Leser zu viel springen; zu lange Zeilen lassen sich nicht mehr mit einem Blick erfassen, und man rutscht beim Zeilenwechsel schnell in die falsche Zeile. Die optimale Zeilenlänge liegt zwischen 50 und 70 Zeichen pro Zeile. Ist die Seite breit genug, unterteilt man den Text in mehrere Spalten. Der Abstand zwischen den Spalten sollte etwas größer sein als die Schriftgröße.

Circa 50 Zeichen pro Zeile

Besonders bei längeren Texten dürfen die Zeilen weder zu lang noch zu kurz sein. Bei sehr kurzen Zeilen muss der Leser zu viel springen; zu lange Zeilen lassen sich nicht mehr mit einem Blick erfassen, und man rutscht beim Zeilenwechsel schnell in die falsche Zeile. Die optimale Zeilenlänge liegt zwischen 50 und 70 Zeichen pro Zeile. Ist die Seite breit genug, unterteilt man den Text in mehrere Spalten. Der Abstand zwischen den Spalten sollte etwas größer sein als die Schriftgröße.

Circa 20 Zeichen pro Zeile

Besonders bei längeren Texten dürfen die Zeilen weder zu lang noch zu kurz sein. Bei sehr kurzen Zeilen muss der Leser zu viel springen; zu lange Zeilen lassen sich nicht mehr mit einem Blick erfassen, und man rutscht beim Zeilenwechsel schnell

Die Marginalspalte

Sie haben Zusatzinformationen, kleine Abbildungen, Bildunterschriften und anderen Krimskrams? Dann sollten Sie eine Marginalspalte einsetzen. Diese Randspalte kann allerlei Randinformationen enthalten, die nicht in den Fließtext gehören und diesen nur unnötig unterbrechen würden. Die Marginalspalte wird in der Regel am Außenrand der Seite platziert und sollte maximal halb so breit sein wie der einspaltige Grundtext.

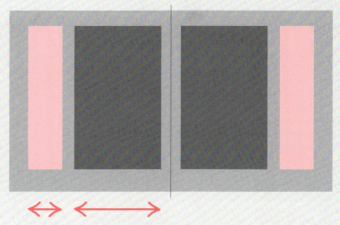

Hier ist die Fließtextspalte 2,5 × so groß wie die Marginalspalte.

Lege los und lerne dabei

Auflockern
Wer viel Text und wenig Bildmaterial hat, muss eben anders auflockern, damit keine Bleiwüste entsteht. Versuchen Sie, mit so vielen kleinen Teilen wie möglich zu arbeiten.

- **Setzen Sie Farben ein.**
Färben Sie Text ein, aber bitte lassen Sie es deswegen nicht gleich zu bunt werden. Sie können auch Farbtöne von vorhandenen Farben verwenden, um der Bunt-Falle zu entkommen. Eine kräftige dunkle Farbe als Grundfarbe und dazu beispielsweise Farbtöne in 80 %, 60 % und 20 % bringen schon eine Menge Abwechslung.

- **Unterteilen Sie.**
Fügen Sie – nach Absprache mit dem Kunden – mehr Zwischenüberschriften in den Text ein. Dies lockert auf und zerreißt nicht zwingend den Inhalt.

- **Separieren Sie.**
Versuchen Sie, einzelne Informationen separat unterzubringen, beispielsweise in Kästen. Sie haben ein Zitat im Text? Kopieren Sie es, und setzen Sie es zusätzlich optisch aufbereitet als schmückendes Bild ein.

Theaterprogramm im Zickzackfalz

■ **Arbeiten Sie mit Einzügen.**
Bei längeren Textblöcken sollte man jeden Absatz mit einem Einzug beginnen. Dabei wird die erste Zeile eines Absatzes links eingezogen. Die Breite des Einzugs entspricht etwa der Schriftgröße.

Irrungen und Wirrungen
Der bei seinem Vater verbliebene Antipholus von Syrakus macht sich als Erwachsener mit seinem Diener auf die Suche nach seinem Bruder und seiner Mutter. Sie kommen nach Ephesus, die Verwechslungen nehmen ihren Lauf.
 Bald trifft Antipholus v. S. Dromio von Ephesus, der von ihm verlangt, zum Essen nach Hause zu kommen, während Antipholus wissen will, was

Zutritt verwehrt
In der Stadt trifft Antipholus v. S. seinen Diener und dieser kann sich nicht erinnern, seinen Herrn nach Hause zum Essen gebeten zu haben.
    Die beiden begegnen Adriana und Luciana, die sie für Antipholus von Ephesus und seinen Dromio halten. Adriana besteht darauf, ihr Ehemann solle zum Essen kommen, und er geht schließlich mit in das Haus.

Hier ist der Einzug zu gering. Man kann ihn kaum erkennen.

Hier ist der Einzug gelungen.

Eine geeignete Größe für einen Einzug ist ein Geviert.

■ **Verwenden Sie ein Initial.**
Ein großer Anfangsbuchstabe am Beginn eines Absatzes lockert auf. Hier gilt allerdings: Weniger ist mehr. Sie sollten Initiale also nur verwenden, wenn der Text nicht zu viele Absätze aufweist.

Bald trifft Antipholus v. S. Dromio von Ephesus, der von ihm verlangt, zum Essen nach Hause zu kommen, während Antipholus wissen will, was aus dem Geld und Gepäck geworden ist. Dromio von Ephesus kehrt zum Haus zurück und berichtet Adriana und ihrer Schwester Luciana von dem seltsamen Verhalten seines Herrn.

bald trifft Antipholus v. S. Dromio von Ephesus, der von ihm verlangt, zum Essen nach Hause zu kommen, während Antipholus wissen will, was aus dem Geld und Gepäck geworden ist. Dromio von Ephesus kehrt zum Haus zurück und berichtet Adriana und ihrer Schwester Luciana von dem seltsamen Verhalten seines Herrn.

Ein sogenanntes hängendes Initial steht außerhalb des Textes.

 ald trifft Antipholus v. S. Dromio von Ephesus, der von ihm verlangt, zum Essen nach Hause zu kommen, während Antipholus wissen will, was aus dem Geld und Gepäck geworden ist. Dromio von Ephesus kehrt zum Haus zurück und berichtet Adriana und ihrer Schwester Luciana von dem seltsamen Verhalten seines Herrn.

Lege los und lerne dabei

Abgewandelt

Die Seite mit den Highlights sieht zwar anders aus, da sie andere Inhalte hat – das Design ist aber trotzdem so gehalten, dass auf einen Blick klar wird, dass die Seiten zusammengehören.

Wiedererkennung

Jede Seite kann für sich betrachtet werden, die Gestaltung ist aber konsequent durchgehalten. Überschriften und Untertitel sind identisch, genauso der Grundtext und die zusätzlichen Angaben.

Der hellgraue Kasten steht an einer anderen Stelle, und das Bild links oben hat eine andere Breite. Trotzdem ist der rote Faden in der Gestaltung klar zu erkennen, die Seiten bilden optisch eine Einheit.

Schatten

Für Tiefe und Räumlichkeit sorgt der Schatten, ein beliebtes Gestaltungselement. Achten Sie darauf, dass er überall identisch ist. Aber Vorsicht: Er darf weder einen zu großen Abstand haben noch zu dunkel sein, sonst wirkt er zu tief und somit schnell unheimlich.

In der Regel lässt man den Schatten nicht zu einem dunklen Schwarz, sondern nur zu einem Grau oder Dunkelgrau auslaufen. Dies wirkt nicht so düster.

Farbe oder Schwarzweiß?

Farbige Schatten wirken schnell unnatürlich. Das kann eine gewollte Wirkung sein, in unserem Fall würde es aber nicht passen.

Lege los und lerne dabei

Platz für Zusatzinformationen

Häufig werden Zusatzinformationen in separaten Textblöcken beziehungsweise Kästen untergebracht. Dies hat mehrere Vorteile: Zum einen lockert es die Seite optisch auf, zum anderen kann der Leser diese Informationen schnell und auf einen Blick erfassen.

Kastendesign

Grundsätzlich gilt: Der Kasten darf auffallen, soll sich aber trotzdem in die Gestaltung einfügen. Dabei helfen durchgängig verwendete Gestaltungselemente.

Der Schatten des Kastens wird auch in anderen Bereichen der Gestaltung eingesetzt.

Die Hintergrundfarbe des Kastens macht ihn als solchen erkennbar, bleibt aber dezent.

Aufgrund seiner Position weist der Kasten mit dem Bild darüber eine bündige rechte Kante auf. Seine untere Kante endet an der Satzspiegelkante.

Farbe im Kasten

Wenn der Kasten farbig etwas mehr auffallen soll, dann können Sie eine Farbe verwenden, die Sie bereits an anderer Stelle eingesetzt haben. Voraussetzung dafür ist aber, dass die beiden mit der gleichen Farbe gefärbten Bereiche inhaltlich zusammengehören.

So geht es auch: Sie wollen mehr Farbe ins Spiel bringen? Verwenden Sie eine Abstufung der vorherrschenden Farbe.

Vergleichbare Kästen

Immer wieder Kästen mit vergleichbaren Zusatzinformationen? Dann erleichtern Sie sich die Gestaltungs- und dem Leser die Tüftelarbeit, und verwenden Sie immer wieder das gleiche Design.

Variationen

Wenn die Zusatzinformationen im Kasten deutlicher separiert werden sollen, dann greifen Sie zu einer neuen Farbe. Diese kann zum Beispiel aus dem Bild stammen.

263

Lege los und lerne dabei

Ein Kleingartenverein in Zahlen

Diagramme und Tabellen gestalten

Geht es Ihnen nicht genauso? Zahlen lassen sich oft nur schwer merken und vor allem verstehen, wenn sie nebenbei im Fließtext erwähnt werden. Hingegen nehmen wir Informationen, die visuell dargestellt werden, viel leichter auf. Diagramme sind eine gute Möglichkeit, trockene Zahlen optisch so aufzubereiten, dass sie dem Betrachter eingänglich sind.

Tabellen und Diagramme
Die Vereinszeitung eines Kleingartens im Querformat enthält verschiedene besondere Elemente. Die Herausforderung liegt in der Gestaltung der Tabelle und des Diagramms.

Ein Kleingartenverein in Zahlen

Diagramme

Um Werte miteinander zu vergleichen, eignen sich Diagramme. Es gibt sie in verschiedensten Formen und Arten.

Excel und PowerPoint
Wenn Sie Excel oder PowerPoint auf Ihrem Rechner haben, können Sie Zahlen ganz leicht in ein Diagramm umsetzen, sozusagen vollautomatisch. Auch FreeHand und Illustrator beherrschen das.

Zahlentext oder Tabelle?

»Für Obstgehölze und mehrjährige Nutzpflanzen gilt bei einem Pächterwechsel folgende Regelung: Von den Stachel- und Johannisbeersträuchern sind maximal 12 Stück mit jeweils 4,–, 5,– und 6,– Euro zu berechnen, abhängig von Alter und Pflegezustand. Auch bei Blaubeeren kann der alte Pächter maxima 12 Stück berechnen, die Preise liegen bei 8,– Euro, 10,– Euro und 11,– Euro. Weinreben sind auf maximal 5 beschränkt (...)«

Komplexe Informationen wie diese sind im Fließtext schwer zu erfassen. Wohl dem, der daraus eine Tabelle gestaltet. Ein schlichtes Design hilft dabei, die Informationen zu erfassen.

Pächterwechsel
In die Bewertung sind Wuchs, Alter, Pflegezustand und die noch zu erwartenden Ertragsjahre einzubeziehen.

Nutzpflanzen Pflanzenart	Bewertungshöchstmenge	€ / Stück je nach Alter und Pflegezustand		
Stachel- und Johannisbeersträucher	12 Stck/Pz.	4,–	5,–	6,–
Blaubeeren	12 Stck/Pz.	8,–	10,–	11,–
Weinreben	5 Stck/Pz.	6,–	8,–	12,–
Brombeeren	5 Stck/Pz.	1,–	2,–	3,–
Erdbeeren	50 Stck/Pz.	2,–	3,–	4,–

Lege los und lerne dabei

Tabellendesign

Tabellen bestehen aus Zahlenreihen, die horizontal und vertikal gegliedert sind. Sie sollen in erster Linie übersichtlich, aber auch optisch ansprechend sein. Ähnlich wie Diagramme sind sie dazu da, um Zahlen optisch aufzubereiten und gut vergleichbar zu machen. Denken Sie also an diesen Vorteil, und machen Sie ihn sich zunutze, wenn Sie eine Tabelle gestalten.

Immer erklären

Auch bei einer übersichtlichen Gestaltung sollten Sie den Inhalt der Tabelle kurz beschreiben. In unserem Fall hieße das: »Die Tabelle zeigt die Kosten für die Obstgehölze und Nutzpflanzen, die bei einem Pächterwechsel vom neuen Pächter zu zahlen sind.«

Pächterwechsel
In die Bewertung sind Wuchs, Alter, Pflegezustand und die noch zu erwartenden Ertragsjahre einzubeziehen.

Nutzpflanzen

Pflanzenart	Bewertungs-höchstmenge	€ / Stück je nach Alter und Pflegezustand		
Stachel- und Johannisbeersträucher	12 Stck/Pz.	4,–	5,–	6,–
Blaubeeren	12 Stck/Pz.	8,–	10,–	11,–
Weinreben	5 Stck/Pz.	6,–	8,–	12,–
Brombeeren	5 Stck/Pz.	1,–	2,–	3,–
Erdbeeren	50 Stck/Pz.	2,–	3,–	4,–

Das Design

Von flippig bis konservativ, alles ist möglich. Das Tabellendesign muss natürlich zum Thema und in den Kontext passen. In unserem Fall können Sie mit Farben und Formen spielen.

Pächterwechsel
In die Bewertung sind Wuchs, Alter, Pflegezustand und die noch zu erwartenden Ertragsjahre einzubeziehen.

Nutzpflanzen

Pflanzenart	Bewertungs-höchstmenge	€ / Stück je nach Alter und Pflegezustand		
Stachel- und Johannisbeersträucher	12 Stck/Pz.	4,–	5,–	6,–
Kirschen	12 Stck/Pz.	8,–	10,–	11,–
Äpfelbäume	5 Stck/Pz.	6,–	8,–	12,–
Brombeeren	5 Stck/Pz.	1,–	2,–	3,–
Erdbeeren	50 Stck/Pz.	2,–	3,–	4,–

Pächterwechsel
In die Bewertung sind Wuchs, Alter, Pflegezustand und die noch zu erwartenden Ertragsjahre einzubeziehen.

Nutzpflanzen

Pflanzenart	Bewertungs-höchstmenge	€ / Stück je nach Alter und Pflegezustand		
Stachel- und Johannisbeersträucher	12 Stck/Pz.	4,–	5,–	6,–
Kirschen	12 Stck/Pz.	8,–	10,–	11,–
Äpfelbäume	5 Stck/Pz.	6,–	8,–	12,–
Brombeeren	5 Stck/Pz.	1,–	2,–	3,–
Erdbeeren	50 Stck/Pz.	2,–	3,–	4,–

Ein Kleingartenverein in Zahlen

Vertikale Unterteilung

Durch die Tatsache, dass der Abstand zwischen den Spalten in der Regel größer ist als der Abstand zwischen den Zeilen, entstehen optisch Kolonnen. Dies ist nicht grundsätzlich ein Problem, wir sollten es beim Design aber im Hinterkopf haben.

Vertikale Kolonnen
Durch die freien Räume sind schnell vertikale Kolonnen zu erkennen. Häufig sind vertikale Linien daher überflüssig oder zumindest – wie hier im Beispiel – nicht notwendig. Nur wenn die Breite der Spalten unterschiedlich ist, sollte man vertikale Linien einsetzen.

Vertikale Linien haben meist einen schmückenden Charakter.

Pächterwechsel
In die Bewertung sind Wuchs, Alter, Pflegezustand und die noch zu erwartenden Ertragsjahre einzubeziehen.

Nutzpflanzen

Pflanzenart	Bewertungs-höchstmenge	€/Stück je nach Alter und Pflegezustand		
Stachel- und Johannisbeersträucher	12 Stck/Pz.	4,–	5,–	6,–
Blaubeeren	12 Stck/Pz.	8,–	10,–	11,–
Weinreben	5 Stck/Pz.	6,–	8,–	12,–
Brombeeren	5 Stck/Pz.	1,–	2,–	3,–
Erdbeeren	50 Stck/Pz.	2,–	3,–	4,–

Horizontale Unterteilung

Üblicherweise liest man eine Tabelle Zeile für Zeile, in horizontaler Richtung. Aufgrund der vertikalen Kolonnen, die automatisch entstehen, müssen Sie nun besonders darauf achten, dass Sie den Betrachter in horizontaler Richtung führen.

Abstand
Der Abstand zwischen Schrift und Linie sollte etwa so groß sein wie der Zeilenabstand in einer zweizeiligen Tabellenzelle.

Wenn der Abstand zwischen Schrift und Linie zu groß ist, fällt die Tabelle auseinander.

Nutzpflanzen

Pflanzenart	Bewertungshöchstmen
Stachel- und Johannisbeersträucher	12 Stck/Pz
Blaubeeren	12 Stck/Pz
Weinreben	5 Stck/Pz
Brombeeren	5 Stck/Pz
Erdbeeren	50 Stck/Pz

Linienstärke

Sie haben die Wahl: Wenn die Linien lediglich führen sollen, dann sollte sich die Stärke an der Strichstärke der Schrift orientieren. Üblicherweise verwendet man dann eine Linienstärke von 0,3 bis maximal 0,5 Punkt. Wenn Sie die Linie aber auch als Schmuck oder als Kontrastmittel verwenden wollen, dann sollten Sie zu einer dickeren Linienstärke greifen, etwa 2 Punkt – und bitte nicht in Schwarz, sonst erinnert Ihre Tabelle an Gitterstäbe im Gefängnis. Eine Zwischenlösung mit einer Stärke von 1 Punkt ist meistens unpassend.

Die horizontalen Linien in der Tabelle dürfen auf keinen Fall dicker sein als die Linie unter dem Tabellenkopf.

Schmückend oder führend?

Hier sollen die Linien nicht schmücken, sondern das Auge führen. Daher dürfen sie nicht zu dick sein.

Flächen statt Linien

Wer nicht auf eine Unterteilung verzichten möchte, kann statt Linien auch mit Flächen arbeiten. Sie können wechselnde Farben oder den Wechsel zwischen farbigem und weißem Hintergrund wählen.

Kontrast

Achten Sie auf genügend Kontrast zwischen Schrift- und Hintergrundfarbe.

Ganz ohne Linien

Auch das ist möglich: eine Tabelle ganz ohne Linien. Allerdings sollten Sie diese Variante nur einsetzen, wenn die Inhalte der Tabelle nicht zu unterschiedlich sind. Bei sehr ungleichen Zahlen oder stark unterschiedlich langen Texten wird es sonst zu unruhig.

Tabellenkopf

Gerade wenn Sie ohne Linien arbeiten, sollten Sie den Tabellenkopf besonders hervorheben, beispielsweise mit Farbe oder einer anderen Auszeichnung.

Ein leicht erhöhter Zeilenabstand verbessert die Lesbarkeit.

Nutzpflanzen				
Pflanzenart	Bewertungs-höchstmenge	€/Stück je nach Alter und Pflegezustand		
Johannisbeersträucher	12 Stck/Pz.	4,–	5,–	6,–
Kirschen	12 Stck/Pz.	8,–	10,–	11,–
Äpfelbäume	5 Stck/Pz.	6,–	8,–	12,–
Brombeeren	5 Stck/Pz.	1,–	2,–	3,–
Erdbeeren	50 Stck/Pz.	2,–	3,–	4,–
Pflaumen	10 Stck/Pz.	5,–	6,–	8,–
Birnen	5 Stck/Pz.	1,–	2,–	3,–
Karotten	30 Stck/Pz.	2,–	3,–	4,–

Bitte keine Traueranzeige

Ein Rahmen um die Tabelle ist meistens nicht schön und erinnert schnell an eine Todesanzeige. Wenn der Kunde auf einen Rahmen besteht, dann sollte dieser nicht schwarz sein.

Pächterwechsel
In die Bewertung sind Wuchs, Alter, Pflegezustand und die noch zu erwartenden Ertragsjahre einzubeziehen.

Nutzpflanzen				
Pflanzenart	Bewertungs-höchstmenge	€/Stück je nach Alter und Pflegezustand		
Stachel- und Johannisbeersträucher	12 Stck/Pz.	4,–	5,–	6,–
Blaubeeren	12 Stck/Pz.	8,–	10,–	11,–
Weinreben	5 Stck/Pz.	6,–	8,–	12,–
Brombeeren	5 Stck/Pz.	1,–	2,–	3,–
Erdbeeren	50 Stck/Pz.	2,–	3,–	4,–

Die grüne Hinterlegung ist sinnvoll und fügt sich harmonisch ins Bild ein. Der schwarze Rahmen hingegen erinnert an eine Todesanzeige.

Pächterwechsel
In die Bewertung sind Wuchs, Alter, Pflegezustand und die noch zu erwartenden Ertragsjahre einzubeziehen.

Nutzpflanzen				
Pflanzenart	Bewertungs-höchstmenge	€/Stück je nach Alter und Pflegezustand		
Stachel- und Johannisbeersträucher	12 Stck/Pz.	4,–	5,–	6,–
Blaubeeren	12 Stck/Pz.	8,–	10,–	11,–
Weinreben	5 Stck/Pz.	6,–	8,–	12,–
Brombeeren	5 Stck/Pz.	1,–	2,–	3,–
Erdbeeren	50 Stck/Pz.	2,–	3,–	4,–

Der Rahmen ist jetzt in der gleichen hellen Farbe gefärbt wie die Linien und die Hinterlegung. Er wirkt dadurch leichter und die gesamte Gestaltung harmonisch.

Textausrichtung

Bitte machen Sie sich die Mühe, verschiedene Kolonnen und Zeilen entsprechend ihres Inhalts auszurichten. Eine Tabelle, in der man der Einfachheit halber alles linksbündig setzt, ist – je nach Inhalt – unübersichtlich und verleitet höchstens zum Weiterblättern.

Nicht ausgerichtet

Die rechte Spalte ist rechtsbündig ausgerichtet. Allerdings verhindert das Sternchen, dass die Dezimalkommas untereinanderstehen.

€/Stück je nach Alter und Pflegezustand		
4,–	5,–	6,–*
8,–	10,–*	11,–
6,–*	8,–	12,–
1,–	2,–*	3,–*
2,–*	3,–	4,–
5,–	6,–*	8,–*

❌

Dezimalkommas untereinander

Hier ist der rechte Rand zwar ausgefranst, aber die Kommas stehen untereinander, und die Zahlen lassen sich deswegen besser lesen.

€/Stück je nach Alter und Pflegezustand		
4,–	5,–	6,–*
8,–	10,–*	11,–
6,–*	8,–	12,–
1,–	2,–*	3,–*
2,–*	3,–	4,–
5,–	6,–*	8,–*

✅

Textauszeichnung

Wenn Sie bestimmte Zahlen besonders hervorheben möchten, können Sie das Tabellenfeld, die Zeile oder die Spalte mit einer Fläche hinterlegen. Sie können zum Beispiel auch einen fetten Schriftschnitt verwenden oder die Schrift einfärben.

Zellen hervorheben

Einzelne Zellen können farbig hinterlegt oder eingerahmt werden.

Pächterwechsel
In die Bewertung sind Wuchs, Alter, Pflegezustand und die noch zu erwartenden Ertragsjahre einzubeziehen.

Nutzpflanzen

Pflanzenart	Bewertungshöchstmenge	€/Stück je nach Alter und Pflegezustand		
Stachel- und Johannisbeersträucher	12 Stck/Pz.	4,–	5,–	6,–
Blaubeeren	12 Stck/Pz.	8,–	10,–	11,–
Weinreben	5 Stck/Pz.	6,–	8,–	12,–
Brombeeren	5 Stck/Pz.	1,–	2,–	3,–
Erdbeeren	50 Stck/Pz.	2,–	3,–	4,–

Ein Kleingartenverein in Zahlen

Umfrage als Diagramm

Im Verein wurde eine Umfrage durchgeführt, was den Gärtnern am wichtigsten ist, und Sie als Designer sollen die Ergebnisse optisch ansprechend umsetzen. Überlegen Sie also zunächst, welche Werte es zu vergleichen gilt und welcher Diagrammtyp sich dafür eignet.

Für die Umfrage die Torte
Das Tortendiagramm lässt sich farbenfroh umsetzen und passt durch seine wenig trockene Erscheinung gut in eine Vereinszeitung.

Achtung Schrift
Vergleichbare Werte sollten auch in der Beschriftung gleich ausgezeichnet sein.

vergleichbare Werte

Effekte sparsam einsetzen

Für eine Gartenzeitung kann ein Diagramm nicht genug Leben eingehaucht bekommen. Nüchterne Diagramme oder Tabellen, in denen es nur um die Informationsvermittlung geht, sind hier fehl am Platz. Wenn Sie also Ihrem Diagramm noch mehr Leben einhauchen möchten, dann sollten Sie mit Verläufen und Schatten arbeiten.

Plastische Flächen
Verläufe gestaltet man so, dass sie nicht als solches wahrgenommen werden, sondern lediglich die Flächen plastisch machen. Ein heller, leichter Schatten verstärkt die Wirkung.

271

Visuelle Darstellung

Zahlen und Daten lassen sich leichter lesen, merken und vor allem vergleichen, wenn sie in einem Diagramm dargestellt werden. Damit das auch tatsächlich funktioniert, sollten Sie bei der Gestaltung von Diagrammen einige Punkte beachten.

Diagrammtyp
Torten, Punkte, Linien, Säulen, Flächen – die Auswahl an Diagrammtypen ist groß. Sogar ein Schaltplan ist ein Diagramm, und die Entscheidung für den Typ sollte nicht vom Geschmack, sondern von der Art der Zahlen und der zu vermittelnden Information abhängig sein. Denn nicht jedes Diagramm eignet sich für jede Art von Daten.

Klarheit schaffen
Voraussetzung für eine gelungene Umsetzung von Daten in ein Diagramm ist, dass der Designer das Thema verstanden hat. Machen Sie sich also selbst erst einmal klar, wie das Thema lautet und was miteinander in Beziehung gesetzt werden soll.

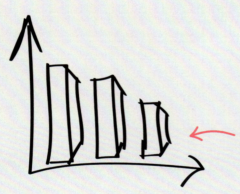

Machen Sie sich klar, welche Werte miteinander in Verbindung gebracht werden müssen.

Vergleichen
Prüfen Sie, was verglichen werden soll. Sind die zu vergleichenden Zahlen alle absolut oder relativ, sind die Angaben in Prozent, oder sind es Messzahlen? Es gibt Daten und Sachverhalte, die sich nicht vergleichen lassen.

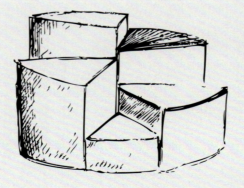

Ein Kleingartenverein in Zahlen

Achsen
Legen Sie die Einheiten für die Achsen fest. Vermeiden Sie Sprünge.

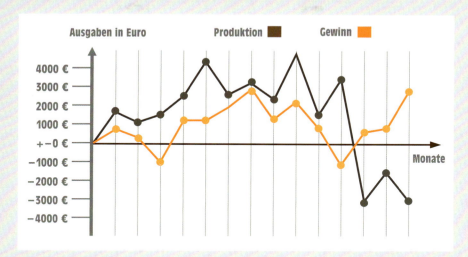

Farbe und Nähe
Denken Sie daran, dass warme Farben näher als kalte Farben erscheinen. Kreuzen sich also zwei Linien in Ihrem Diagramm, dann färben Sie die Linie, die vorne liegt, mit der wärmeren Farbe. Wenn Sie die Farben andersherum vergeben, wird dies unbewusst als optischer Konflikt empfunden, der die Informationsaufnahme erschwert.

Farbabstufungen
Abstufungen innerhalb einer Farbe eignen sich nicht für Vergleiche, da die hellere Füllung grundsätzlich größer wirkt.

Unterscheidung mit Farbe
Verwenden Sie für das Diagrammdesign Farben, die im Farbkreis nicht zu nah beieinanderliegen. Farben, die sich gut voneinander unterscheiden, sind zum Beispiel Blau, Grau, Grün und Rot.

Lege los und lerne dabei

Zusammengehörigkeit
Setzen Sie Farbe ein, um zu verdeutlichen, welche Werte zusammengehören.

Keine zu starken Effekte
Von übertriebenen 3-D-Effekten bei Diagrammen sollte man in der Regel die Finger lassen. Während gegen einen leichten, schmückenden Schatten oder eine etwas räumliche Darstellung nichts einzuwenden ist, führen zu viele Effekte schnell zu Fehlern in der Wahrnehmung.

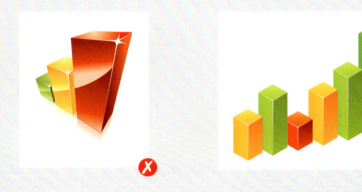

Texte beachten
Beschriften Sie das Diagramm mit eindeutigen, gut lesbaren Texten. Die Diagrammlegende sollte außerhalb des Diagramms stehen und sich den Elementen einfach zuordnen lassen. Bitte geben Sie dem Betrachter keine Rätsel auf. Erklären Sie untypische Elemente oder Informationen, damit das Lesen des Diagramms einfacher wird.

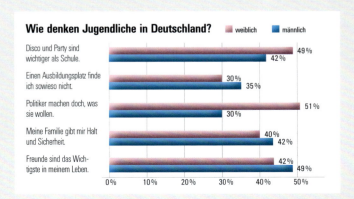

Ein Kleingartenverein in Zahlen

Kontraste suchen

Linien, die sich kreuzen oder die sehr nah beieinanderliegen, sollten optisch gut voneinander zu unterscheiden sein.

 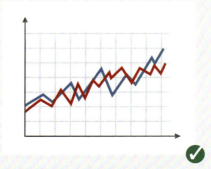

Hintergrund festlegen

Vermeiden Sie Hintergründe, die zu stark von den Diagrammdaten ablenken oder den Kontrast verringern.

Prioritäten setzen

Sie erinnern sich sicherlich an die drei Schritte zur Gestaltung aus dem ersten Kapitel? Auch bei der Gestaltung von Diagrammen sollten Sie diese im Kopf haben. Die wichtigste Information des Diagramms sollte in der Überschrift stehen und auch gestalterisch hervorgehoben werden.

Durchschnittliche Pro-Kopf-Ausgaben im Jahr 2012 in Deutschland

Lege los und lerne dabei

Ferienspiele
Ihr Plakat bekommt zwei Sekunden Aufmerksamkeit!

Wenn Sie Plakate, Aushänge oder andere Außenwerbung gestalten, haben Sie es mit einer ganz besonderen Herausforderung zu tun: der Zeit. Untersuchungen haben ergeben, dass die Betrachtungsdauer von großformatiger Außenwerbung bei zwei Sekunden liegt. Sie haben also im Schnitt zwei Sekunden Zeit, um dem Betrachter die eine, wichtige Information deutlich zu machen. Fassen Sie sich also kurz, und gestalten Sie übersichtlich.

Kurzfassen
Unsere Aufgabe ist ein Plakat zum Thema Ferienspiele mit viel Bild und wenig Text. Eine kindgerechte Gestaltung sowie die kurze Aufmerksamkeit des Betrachters sind hier die besondere Herausforderung, und durch die großen farbigen Flächen ergeben sich drucktechnische Besonderheiten.

Das Plakat
Das Plakat spielt in unserem Alltag eine große Rolle. Von überall blickt es uns entgegen und informiert über Ausstellungen, Kinofilme oder Sportfeste, wirbt für Produkte und Dienstleistungen oder Wahlkandidaten.

Ferienspiele

Besonderheit bei Plakaten

Auch wenn aus gestalterischer Sicht häufig das Querformat besser wäre, entscheidet man sich nicht ohne Grund meist für das Hochformat: Es ist deutlich schwieriger, die Inhalte eines querformatigen Plakats zu lesen, das an einer Litfaßsäule hängt, als die eines Hochformats, da man sozusagen um die Säule herumlaufen müsste, um alle Inhalte sehen zu können.

Formate

Das Basisformat für Plakate ist das Format DIN A1, also 59,4 × 84,1 Zentimeter, auch »1 Bogen hoch« genannt. Weitere Formate sind ein Vielfaches des DIN A1, also beispielsweise vier oder acht DIN-A1-Bögen neben- beziehungsweise übereinander. Die obere Grenze liegt bei 356 × 252 Zentimetern, was 18 DIN-A1-Bögen entspricht. Die City-Light-Poster werden meist in der Größe 175 × 118,5 Zentimeter angelegt.

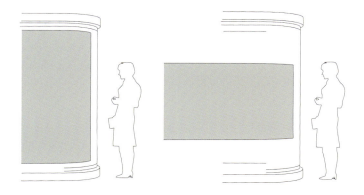

Schriftgröße

Wer zu klein schreibt, wird nicht gelesen – zumindest nicht bei Plakaten. Als Faustregel gilt: Verwenden Sie eine Schriftgröße von mindestens fünf Zentimetern beziehungsweise eine Schriftgröße von mindestens 5 % der Plakathöhe. Die Empfehlungen lassen sich je nach Textmenge nicht immer einhalten, Sie sollten sie aber nicht deutlich unterschreiten.

Die Schriftgröße beträgt knapp 5 % der Plakathöhe. Hier wurde allerdings eine ungünstige Schrift bei geringem Kontrast eingesetzt, so dass die Schriftgröße nicht ausreicht.

Hier beträgt die Schriftgröße 9 % der Plakathöhe.

Achtung Lesbarkeit

Ein Plakat muss sich aus verschiedenen Blickwinkeln und bei unterschiedlicher Helligkeit lesen lassen. Verwenden Sie also gut lesbare Schriften und genügend Kontrast. Verlieren Sie sich nicht in Details und Spielereien.

Lege los und lerne dabei

Die wichtigste Information

Bei der kurzen Aufmerksamkeitsspanne des Betrachters muss vor der Gestaltung klar sein, welche der Informationen die »eine«, also die wichtigste ist. Befragen Sie sich im Zweifelsfall selbst – die Antwort findet sich dann leichter. Im Beispiel geht es um Ferienspiele.

Blickfang

Das Bild ist ein gelungener Blickfang; das offene Auge des Kindes fängt den Blick des Betrachters schnell ein. Direkt darüber findet er dann den Titel, also die »eine« Information. Etwas mehr Detailinfos sind – ebenfalls in Weiß auf grünem Hintergrund – unten platziert und bilden mit der oberen grünen Fläche eine Art Rahmen.

Gestürzter Text

Alternativ können Sie den Titel um 90 Grad gegen den Uhrzeigersinn drehen. Gestürzte Texte sind schlechter lesbar, da der Leser sich selbst nicht um 90 Grad drehen möchte und den Text als Wortbild erfassen muss. Bei zwei Wörtern wie in diesem Fall ist das aber in Ordnung.

Der gestürzte Text sollte wenn möglich im linken Bereich der Seite stehen.

Vertikale Texte sollten Sie grundsätzlich vermeiden, da unsere lateinische Schrift eine waagerechte rechtsläufige Schrift ist.

Ferienspiele

Farbfindung

Kinder lieben reine Farben. Rot, Grün, Blau, Gelb, das sind Farben, die in der Kinderwelt ankommen. Allerdings ist Kind nicht gleich Kind – je nach Alter, vom Kleinkind zum Jugendlichen, verändert sich der Geschmack, und dies manchmal sehr schnell.

Kindergarten

Kinder im Kindergartenalter werden von den reinen Farben angesprochen. Auch das Violettrot oder das Orange sind beliebte Farben. Schwarz und Weiß, Grau und Braun hingegen sind Farben, die Kindern in diesem Alter gar nicht gefallen.

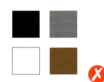

Ab 5 Jahre

Ab etwa 5 Jahren gesellen sich zu den reinen Farben noch Pink und Rosa sowie Grün- und Blautöne. Schwarz und Weiß sind immer noch unbeliebt.

Junge Jugendliche

Bei der Vorliebe junger Jugendlicher weichen die reinen Farben langsam den Mischfarben. Auch Schwarz wird beliebter, je älter der Jugendliche ist.

Ältere

Je älter man wird, desto beliebter sind mit Weiß getrübte Farben.

Lege los und lerne dabei

Drucktechnische Anforderungen

Besonders bei großen Farbflächen sollten Sie mit der Druckerei sprechen, welche technischen Anforderungen Sie erfüllen müssen.

Aber auch bei allen anderen Gestaltungen, die gedruckt werden, sollten Sie grundsätzlich Rücksprache mit der Druckerei halten.

Maximaler Farbauftrag

Die Summe aller übereinandergedruckten Farben nennt man Farbauftrag. Sie erhalten den Wert, wenn Sie alle einzelnen Farbwerte zusammenzählen. Eine Fläche, die mit der Farbe von 20 % Cyan, 100 % Magenta, 100 % Gelb und 20 % Schwarz bedruckt wird, hat einen Farbauftrag von 240 %. Der maximale Farbauftrag ist vom Druckverfahren und auch vom Papier abhängig. Häufig liegt die Grenze zwischen 250 % und 350 %. Wird der Farbauftrag zu hoch, besteht die Gefahr, dass sich das Papier dehnt oder wellig wird oder dass die Trocknung zu lange dauert und die Farbe auf der Rückseite des folgenden Bogens hängenbleibt.

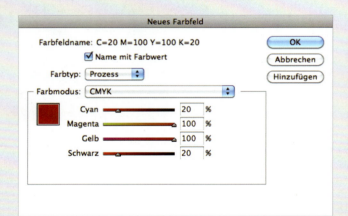

Minimaler Farbauftrag

Farbflächen, die weniger als 10 % Farbauftrag aufweisen, können sehr schwach wirken. Hier entscheidet natürlich auch die gewählte Farbe – eine Fläche in 10 % Gelb erscheint deutlich heller als in 10 % Blau. Flächen mit weniger als 5 % Farbauftrag können sogar ganz verschwinden. Fragen Sie Ihre Druckerei nach dem minimalen Farbauftrag, damit Ihre Objekte nicht ungewollt unsichtbar werden.

Tiefschwarz

Wenn Sie eine größere schwarze Fläche in der Gestaltung einbauen, dann sollten Sie nicht mit reinem Schwarz arbeiten. Eine Angabe von 0 % Cyan, 0 % Magenta, 0 % Gelb und 100 % Schwarz ist für kleine Flächen in Ordnung, aber bei großen Elementen wirkt das reine Schwarz nicht intensiv genug. Um ein wirklich sattes Ergebnis zu erhalten, gibt es zwei Möglichkeiten: Entweder mischen Sie eine weitere Farbe, in der Regel Cyan, dazu, oder Sie mischen alle drei Druckfarben dazu. Ein verbreitetes, kühles Schwarz erreichen Sie beispielsweise mit der Zugabe von 30 % – 60 % Cyan.

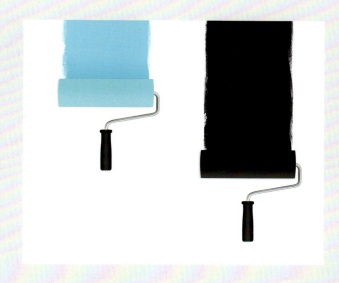

| 100 % Schwarz | 30 % Cyan
100 % Schwarz | 60 % Cyan
100 % Schwarz | 50 % Magenta
70 % Gelb
100 % Schwarz | 30 % Cyan
30 % Magenta
30 % Gelb
85 % Schwarz |

Für ein wärmeres Schwarz mischen Sie Magenta und Gelb hinzu, für ein Graphitschwarz mischen Sie alle vier Farben.

Beschnitt

Nie vergessen: Immer dann, wenn Flächen oder Bilder in der Gestaltung bis an den Papierrand reichen, müssen sie in der Datei über den Rand hinaus platziert werden. Ansonsten kann es passieren, dass – bei einem ungenauen Schnitt – das Papierweiß zwischen der Farbfläche und dem Papierrand blitzt. Der Beschnitt beträgt in der Regel zwischen drei und fünf Millimetern und ragt über alle vier Seiten hinaus.

Lege los und lerne dabei

Online-Blumenladen
Webseiten entwerfen

Wer heute erfolgreich werben will, möchte früher oder später auch im Internet vertreten sein. Vielleicht haben Sie einmal die wunderbare Aufgabe, eine Website für einen Kunden zu entwerfen – die Programmierung dahinter wird dann in der Regel von einem anderen Dienstleister vorgenommen. Viele der Tipps und Regeln zur Gestaltung gelten für Druckerzeugnisse genauso wie für Online-Seiten. Allerdings gibt es auch Unterschiede, und einige Besonderheiten lernen Sie bei »Miss Rose«, einem Online-Blumenladen, kennen.

Elegant mit Rosen

Miss Rose ist ein Online-Blumenladen, spezialisiert auf Rosen. Das Unternehmen bietet aber auch Pflanzen sowie andere blumige Geschenkideen an. Filialen gibt es nicht, es ist ein reines Online-Geschäft. Miss Rose ist kein Billigversand und möchte ein elegantes, zurückhaltendes Design.

Raster im Web

Meist gilt es, viel Inhalt auf wenig Raum unterzubringen und trotzdem übersichtlich und ansprechend zu gestalten. Aber auch die andere Variante mit viel freiem Raum kann schwierig sein. Aber egal, ob viel oder wenig Raum zur Verfügung steht: Auch bei der Gestaltung von Websites sollten Sie sich von einem Raster unterstützen lassen.

Immer wieder
Das einmal definierte Raster wird auf alle Unterseiten angewendet.

Kurzfassen
Weniger ist mehr. Nicht alle Informationen müssen auf die Startseite.

Seitenformat

Die erste Entscheidung, die Sie bei der Gestaltung einer Website treffen müssen, lautet: festes oder unbegrenztes Seitenformat? Für viele Seiten ist ein festes Format von Vorteil.

Flexibel in der Höhe
Bei vielen Seiten ist die Höhe flexibel, die Breite ist fest. Eine feste Breite hat den Vorteil, dass Sie als Designer vorher genau planen können und wissen, wie die Seite im Internet dargestellt wird. Das Problem mit ungewollt langen Zeilen zum Beispiel kann bei einer Seite mit fester Breite nicht auftreten.

Füllmaterial Werbung

Nicht seitlich scrollen
Vermeiden Sie in jedem Fall, dass der Benutzer seitlich scrollen muss!

Der Trick mit dem Drittel

Die Webseitengestaltung ist so vielfältig wie das Internet selbst; und wie man auch immer wieder sieht, ist die Qualität der Seiten ebenso vielfältig. Die größte Aufmerksamkeit bei der Gestaltung einer Website sollten Sie der Übersichtlichkeit und der Lesbarkeit widmen.

Vertikale Teilung
Um die Website optisch harmonisch und übersichtlich zu gestalten, dritteln Sie diese. Durch die vertikale Unterteilung entstehen drei gleich große Bereiche.

Horizontale Teilung
Bei der horizontalen Unterteilung legen Sie die endgültige Höhe der Streifen erst fest, wenn die Inhalte klar sind. In jedem Fall ist der obere Teil, also der Kopf, deutlich kleiner als der mittlere Teil, in dem die eigentlichen Inhalte zu finden sind. Der untere Streifen ist ebenfalls schmal.

Für einen kleinteiligen Aufbau dritteln Sie einfach die entstandenen Rasterfelder erneut. Auch hier können Sie dann wieder Rasterfelder zusammenlegen, wenn es die Gestaltung erfordert.

Variationen

Mit Hilfe der Drittel-Regel können Sie leicht andere Aufteilungen erstellen. Entscheiden Sie sich aber zum Schluss für eine Variante!

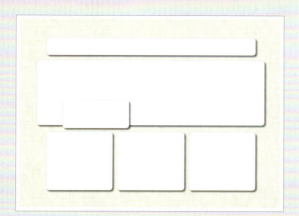

Freier Raum

Sorgen Sie für genügend freien Raum – eine Voraussetzung für Übersichtlichkeit und Lesbarkeit. Wer keinen freien Raum zur Verfügung hat, muss zu anderen, weniger eleganten Mitteln greifen, um übersichtlich zu bleiben, und zum Beispiel mit viel Linien und Hinterlegungen arbeiten.

Lege los und lerne dabei

Grundaufbau der Seite

Die Navigationselemente sind ein wichtiger Bestandteil einer Website. Mir ihr bewegen sich die Seitenbenutzer durch die Unterseiten der Website und gelangen zu den gewünschten Informationen. Die Navigation muss also auch auf jeder Unterseite sichtbar sein.

Der Balken oben
Sehr praktisch ist es, die Navigation als Balken oben zu platzieren. Hier stört sie nicht und kollidiert auch nicht mit anderen Objekten.

Wechselnde Inhalte
Die Inhalte wechseln, die Navigation bleibt. Bitte vermeiden Sie, die Navigationselemente je nach Seiteninhalt an eine andere Position zu stellen. Dies sorgt nicht für positive Abwechslung, sondern nur für Verwirrung.

Elemente wiederholen
Wiederholen Sie Elemente wie Logos, Farben oder Schriftzüge. Der Kunde soll sich mit den Elementen anfreunden und sie verinnerlichen. Im Optimalfall verbindet der Betrachter Logo, Farbe oder Schriftzug ganz automatisch mit dem Produkt. Zudem verleiht die Wiederholung den Seiten die nötige Konsistenz.

Gleiche Aufteilung
Wenn Sie die anderen Seiten genauso oder zumindest ähnlich aufteilen wie die Startseite, findet sich der Betrachter schnell zurecht.

Das Design – alles ist rund

Die Blütenblätter sind rund, genauso wie die Sträuße. Rund sind auch die Ecken der weißen Flächen, rund ist der Griff des Blumenkorbs, und rund ist der Namenszug.

Rund und weich
Das gesamte Design hat keine Kanten oder Ecken. Alles erscheint weich und sanft.

Konsequente Farbwahl

Es muss nicht unbedingt Rosa sein, es kann aber. Gleichen Sie die Fotos der Rosen mit der Farbe des Hintergrundes ab. Wenn überwiegend cremefarbene Rosen zu sehen sind, kann der Hintergrund entsprechend cremefarben beziehungsweise beige sein. Allerdings können dann die Schrift und andere Elemente etwas mehr Farbe vertragen.

Rosa Hintergrund
Der Hintergrund bekommt seine Farbe von den Rosen, erhält aber noch eine Struktur.

Rosa Elemente
Einzelne Elemente sind ebenfalls in Rosa gefärbt wie zum Beispiel das Navigationselement »Home«. Lassen Sie die gewählte Grundfarbe immer wieder auftauchen.

Hintergrund in Beige
Sorgen Sie bei einem blassen Hintergrund für mehr farbige Elemente.

Lesbarkeit von Schriften im Web

Genauso wie bei Druckmedien gibt es auch für das Internet eine Handvoll Faktoren, die zur Lesbarkeit einer Website beitragen. Dazu zählen die Größe der Schrift, aber vor allem auch die Schriftart und die Zeilenbreite. Beachten Sie die Unterschiede zwischen Web und Print!

Schriftgröße

Im Web arbeitet man nicht mit Punkt als Maßsystem, sondern mit Pixel. Allerdings weist ein Pixel keine absolute Größe auf, sondern ist von der Größe des Monitors sowie von der verwendeten Pixelanzahl abhängig. Sie können insofern nur in etwa festlegen, wie groß die Schrift beim Benutzer tatsächlich ist. Bei Monitoren mit 72 ppi (Pixel per Inch), die früher der Standard waren, entspricht die Größe einer 12-Pixel-Schrift der einer 12-Punkt-Schrift; bei Monitoren mit einer Auflösung von 96 ppi entspricht eine 16-Pixel-Schrift der Schriftgröße von 12 Punkt.

 Längere Texte werden meist in 10 px bis 16 px gesetzt, je nach Schrift.

Serifen oder nicht?

Während Serifen auf dem Papier die Lesbarkeit fördern und das Auge führen können, erschweren sie auf dem Monitor manchmal das Lesen. Denn zu kleine Schriften mit noch kleineren Serifen verschwinden manchmal oder wirken störend, da sie durch die begrenzte Auflösung des Monitors nicht ganz scharf dargestellt werden.

> Während Serifen auf dem Papier die Lesbarkeit fördern und das Auge führen können, erschweren sie auf dem Monitor manchmal das Lesen. Denn zu kleine Schriften mit noch kleineren Serifen verschwinden manchmal oder wirken störend, da sie durch die begrenzte Auflösung des Monitors nicht ganz scharf dargestellt werden.

durch die begrenzte Auflösung schlecht zu lesen

 Greifen Sie bei einer Größe unter 16 px lieber zu einer Serifenlosen.

Optimierte Schriften

Aufgrund der unterschiedlichen Anforderungen an Schriften für den Druck und für das Web gibt es Schriften, die extra für das Internet optimiert wurden. Diese Webfonts sind mit genügend Informationen ausgestattet, um auch bei niedriger Auflösung optimal auszusehen.

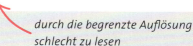

Online-Blumenladen

Standardschriften
Durch die aktuellen technischen Entwicklungen können Sie jetzt auch andere als die Standardschriften in Websites einbauen, ohne dass Sie befürchten müssen, dass der Betrachter nur eine Ersatzschrift sieht. Es gibt aber auch einige Standardschriften, die zwar in die Jahre gekommen, aber dennoch einigermaßen gut lesbar sind. Dazu zählen Arial, Courier, Georgia, Helvetica, Impact, Tahoma, Trebuchet und Verdana.

  Für kleine Schriftgrößen eignen sich die Trebuchet MS oder auch die Lucida Grande. Bitte nicht Moncao, Courier oder Comic Sans.

Schriftbild und Schriftcharakter
Ungleichmäßige Strichstärken lassen eine Schrift spannend und abwechslungsreich werden, können aber im Web die Lesbarkeit erschweren. Auch das Verhältnis zwischen der Strecke von Grundlinie bis Oberkante eines »a« oder »e« und der gesamten Schriftgröße beeinflusst das Schriftbild und somit die Lesbarkeit.
Die Buchstabenform und der Charakter spielen bei Schriften, die online gelesen werden, eine noch wichtigere Rolle als bei gedruckten Medien. Bei filigranen und verspielten Schriften sollte in jedem Fall die Schriftgröße relativ groß sein.

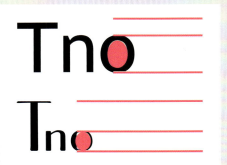

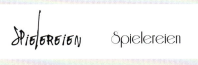

Kleine x-Höhen und Spielereien erschweren das Lesen.

Zeilenbreite
Grundsätzlich sollten Sie die Zeilenlänge kürzer halten als im gedruckten Design, und auch der Zeilenabstand kann etwas mehr Luft vertragen. Häufig spendiert man auch eine etwas größere Laufweite.

Woher nehmen?
Kostenlose Webfonts findet man unter anderem auf www.google.com/webfonts. Vorsicht, hier finden sich sorgfältig geschnittene und optimierte, aber genauso auch miserabel zubereitete Schriften.

Fachkunde

Basiswissen verständlich erklärt

Fachkunde

Fachkunde
Basiswissen verständlich erklärt

Kreativität und Ideen, gemischt mit einigen Gestaltungsregeln, führen zu einer guten Gestaltung. Allerdings ist Gestalten auch ein Handwerk. Ein wenig technisches Hintergrundwissen ist nötig, damit die Gestaltung auch so gedruckt wird, wie Sie und der Kunde sich das gewünscht haben.

Ich gratuliere. Sie haben sich nun drei Kapitel lang mit dem Thema Gestaltung beschäftigt, Tipps zu Bildern, Schriften und Farben durchgearbeitet und vor allem viel über das Zusammenspiel aller Gestaltungselemente und deren Wirkungen erfahren. Ich bin überzeugt davon, dass Ihre Gestaltungen nach dieser Lektüre deutlich professioneller, ansprechender und abwechslungsreicher werden.

Technische Hintergründe

Doch ich habe noch eine Bitte: Legen Sie das Buch nicht weg. Denn jetzt, im letzten Kapitel, erfahren Sie weitere Einzelheiten, die für ein optimales Ergebnis ebenfalls enorm wichtig sind. Dieses Kapitel handelt nicht mehr von Design, sondern vielmehr von den technischen Hintergründen, ohne deren korrekte Handhabung Ihr Design niemand genießen kann. Denn was nutzen die sorgsam gewählten Farben am Monitor, wenn sie auf der Postkarte völlig anders aussehen? Oder die liebevoll zusammengestellten Bilder, wenn sie in der gedruckten Broschüre grob gepixelt sind? Lassen Sie sich also noch ein wenig ein auf das Notwendigste an technischem Hintergrund – damit Ihre Gestaltung nicht nur am Monitor, sondern auch gedruckt erfreuen kann.

Farbräume

Im zweiten Kapitel haben wir über Farben und deren Wirkung gesprochen. Vielleicht haben Sie auch schon davon gehört, dass es nicht ganz einfach ist, die Farben auf dem Monitor so zu mischen, dass man nach dem Druck zufrieden ist, oder anders gesagt, die Farbdarstellung so anzugleichen, dass die Farben auf dem Monitor den Farben im Druck möglichst gleichen.

Unterschiedliche Darstellungsmethoden

Der Grund für die Unterschiede zwischen Farbe am Monitor und Farbe auf dem Papier ist die Art der Farbdarstellung. Der Monitor arbeitet mit Licht, auf dem Papier kommt flüssige Farbe zum Einsatz. Die Lichtfarben sind Rot, Grün und Blau, die flüssigen Farben sind Cyan, Magenta, Gelb und Schwarz. Kein Wunder also, dass es hier Differenzen gibt.

Am Monitor und im Druck arbeiten Sie mit verschiedenen Farbmodellen, was automatisch zu einer unterschiedlichen Darstellung der Farbe führt.

< Farbmodelle im Vergleich

Monitore arbeiten mit den Farben **R**ot, **G**rün und **B**lau. Gedruckt wird mit **C**yan, **M**agenta, Gelb (**Y**ellow) und Schwarz (die **K**ey Color).

Fachkunde

Additiver Farbraum

Der Farbraum eines Monitors oder eines Fernsehbildschirms wird als additiver Farbraum bezeichnet. Addiert man die drei Lichtfarben Rot, Grün und Blau zu gleichen Teilen, entsteht Weiß. Durch Mischen von Rot und Grün entsteht Gelb, durch Mischen von Grün und Blau entsteht Cyan, und durch Mischen von Rot und Blau entsteht Magenta.

Subtraktiver Farbraum

Wenn Ihr Prospekt oder Ihr Briefbogen in der Druckmaschine gedruckt wird, sagt uns – ganz ohne Fachwissen – bereits unser Menschenverstand oder auch jedes mit Buntstiften malende Kind, dass hier die additive Farbmischung nicht funktionieren kann. Denn druckt man Rot, Grün und Blau übereinander, entsteht niemals die Farbe Weiß. Im Druck finden wir also eine andere Art der Farbmischung, nämlich die subtraktive Farbmischung. Sie hat ihren Namen daher, weil farbige Objekte bestimmte Lichtwellen verschlucken und nur die, die reflektiert werden, uns als Farbe erscheinen.

Diese farbige Erscheinung von Objekten wie auch die unserer Druckerzeugnisse nennt man Körperfarben. Die Farben der subtraktiven Farbmischung sind Gelb, Magenta und Cyan. Durch das Mischen dieser drei Farben lassen sich eine Menge an Farbtönen und Abstufungen wiedergeben. In der Theorie sollte, wenn man alle drei Farben übereinanderdruckt, die Farbe Schwarz entstehen. In der Praxis ist das aber leider nicht so, die Farbe ist allenfalls ein dunkles Graubraun. Deswegen arbeitet der Drucker mit einer vierten Farbe, dem Schwarz. Die vier Druckfarben lauten also Cyan (C), Magenta (M), Gelb (Y für Yellow) und Schwarz (K für Key Color, die Schlüsselfarbe).

Graubraun oder Weiß ∧ >
Beim Übereinanderblenden von Blau, Grün und Rot entsteht Weiß (oben). Druckt man Cyan, Magenta und Gelb übereinander (rechts), entsteht ein Graubraun.

Größe des Farbraums

Nun wird auch schnell das Problem deutlich: Zum einen arbeiten wir Gestalter mit ganz anderer Technik als der Drucker. Zum anderen, und das dürfen wir nicht unterschätzen, ist der Farbraum der RGB-Mischung sehr viel größer als der CMYK-Farbraum. Das bedeutet, dass Sie zwar wunderschöne, kräftig leuchtende Farben am Monitor mischen können, sich aber nicht wundern dürfen, wenn diese Farben auf dem Papier nur noch halb so strahlend und hell sind.

Farbmanagement

Damit sich die Farben auf dem Monitor und hinterher im Druck möglichst ähnlich sind, setzt man das Farbmanagement ein. Dahinter stehen Theorien und Praktiken von Fachleuten, die anhand von sogenannten Farbprofilen die Umrechnung zwischen den Farbsystemen optimieren. Farbmanagement ist eine komplexe Wissenschaft, mit der wir uns nicht weiter beschäftigen wollen und können, denn das würde den Rahmen dieses Buchs sprengen. Mit ein paar einfachen Tricks können Sie aber auch die Darstellungsdifferenzen minimieren.

Die Farben am Monitor leuchten grundsätzlich mehr als im Druck.

< Spektralphotometer
Die Wissenschaft, Farben von der Eingabe bis zur Ausgabe möglichst ähnlich zu halten, nennt man Farbmanagement. Ein Spektralphotometer ist dabei ein nützliches Hilfsmittel. Damit lassen sich Farbabweichungen exakt überprüfen.

Fachkunde

Tipps zur Vermeidung von Farb(ent)täuschungen

- Mischen Sie Ihre Farben wenn möglich grundsätzlich im CMYK-Modus, wenn die Gestaltung später gedruckt werden soll.
- Am Monitor leuchten Farben mehr als im Druck. Bedenken Sie dies bei der Auswahl.
- In der Regel ist der Monitor zu hell, um Körperfarben real darzustellen. Behalten Sie also im Hinterkopf, dass die Farben im Druck dunkler sind. Regulieren Sie eventuell Kontrast und Helligkeit des Monitors.
- Auch ohne Wissen um Farbmanagement können Monitore häufig mit einfachen Mitteln und kleinster, meist im System enthaltener Software eingestellt werden. Bei dieser sogenannten Kalibration kann man bereits eine gewisse Anpassung zwischen Monitor und Druck vornehmen.
- Für kleines Geld gibt es Farbmusterbücher beziehungsweise Farbfächer. Hiermit haben Sie verschiedenste CMYK-Mischungen gedruckt vorliegen. Sie wählen also die Farbe anhand einer gedruckten Vorlage aus und übernehmen die CMYK-Daten in Ihre Datei.
- Wer einen Farbdrucker zu Hause hat, kann hier schon mal einen Testausdruck vornehmen. Auch wenn Ihr Drucker die Farben anders ausdrucken wird als die Druckerei, bekommt man doch so schon einen Eindruck vom Ergebnis.

Farbfächer und Farbmusterbücher >

Mit Hilfe von Farbfächern und Farbmusterbüchern können Sie die Farben aussuchen und nach den Vorgaben mischen. So vermeiden Sie unliebsame Überraschungen.

- Betrachten Sie das Ergebnis unter verschiedenen Lichtquellen – also unter Tageslicht wie auch unter künstlichem Licht.
- Legt der Kunde besonderen Wert auf einen farbgültigen Ausdruck, können Sie in entsprechenden Geschäften einen sogenannten Proof machen lassen. Dabei wird Ihre digitale Datei auf einem speziellen Ausgabegerät gedruckt, das das spätere Druckergebnis möglichst optimal simuliert.

Sonderfarben

Es gibt Farben, die nicht mit den vier Druckfarben CMYK gedruckt werden können. Dazu zählen Silber, Gold, alle Neonfarben, aber auch bestimmte Grün- und Blautöne oder Pastellfarben. Möchte man seine Gestaltung mit diesen Farben drucken, muss der Drucker mit Sonderfarben, auch Schmuckfarben genannt, arbeiten. Dabei handelt es sich um fertig gemischte Farben, wie sie zum Beispiel von Pantone oder HKS angeboten werden.

Für ganz bestimmte Farbtöne muss man Sonderfarben wie die von Pantone oder HKS einsetzen.

Kosten für Sonderfarben

Erkundigen Sie sich unbedingt vorher nach dem Preis. Wenn die Sonderfarbe zusätzlich zu den vier Druckfarben benötigt wird, erhöht sich so der Gesamtpreis. Manchmal ist es aber auch überraschend billiger: Haben Sie beispielsweise eine Gestaltung in Rot und Schwarz erstellt, kann es – abhängig vom Druckverfahren – billiger sein, mit Schwarz und der Sonderfarbe Rot zu drucken. Im Vierfarbdruck würden nämlich Schwarz, Gelb und Magenta benötigt, also drei Farben und drei Druckvorgänge. Durch den Einsatz der Sonderfarbe wären nur Schwarz und Rot und somit nur zwei Farben und zwei Druckvorgänge nötig.

Farbfächer >

Schmuckfarben lassen sich ebenfalls mit Farbfächern aussuchen. Falls die Schmuckfarben doch im CMYK-Modus gedruckt werden sollen, können Sie die Farbwerte in den Farbfächern ablesen. Allerdings kommt es hier abhängig von der Farbe zu Differenzen.

Fachkunde

Farbtreue

Ein weiterer Grund für eine Sonderfarbe ist die hohe Farbtreue. Nehmen wir als Beispiel ein Logo in Grün. Druckt man dieses Grün mit den vier Druckfarben, würden Cyan und Gelb benötigt. Doch auch wenn die Farbe klar unterteilt ist in beispielsweise 70 % Cyan und 100 % Gelb, ist das Ergebnis nicht immer gleich. Besonders bei schwierig zu druckenden Farben wie Türkis kann das Ergebnis abhängig von Drucker, Druckmaschine und anderen Faktoren schwanken. Ist egal, denken Sie? Ob das Grün nun ein bisschen mehr Grasgrün oder etwas mehr Baumgrün ist, stört Sie nicht? Es wird Sie – und Ihren Kunden – aber wahrscheinlich dann stören, wenn das grüne Logo auf verschiedenen Druckerzeugnissen verwendet wird und überall unterschiedlich aussieht.

Fertig gemischt
Durch die fertig gemischten Sonderfarben lassen sich Schwankungen in der Farbe vermeiden.

Farbschwankungen
Erst die Visitenkarte, in zwei Wochen der Briefbogen und in fünf Wochen die Broschüre, und jedes Mal wirkt das Grün etwas anders – das könnte Unwohlsein verursachen. Sprechen Sie am besten vorab mit dem Drucker, ob es sich bei dem Logo um eine schwierige Farbe handelt, die leicht kippt – und fragen Sie nach den Mehrkosten für eine Sonderfarbe.

Bildqualität

Fotos sind ein beliebtes Gestaltungsmittel. Umso trauriger, wenn die gedruckte Gestaltung durch ein qualitativ schlechtes Bild ihren ganzen Reiz verliert. Woran liegt es also, ob ein Bild brauchbar ist oder nicht? Und wie stark dürfen wir Bilder vergrößern, ohne dass sie unscharf werden?

Wenn Sie ein Foto stark vergrößern, sehen Sie, dass es sich aus vielen kleinen Bildpunkten zusammensetzt. Durch diese rasterförmig angeordneten, verschiedenfarbigen Bildpunkte entsteht das Gesamtbild. Die Bildpunkte werden übrigens auch Pixel genannt. Jeder Pixel repräsentiert eine Farbinformation. Abhängig von der Menge der Pixel in Relation zur Größe des Bildes schwankt die Qualität eines Bildes.

Farbige Bildpixel
Wenn Sie ein Bild stark vergrößern, können Sie die einzelnen Pixel erkennen. Links oben das Original in 100 %, rechts oben in 600 % und links unten in 1.200 % Vergrößerung.

Fachkunde

Was bedeutet der Begriff »Auflösung«?

Wenn wir über Bilder und Qualität sprechen, landen wir ganz schnell beim Thema Auflösung. Zu diesem Begriff gibt es unterschiedlichste Definitionen und Einheiten. Das Wichtigste in Kurzfassung:

Im Druck wird mit dem Begriff Auflösung gearbeitet, und zwar mit lpi, also »Lines per Inch«. Genau genommen ist das keine Auflösung, sondern die Rasterweite, mit der gedruckt wird, also die Anzahl der einzelnen Rasterzellen. Je höher die Anzahl der Rasterzellen pro Strecke, desto feiner die Ausgabe. Im Zeitungsdruck wird beispielsweise mit einem größeren Raster gedruckt als im Fotodruck. Deswegen wirken die Bilder in Zeitungen gröber, hochwertige Fotodrucks dagegen sehr fein.

[Inch]
Inch ist der englische Begriff für Zoll. 1 Inch bzw. 1 Zoll entspricht 2,54 Zentimetern.

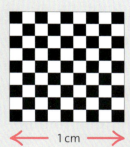 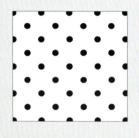  

← 1 cm →

Rasterweite
Die Rasterweite bestimmt die Anzahl der einzelnen Rasterzellen. Bild 1 und 2 mit einer Rasterweite von 9 Linien/cm beziehungsweise 23 Linien/inch; Bild 3 und 4 mit einer Rasterweite von 23 Linien/cm beziehungsweise 58 Linien/Inch.

Prüfen
Mit dem Fadenzähler lässt sich unter anderem die Rasterweite prüfen.

Bildqualität

Die richtige Auflösung für perfekte Ausdrucke

Der Begriff Auflösung wird auch bei Bildern genutzt. Hier wird die Auflösung allerdings in »Pixel per Inch« (ppi) angegeben. Die Auflösung eines Bildes sagt also aus, aus wie vielen Bildpunkten (Pixeln) pro Inch (Zoll) sich das Bild zusammensetzt.

Bilder mit einer Auflösung von 150 ppi bis 300 ppi lassen sich noch relativ gut auf dem heimischen Drucker ausdrucken; Bilder mit weniger als 150 ppi sind meist unscharf und eignen sich höchstens als Hintergrund.

Die Bildauflösung sagt zunächst nichts über die Qualität eines Bildes aus, sondern nur darüber, wie groß es gedruckt werden kann.

lpi und ppi

Die Bildauflösung sollte in der Regel 1,5 – 2 × so groß sein wie die Rasterweite. Wird also mit dem gängigen 60er-Raster gedruckt, entspricht das – umgerechnet in lpi – einem Wert von etwa 150 lpi (60 × 2,54). Somit sollte Ihr Bild eine Auflösung von 300 ppi aufweisen, damit das Bild eine optimale Qualität hat.

Breite mal Höhe in Pixel

Häufig findet man auch eine andere Qualitätsangabe, und zwar einen Wert wie 1.600 × 1.200 Pixel. Auch diese Angaben, die man auch bei Druckern findet, werden als Auflösung bezeichnet. Sie erfahren dadurch, dass das Bild in der Breite 1.600 Pixel und in der Höhe 1.200 Pixel aufweist. Wozu Sie das wissen sollten? Sie können nun ausrechnen, wie groß das Bild in Ihrer Gestaltung eingebaut werden darf, um in guter Qualität gedruckt werden zu können.

∧ Bildpunkte

In der Vergrößerung erkennt man gut die farbigen Bildpunkte.

Mindestauflösung und Maximalgröße

Um die maximale Größe eines Bildes auszurechnen, teilen Sie die Seitenlängen durch die gewünschte Auflösung. Nehmen wir an, das Bild hat eine Auflösung von 1.600 × 1.200 Pixeln. Da Sie das Bild – wahrscheinlich mit einem 60er-Raster – professionell drucken lassen möchten, sollten Sie mit 300 ppi arbeiten. Sie teilen also 1.600 durch 300 = 5,3 Zoll, also 13,5 Zentimeter. Die kurze Seite von 1.200 Pixeln wird ebenfalls durch 300 geteilt, das macht 4 Zoll (10,1 Zentimeter). Sie können das Bild mit der Auflösung von 1.600 × 1.200 Pixeln somit in 13,5 × 10,1 Zentimetern verwenden, ohne sich Sorgen um die Qualität machen zu müssen.

Fachkunde

Checkliste für die Auflösung	
Größe des Bildes	Optimale Qualität bei 300 ppi
A8: 7,4 × 5,2 cm	874 × 614 Pixel
A7: 10,5 × 7,4 cm	1.240 × 874 Pixel
A6: 14,8 × 10,5 cm	1.600 × 1.200 Pixel
A5: 21 × 14,8 cm	2.480 × 1.748 Pixel

Scanauflösung

Vielleicht haben Sie einen Flachbettscanner zu Hause, mit dem Sie Vorlagen, Fotos oder Logos einscannen und in Ihrer Gestaltung verwenden. Wenn Sie die Vorlage einscannen, werden Sie nach der gewünschten Auflösung gefragt. Hier ist nicht »viel hilft viel« angesagt – ist die Auflösung nämlich unnötig hoch, entstehen große, unhandliche Datenmengen. Ist die Auflösung allerdings zu gering, leidet die Qualität. Die optische Auflösung eines Flachbettscanners liegt meist bei 1.200 ppi. Ihr Scanner tastet dann also 1.200 × 1.200 Pixel pro 1 Zoll (2,54 Zentimetern) ab.

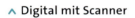
Digital mit Scanner
Ein Flachbettscanner ist für wenig Geld zu haben und ermöglicht Ihnen das Digitalisieren von gedruckten Vorlagen.

[Zwei Auflösungen]
Bitte verwechseln Sie die optische Auflösung nicht mit der interpolierten Auflösung, die immer höher liegt, aber in der Regel keine bessere Qualität liefert.

Empfehlungen

Für eine gute Qualität werden folgende Werte empfohlen:
- Sie sollten mindestens mit 300 ppi arbeiten.
- Für ein 60er-Raster werden 300 ppi empfohlen.
- Je höher der Rasterwert, desto höher die Auflösung.
- Strichscans werden immer mit 1.200 ppi gescannt.

Digitalkamera

Auch bei Digitalkameras stellt die Auflösung, hier in Megapixel angegeben, ein wichtiges Kriterium dar. Sie erfahren mit der Angabe, wie viele Pixel die Kamera aufnehmen kann. Ein Megapixel entspricht einer Million Pixel. Hat also der Sensor einer Kamera 2 Megapixel, befinden sich 2 Millionen lichtempfindliche Pixel auf seiner Oberfläche und ermöglichen bei einem Seitenverhältnis von 3:2 eine Aufnahme mit 1.600 × 1.200 Pixeln, was wiederum einer hochaufgelösten Ausgabe auf circa

14 × 10 Zentimetern entspricht. Eine 5-Megapixel-Kamera liefert somit keine detailreicheren Bilder, sondern erlaubt lediglich größere Ausdrucke bei gleichbleibend hoher Qualität.

Dateiformate

In dem Moment, in dem Sie Ihre Gestaltung speichern, Ihren Scan sichern oder eine Aufnahme von der Digitalkamera auf den Computer kopieren, werden Sie automatisch mit verschiedenen Dateiformaten konfrontiert. Und auch, wenn Sie nie vorhatten, sich mit diesem trockenen Thema zu beschäftigen – spätestens dann, wenn Sie von der Qualität Ihrer gedruckten Gestaltung enttäuscht sind, merken Sie, dass die eine oder andere Regel zum Thema Dateiformat und Einsatzgebiet ihre Berechtigung hat.

⌃ Digitalkamera und Megapixel
Die Megapixel-Angabe steht nicht automatisch in Zusammenhang mit der Qualität einer Kamera.

Native und übergreifende Formate

Den Begriff nativ kennen Sie wahrscheinlich aus der Lebensmittelindustrie. Dort steht er für naturbelassen und unmodifiziert. In der IT-Welt hat er eine ähnliche Bedeutung: Ein natives Dateiformat ist das Format, das ein Programm intern verwendet; native Software befindet sich im Originalzustand.

Somit hat jede Software, mit der Sie arbeiten, ein bevorzugtes, ein primäres, ein natives Format. In diesem Format wird die Datei bevorzugt gespeichert, vorausgesetzt, sie soll nicht an andere Programme, andere Anwender mit anderen Programmen oder andere Betriebssysteme weitergegeben werden. Das native Format hat den Vorteil, dass das Programm die Datei nicht übersetzen oder verändern muss, um sie zu öffnen. Zudem ist der Funktionsumfang eines Programms mit einer nativen Datei häufig größer. Native Formate sind

- Adobe Photoshop und Adobe Photoshop Elements (.psd)
- Adobe Illustrator (.ai)
- Adobe InDesign (.indd)
- CorelDRAW (.cdr)
- Microsoft Word (.doc und .docx)
- QuarkXPress (.qxp).

Je höher die Megapixel-Zahl einer Kamera, desto größer können die Bilder ohne Qualitätsverlust ausgedruckt werden.

Fachkunde

Neben den nativen Formaten gibt es auch übergreifende Dateiformate. Diese Formate lassen sich in verschiedenen Programmen öffnen oder zumindest platzieren. Ein Beispiel dafür ist das TIFF – ein Format für Fotos, in dem auch Bilder in Layoutprogrammen platziert werden können. Übergreifende Formate sind

- TIFF für Pixelbilder,
- EPS für Pixel- und Vektorbilder,
- JEPG für Pixelbilder,
- PNG und GIF für Bilder im Internet.

Empfehlung

Zwar können viele Programme auch native Dateien aus anderen Programmen öffnen, so zum Beispiel InDesign eine .ai-Datei oder Photoshop ein Tiff oder EPS, grundsätzlich gilt aber, dass Sie so lange mit nativen Formaten arbeiten können, bis ein anderes Programm ins Spiel kommt. Wenn Sie also Ihre Bilder in Photoshop bearbeiten, dann sollten Sie zunächst im .psd-Format bleiben. Erst wenn Sie das fertige Bild in Ihre Gestaltung einbauen, speichern Sie das Bild im TIFF- oder JPEG-Format.

Für Grafiken gilt Ähnliches: Wenn Sie Ihre Grafiken und Logos in CorelDRAW erstellen, speichern Sie im .cdr-Format. Möchten Sie das Logo in einem Layoutprogramm platzieren, speichern Sie es am besten als EPS.

Die Verständigung zwischen Adobe Illustrator und InDesign ist so eng, dass man .ai-Dateien nach InDesign übernehmen sollte.

Arbeiten Sie so lange wie möglich im nativen Format.

Pixel- und Vektorgrafiken

Eine Pixelgrafik nennt man auch Rastergrafik, manche sagen Bitmap oder auch einfach Bild. Sie besteht aus Bildpunkten, denen jeweils eine Farbe zugeordnet ist. Beim Vergrößern sollten Sie Vorsicht walten lassen, denn das Bild erhält durch die Vergrößerung ja keine neuen Informationen, sondern je nach Verfahren werden entweder Pixel wiederholt oder die Farbe der neuen Pixel wird aus den Nachbarpixeln berechnet.

Eine Vektorgrafik oder -datei besteht aus einzelnen Vektoren, also Linien und Rundungen, die mit Hilfe mathematischer Funktionen errechnet werden. Der Vorteil solcher Vektorgrafiken ist, dass sie sich ohne Qualitätsverlust skalieren lassen. Auch Schriften sind Vektordateien und lassen sich deswegen beliebig vergrößern.

Dateiformate

Pixelgrafik, 100 %

Vektorgrafik, 100 %

Vektorgrafik, 300 %   *Pixelgrafik, 300 %*

Vektorgrafik, 600 %   *Pixelgrafik, 600 %*

Vergrößerungen

In der Reihe links ist die Grafik auf 300 % vergrößert, die Reihe unten zeigt eine Vergrößerung auf 600 %. Der Treppenstufeneffekt bei der Pixeldatei ist in der starken Vergößerung deutlich zu sehen.

Fachkunde

[PDF erstellen]

Mittlerweile können alle gängigen Programme ein PDF erstellen. Achten Sie aber darauf, dass Sie beim Export des PDF nicht die Auflösung der Bilder reduzieren oder andere Qualitätsbeschränkungen vornehmen.

Besonderheit PDF

Eine Besonderheit ist das PDF. Das Dateiformat von Adobe Acrobat hat den großen Vorteil, dass es – wenn man es richtig speichert – alles enthält, was im Druck gebraucht wird, und zudem nur mit professionellen Werkzeugen noch verändert werden kann. Wenn Sie also Ihre Gestaltung in einer Druckerei drucken lassen möchten, dann sollten Sie die Datei als PDF speichern. Denn dann enthält sie auch die Schriften, die sonst als separate Schrift- respektive Bilddateien beigelegt werden müssten.

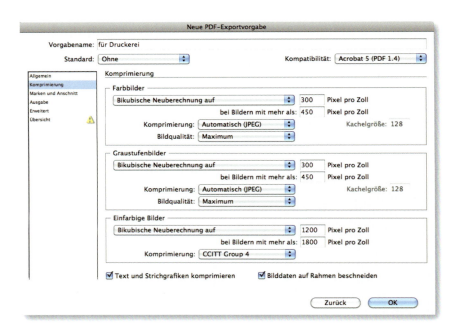

Bild PDF-Export >

Wenn die von Ihnen verwendeten Bilder bereits die optimale Auflösung haben, sollten Sie beim PDF-Export entweder die Komprimierung (Neuberechnung) deaktivieren oder wie hier gezeigt vornehmen.

Achtung: JPEG

Das JPEG ist streng genommen kein Dateiformat, sondern ein Komprimierungsverfahren. Deswegen sind Bilddaten als JPEG auch kleiner als Daten im TIFF- oder PSD-Format. Das JPEG-Verfahren verkleinert nämlich die Datei auf Kosten der Bildqualität.

Gut, sagen Sie vielleicht, aber ich hab's kontrolliert, und es sieht immer noch gut aus. Und deswegen kann ich doch jetzt in diesem Format arbeiten, immerhin nimmt es mir viel weniger Platz auf meinem Computer weg als die gleiche Datei im TIFF-Format! Ich sage in diesem Fall: Bitte nicht! Das JPEG ist ein Format, in dem man Bilder weitergeben oder

Dateiformate

unter Umständen auch in die Gestaltung einbauen kann. Aber es ist kein Arbeitsformat, also kein Format, in dem Sie die Datei speichern, öffnen, bearbeiten, wieder speichern, nochmal öffnen, erneut korrigieren und speichern sollten. Der Grund ist einfach: Bei jedem Korrigieren und Speichern wird das Bild erneut komprimiert – und verliert somit jedes Mal an Qualität!

⌵ Komprimierung
Beim Speichern als JPEG bestimmen Sie die Stärke der Komprimierung. Je stärker, umso kleiner die Datei und umso schlechter die Qualität.

Jedes Speichern ein Qualitätsverlust
Das linke Bild wurde 20 × neu gespeichert, bei jedem Speichern wird automatisch neu komprimiert. Beachten Sie die flächigen Hautbereiche unter dem Auge, auf der Stirn und auf der Nase. Hier treten die sogenannten JPEG-Artefakte auf – die Haut wirkt gröber und strukturierter.

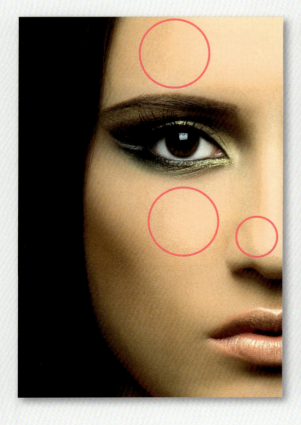
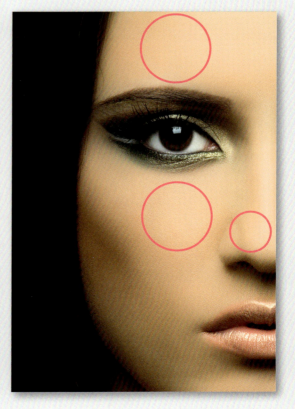

Fachkunde

Anschnitt und Marken

Ein korrekter Anschnitt und die zugehörigen Marken sichern sauber gedruckte Ränder.

Stellen Sie sich vor, Sie haben einen hohen Stapel Blätter vor sich, deren Ränder ausgerissen sind. Sie sollen die Ränder mit einem Schnitt abtrennen. Sie drücken dafür mit der einen Hand von oben auf den Stapel, damit die Blätter möglichst nicht verrutschen, und dann trennen Sie mit einem großen scharfen Messer die Ränder mit einem Schnitt ab. Was könnte passieren, außer dass das Messer nicht scharf genug ist und Sie nicht mit einem Schnitt erfolgreich sind? Richtig, die Blätter verrutschen leicht beziehungsweise verziehen sich, so dass der Rand, der abgeschnitten wird, bei jedem Blatt eine leicht abweichende Breite hat.

∧ **Schneidemaschine**
In der Weiterverarbeitung werden die Druckerzeugnisse stapelweise geschnitten.

Verschiebungen

Wäre jetzt noch der abzutrennende Bereich mit einer Linie auf jedem Blatt markiert, würden Sie sofort das Problem erkennen: Aufgrund der Verschiebungen hätten Sie wahrscheinlich mal vor, mal hinter und mal genau auf der Linie geschnitten.

Produktionstoleranz

Das Problem des Verschiebens, die sogenannte Schneidetoleranz oder Produktionstoleranz, lässt sich nicht verhindern. Dies hat mehrere Gründe, und der gerade beschriebene ist nur einer davon. Ein zweiter Grund ist, dass Papier durch die Druckfarbe feucht wird und »geht«. Abhängig von der Menge der Druckfarbe beziehungsweise der Feuchtigkeit, der Papierfaser und ihrer Laufrichtung wächst das Papier in einer Richtung, wodurch sich wieder leichte Bewegungen ergeben können.

Zu großes oder zu kleines Format

Die Gefahr, die durch die Produktionstoleranzen besteht, ist nun folgende: Der Papierbogen wird manchmal etwas zu klein und manchmal etwas zu groß beschnitten. Kramen Sie doch mal in den Visitenkarten, die Sie in den letzten Jahren gesammelt haben: Es sind immer welche dabei, die leicht zu groß oder zu klein sind.

Informationen fehlen, oder es blitzt

Diese Tatsache allein ist aber nicht besonders ärgerlich. Ärgerlich wird es dann, wenn am Rand wichtige Informationen abgeschnitten sind. Genauso ärgerlich ist es, wenn flächige beziehungsweise farbige Elemente eigentlich bis an den Rand gehen, aber durch die Verschiebung jetzt nur bis fast an den Rand gehen. Das weiße Papier blitzt also durch.

Beschnitt erstellen

Wir als Gestalter können nun zwar nicht die Verschiebungen verhindern, wir können aber trotzdem das Ärgernis minimieren, indem wir Beschnitt erstellen. Dabei erweitern wir die Motive oder Flächen, die bis an den Rand gehen sollen, um jeweils drei Millimeter, so dass sie über den Seitenrand hinausragen. Unsere Druckdatei muss also rundherum drei Millimeter größer sein als das fertige Format.

Wichtige Informationen sollten aus technischen Gründen mindestens drei Millimeter vom Rand entfernt sein.

Blitzer
Das weiße Papier blitzt, weil durch die Verschiebung das Element nicht wie geplant bis an den Rand reicht.

Fachkunde

Passkreuze
Mit Hilfe der Passkreuze kann der Drucker die einzelnen Farben exakt übereinanderdrucken.

Endformat bleibt Endformat

Vielleicht fragen Sie jetzt, ob Sie die Visitenkarte nicht in 85 × 55 Millimeter, sondern in 91 × 61 Millimeter erstellen sollen? Nein. Die Größenangabe, die Sie im Programm vornehmen, bleibt unverändert, denn der Drucker braucht die Passkreuze auf dem Endformat, damit er weiß, wo er schneiden muss. Alle gängigen Layoutprogramme verfügen über eine Einstellung zum Beschnitt oder Anschnitt. Das heißt, dass das Dateiformat unverändert bleibt, aber Sie als Gestalter zum einen eventuelle Hintergründe tatsächlich größer anlegen und zum anderen die drei Millimeter beim Drucken oder PDF-Export angeben müssen.

Beschnitt und Schnittmarken

Der Anschnitt, der Beschnitt, die Beschnittzugabe oder die Druckerweiterung bezeichnen alle dasselbe: eine Erweiterung der Motive um drei Millimeter über den Seitenrand hinaus. Die Schnittmarken befinden sich etwas außerhalb der Datei und markieren, wo geschnitten werden muss, um auf das Endformat zu kommen.

Tipp für alle Fälle
Ich empfehle Ihnen, immer Beschnittzugabe anzulegen und so zu arbeiten, als würden Sie die Daten in die Druckerei geben. Dieses Vorgehen schadet nicht, wenn Sie zu Hause drucken, und Sie sind für alle Fälle gerüstet.

Das Papierformat des Flyers bleibt unverändert bei 297 x 210 mm.

Die schwarze Linie markiert den Papierrand; die Bilder reichen drei Millimeter über den Papierrand hinaus.

310

Papier und Veredelung

Je nach Auftrag und Umfang lassen Sie Ihre Gestaltung in der Druckerei drucken, oder Sie drucken die Datei selbst auf dem heimischen Drucker oder in einem Copyshop aus. Egal, für welche Variante Sie oder der Kunde sich entscheiden – das gewählte Papier spielt ebenfalls eine große Rolle dabei, ob Sie mit dem Ergebnis zufrieden sind oder nicht.

Papiersorten weisen verschiedene Eigenschaften auf, aufgrund derer manche Sorten für bestimmte Druckerzeugnisse besonders geeignet oder eben auch besonders ungeeignet sind. Der Einfachheit halber nimmt man gerne das von der Druckerei oder dem Copyshop empfohlene Standardpapier, aber damit vergeben Sie die Chance, Ihrer Gestaltung das i-Tüpfelchen zu verleihen.

Unterschiede

Papier ist nicht gleich Papier. Da ist zum Ersten die Papierstärke, zum Zweiten die Farbe und zum Dritten die Oberfläche, die Ihre Entscheidung für eine Papiersorte beeinflussen sollte. Dazu kommen die Reißfestigkeit und die Alterungsbeständigkeit. Und letztlich sollte auch die Umweltfreundlichkeit an der Entscheidungsfindung beteiligt sein.

v Papierqualität
Je nach Druckverfahren und Geldbeutel entscheidet man zwischen verschiedensten Papiersorten und -qualitäten.

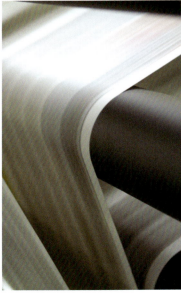

Fachkunde

Langlebig
Das Papier für Banknoten muss besonders alterungsbeständig sein.

Der Hauptbestandteil von Papier sind die Faserstoffe Holzstoff oder Zellstoff sowie Füllstoffe wie zum Beispiel gemahlener Marmor, Kalkstein oder Ton. Die Füllstoffe setzen sich zwischen die Zellfasern und verleihen dem Papier dadurch bestimmte Eigenschaften. Baumwolle als Füllstoff lässt ein Papier alterungsbeständiger werden, was zum Beispiel für Urkunden und Banknoten wichtig ist. Auch die Weichheit des Papiers sowie seine Spannung oder auch seine haptische Wirkung werden von den Füllstoffen beeinflusst.

Leimung

Oberfläche
Unterschiedliche Leimungsarten sorgen für verschiedene Papieroberflächen.

Sie haben bestimmt auch schon festgestellt, dass Papier eine ganz unterschiedliche Oberfläche haben kann, die man nicht nur fühlt, sondern auch sieht. Das Papier kann rau oder ganz glatt sein, matt oder glänzend. Für diese Oberflächeneigenschaften ist unter anderem die Leimung verantwortlich. Dabei wird das Papier mit Baumharz wasserabweisend gemacht, damit sich die Druckfarbe im Papier nur begrenzt ausweitet. Abhängig von der Art der Leimung sowie von weiteren Streichverfahren entstehen matte oder glänzende Papiere, gestrichene Kunstdruck- oder Bilderdruckpapiere. Naturpapiere hingegen sind nicht gestrichen, allerdings können Sie auch hier zwischen verschiedenen Varianten wählen: Die Oberfläche kann unbearbeitet, satiniert (geglättet) oder hochsatiniert (stark geglättet) sein.

Papiergewicht

Wenn Sie für Ihren Drucker Papier kaufen, steht neben dem Format in der Regel auch eine Gewichtsangabe auf dem Paket. Dabei handelt es sich um das Papierflächengewicht oder Quadratmetergewicht, was als Grammatur bezeichnet wird. Die Angabe von 80 g/m^2 bedeutet zum Beispiel, dass ein Quadratmeter dieses Papiers, also beispielsweise ein Blatt DIN A0, genau 80 Gramm wiegt. Da ein Blatt DIN A4 genau 16-mal in DIN A0 hineinpasst, würde es somit 5 Gramm (80:16) wiegen.

Papier und Veredelung

Achtung bei Umweltschutz- und Recyclingpapier

Umweltschutzpapier enthält 100 % Altpapier als Faserrohstoff. Es wird weder gebleicht noch neu gefärbt und vor allem nicht per De-inking-Verfahren behandelt, es wird also auf jeglichen Chemikalienzusatz verzichtet. Auch der Verbrauch von Wasser und Energie ist beim Umweltschutzpapier deutlich geringer. Auch wenn der Begriff Umweltschutzpapier nicht rechtlich geschützt ist, erkennt man die Papiere aber an bestimmten Markennamen wie vup, ÖKOPAplus, ap und papierTiger.

Im Gegensatz zum Umweltschutzpapier wird beim Recyclingpapier das De-inking-Verfahren eingesetzt, damit die Druckfarben gut entfernt werden und das Papier beispielsweise auch in der grafischen Industrie verwendet werden kann. Recyclingpapier erkennt man am Blauen Engel.

Recyclingpapier
Gut zu erkennen am Blauen Engel.

Holzfrei und chlorfrei

Wenn Sie Papier mit dem Aufdruck »holzfrei« kaufen und glauben, damit Ihren Beitrag zum Abholzungsstopp der Wälder zu leisten, dann irren Sie – leider. Auch bei holzfreiem Papier wird Holz als Faserrohstoff verwendet. Die im Holz enthaltenen Harze und Lignine werden entfernt, eingesetzt wird nur die Zellulose. Im Gegensatz dazu werden holzhaltige Papiere aus Holzschliff beziehungsweise Holzstoff hergestellt und vergil-

Oberfläche
Recyclingpapier schont Ressourcen und die Umwelt. Auch farbiges Papier lässt sich recyclen.

Fachkunde

Mogelpackung
Statt Chlor wird heute Chlorperoxid verwendet.

ben im Gegensatz zu holzfreien Papieren durch das enthaltene Lignin. Somit bedeutet holzfrei lediglich »ohne Lignin«, besser noch »holzstofffrei«, vergilbt nicht so stark, gibt aber keinerlei Auskunft über die Umweltfreundlichkeit oder die Zusammensetzung des Stoffs.

Ähnlich verhält es sich mit der Bezeichnung »chlorfrei gebleicht«. Früher wurde hauptsächlich mit Chlor gebleicht und dem Kunden gegenüber behauptet, im Tiefdruck könne nicht auf chlorfreies Papier gedruckt werden. Mit Chlor wird aber schon seit 20 Jahren nicht mehr gebleicht – dafür mit dem schädlichen Chlordioxid beziehungsweise Chlorperoxid, was dann als »chlorfrei« vermarktet.

Die Qual der Wahl

Bevor Sie sich also für ein Papier entscheiden, sollten Sie sich Gedanken über die gewünschte Wirkung Ihres Druckerzeugnisses machen, aber auch über die Lebensdauer, die Umweltverträglichkeit und nicht zuletzt über den Preis, der bei der Wahl ein Wort mitspricht. Einige Online-Druckereien verschicken Papierproben, und wenn Sie eine Druckerei vor Ort besuchen, können Sie sicherlich in Papiermusterbüchern blättern.

Checkliste für die Papierwahl

- Wenn Ihre Gestaltung viel Text enthält, empfiehlt sich ein cremefarbenes oder leicht graues Papier, genauso aber eine matte oder ungestrichene Oberfläche, um Reflexe zu vermeiden.
- Haben in Ihrer Gestaltung die Bilder das Sagen, führt ein Papier, das einen besonders hohen Kontrast erlaubt, zu den besten Ergebnissen. Strahlend weiße, gestrichene glänzende Papiere liefern hier die besten Ergebnisse. Auch tut man gut daran, die maximale Rasterweite des Papiers beziehungsweise die mögliche Wiedergabe des Tonumfangs zu kennen.
- Wenn Sie zu Hause drucken, sollten Sie natürlich zuerst klären, welches Papier Ihr Drucker verarbeiten kann. Vorsicht, gerade bei der Papierstärke kommt der heimische Tintenstrahler schnell an seine Grenzen.
- Wenn Sie in der Druckerei drucken, sollten Sie mit einem Fachmann bei der Papierwahl immer auch das anstehende Druckverfahren ansprechen. Abgesehen von der Laufrichtung, die im Druck und bei der Weiterverarbeitung bedacht werden muss, eignen sich bestimmte

Papier und Veredelung

Papiere für bestimmte Druckverfahren und deren Druckfarbe besser oder schlechter.

- Briefbögen fühlen sich auf 80 g/m² am wohlsten, Visitenkarten auf 240 bis 400 g/m², Flyer oder Broschüren auf 135 bis 170 g/m² und Postkarten auf 180 bis 450 g/m².
- Denken Sie bei der Papierwahl auch an eventuell anfallendes Porto. Bei einer Papierstärke von 80 g/qm können Sie maximal drei DIN-A4-Blätter mit Standardporto verschicken.

Laufrichtung

Beim Aufschlagen eines Buchs zeigt sich gleich, ob die Druckerei die Laufrichtung des Papiers beachtet hat. Befindet sich die Laufrichtung des Papiers parallel zum Bund, lässt sich das Buch gut aufschlagen.

Auch bei einem Flyer, der gefalzt wird, sollte die Druckerei die Laufrichtung beachten. Ansonsten sieht der Falz unschön und aufgerissen aus, was besonders dann auffällt, wenn er farbig gedruckt ist.

[**Vorsicht Digitaldruck**]
Wenn das in der Druckerei gedruckte Papier wie beispielsweise ein Briefbogen später im Laserdrucker noch bedruckt werden soll, darf die Druckerei nicht digital drucken. Die Farbe würde sich sonst beim Bedrucken im Laserdrucker ablösen. Somit sind Briefbögen und Rechnungsvordrucke ein Fall für den Offsetdruck. Das Bedrucken mit Inkjetdruckern funktioniert problemlos.

Papierrolle
Riesige Rollen in der Papierfabrik

Korrekte Laufrichtung
Wenn die Laufrichtung nicht stimmt, bricht der Falz auf, und das weiße Papier ist zu sehen.

Bei der Breitbahn liegt die kurze Kante der Bahn parallel zur Faser.

Bei der Schmalbahn liegt die lange Kante der Bahn parallel zur Faser.

Fachkunde

Um die Laufrichtung festzustellen, kann man das Papier von beiden Seiten etwas einreißen. Der Riss, der parallel zur Faserrichtung verläuft, ist in der Regel glatter als der Riss, der quer zur Faserrichtung läuft. Liegen die Fasern parallel zur langen Bogenseite, spricht man von Schmalbahn. Liegen die Fasern parallel zur kurzen Bogenseite, spricht man von Breitbahn.

∧ Wasserzeichen
Ein alter Briefumschlag mit Wasserzeichen

Wasserzeichen

Ein Wasserzeichen lässt so manches Schriftstück edel und einzigartig aussehen. Es dient aber nicht nur der Veredelung, sondern vermeidet oder erschwert zumindest Fälschungen und Manipulationen. Echte Wasserzeichen entstehen bereits bei der Blattbildung auf dem Sieb, indem eine Siebwalze, die Egoutteur, Fasern verdrängt beziehungsweise anhäuft. Erhält das Papier erst in der Presse sein Zeichen, spricht man vom halbechten Wasserzeichen. Hier arbeitet eine Prägewalze, die die Fasern nicht unterschiedlich verteilt, sondern nur verdichtet. So manche Firmen werben damit, dass sie Wasserzeichen nachträglich ins Papier bringen können. Hier handelt es sich um unechte Wasserzeichen, die mit fetthaltiger Farbe ohne Farbpigmente aufgedruckt werden.

v Prägefolien
Eine Möglichkeit der Veredelung sind farbige Folien, die geprägt werden.

Andere Veredelungen

Heutzutage sind veredelte Druckerzeugnisse keine Ausnahme mehr. Sie liegen im Trend, begegnen uns täglich in Form von Verpackungen, aber auch bei Flyern, Einladungen, Menükarten, Katalogen, Zeitschriften oder sogar Büchern. Der erste Eindruck ist nun mal entscheidend, und wer will da nicht glänzend abschneiden. Auch Privatleute, die ihren Eindruck mit einer ganz speziellen Visitenkarte unterstützen möchten, wählen gerne aus dem Veredelungssortiment. Selbstverständlich sind die Veredelungen mit Mehrkosten verbunden, aber wenn der Kunde Interesse hat, sollten Sie in der Druckerei unbedingt nachfragen – je nach Verfahren sind die Kosten überschaubar.

Duftender Lack

Beim Lackieren wird transparenter Lack auf das Objekt aufgetragen, der Geschmack entscheidet zwischen matt und glänzend. Je nach Wunsch wird er flächig oder nur partiell, dann aber in der Regel als Effektlack eingesetzt. Ähnlich wie bei Möbeln wählt man zwischen dem einfachen, wasserlöslichen Dispersionslack oder dem hochwertigeren UV-Lack. Je nach Geschmack können Sie Ihrem Kunden auch Glitterlack oder eine Kombination von Mattlack und Hochglanzlack empfehlen, bei dem feine Tropfen entstehen.

Wenn Sie für einen neuen Kaffeeladen werben, erkundigen Sie sich doch einmal nach einem Duftlack, der nach frisch gerösteten Kaffeebohnen duftet. Das Besondere daran ist, dass sich durch Reiben nur ein paar der Duftkapseln öffnen, die anderen bleiben intakt. Somit frischt der Duft nach erneutem Reiben immer wieder auf – vielleicht wäre das etwas für Ihren Kunden.

Prägedruck

Beim Prägedruck wird gleichzeitig die Form mit ihren Erhöhungen und Vertiefungen sowie auch Farbe gedruckt. Bei der Planprägung liegen sämtliche Schichten auf einer Ebene, nur manchmal zeichnet sich die Form schemenhaft auf der Rückseite ab. Der Effekt entsteht durch die Farben beziehungsweise Folien, die geprägt werden. Häufig verwendet man Folien mit Metalleffekt, um einen deutlichen Kontrast zwischen matten und glänzenden Objekten zu erzielen.

Wenn Sie Ihre Gestaltung mit Leben füllen wollen, sollten Sie sich die Strukturprägung genauer ansehen. Dabei erhält das Druckbild eine rasterartige Oberfläche, indem sie mit dem Strukturprägewerkzeug verformt wird. Je nach Lichteinfall entstehen so wunderbare Effekte und optische sowie haptische Erlebnisse.

▽ Veredelt
Auf dem oberen Bild sieht man eine Blindprägung, darunter jeweils eine Heißfolienprägung.

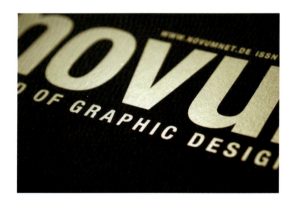

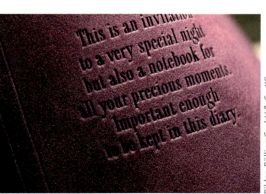

Bilder: Bölling GmbH & Co. KG

Fachkunde

Heißfolienprägung

Sie kennen sicher auch die mit goldenen Buchstaben verzierten, ledernen Buchdeckel – ein Ergebnis, das mit der Heißfolienprägung möglich wird. Hier werden beschichtete Folien geprägt, deren Metall- oder Pigmentschicht sich beim Aufpressen durch die Wärme löst und am Papier hängenbleibt. Wer seinem selbstgeschriebenen Buch, seinem Fotoalbum oder seiner Visitenkarte eine ganz besondere Haptik verleihen möchte, greift zur Blindprägung. Bei der Blindprägung werden Buchdeckel oder Ähnliches ohne Farbe oder Folie lediglich durch das Einpressen von Elementen verziert. Obwohl auch auf 200 g/m² geprägt werden kann, entstehen bei dickerem Material wie Büttenkarton mit 300 g/m² oder Leder deutlichere Ergebnisse. Je dicker das Material, desto deutlicher und besser ist das Ergebnis zu sehen.

Siegelmarken und Stahlstiche

Wenn Sie Ihren Kunden mit etwas ganz Besonderem beeindrucken möchten, können Sie ihm Siegelmarken empfehlen. Diese Mischung aus Buchdruck und Blindprägung prägt farblos in eine farbige Umgebung und eignet sich besonders für flächige Objekte mit negativen Elementen. Genau genommen handelt es sich um kleine Papierblättchen aus gummiertem Papier oder mit Klebstoff versehen. Die Marken versiegelten ursprünglich geheime Dokumente und lösten Mitte des 19. Jahrhunderts die Wachssiegel ab. Heute dienen sie kaum noch der Sicherung von Inhalten, sondern wecken durch ihre einzigartige Erscheinung die Aufmerksamkeit.

Stahlstiche wirken durch das Relief und die Licht- und Schatteneffekte besonders lebendig und brillant. Besonders gut eignen sich Materialien wie Papier oder Karton, die naturbelassen sind. Der Einsatz ist breit gefächert: Von der Briefausstattung über Einladungen oder Zertifikate sind Stahlstiche eine ganz besondere Wahl, allerdings eignen sie sich eher für kleine Motive mit feinen Linien und Konturen, kleine Schriften oder Schraffuren lassen sich gut wiedergeben. Die Kosten für den Stahlstich sind allerdings eher hoch, da das Verfahren relativ aufwendig ist.

∨ Ungewöhnlich
Oben ein Beispiel für Siegelmarken, darunter ein Stahlstich.

Bilder: Bölling GmbH & Co. KG

Kaschieren und Laminieren

Bei der Veredelung geht es nicht ausschließlich um das Beeindrucken – manchmal ist es einfach nur eine pragmatische Entscheidung: Speisekarten beispielsweise sollten, damit sie länger halten, vor Schmutz, Abrieb, UV-Strahlung und Feuchtigkeit geschützt werden. Beim Kaschieren wird das Papier mit anderen Papieren oder Folien überzogen. Diese können matt oder glänzend sein und verschiedene Oberflächenprägungen und Farben aufweisen.

Die Alternative zum Kaschieren ist das Laminieren. Dabei wird die Vorlage beidseitig heiß in eine Folie eingeschweißt. Durch die Hitze entsteht eine unlösbare Verbindung zwischen der Vorlage und der Folie, so dass Feuchtigkeit und Nässe keine Chance haben.

Kosten

Je nach Vorlage und Art der Veredelung werden manche Werkzeuge und Formen händisch erstellt, und das schlägt sich selbstredend in der Rechnungssumme nieder. So sind zum Beispiel 500 Visitenkarten vierfarbig, im Offsetdruck auf 300 g/m² bereits um die 35 Euro zu haben – sollen die Karten glitzern oder nachts leuchten, erhöht sich der Preis schnell um 300 bis 350 Euro. Blumen- oder Gewürzduft hingegen erfordern einen Aufpreis von circa 290 Euro.

Selbst veredeln

Häufig ermöglicht das Budget keine Veredelung im herkömmlichen Sinn. Wer sein gedrucktes Objekt trotzdem ein wenig aufpeppen möchte, kann sich auch mit anderen, preiswerten Möglichkeiten Aufmerksamkeit verschaffen. Wie wäre es zum Beispiel damit: Sie lochen Ihren Flyer oder Ihre Karte und ziehen eine Schleife oder ein Band hindurch. Von verspielter Geschenkschleife bis hin zu rustikalem Paketband – greifen Sie zum passenden Mittel. Oder was halten Sie hiervon: Besorgen Sie sich kleine Wäscheklammern aus Holz, und befestigen Sie diese an Ihrer Karte – entweder einfach so, oder Sie klammern an die Karte für das neue Café gleich eine Serviette dran.

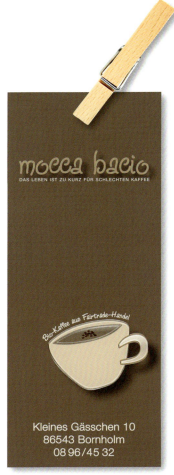

Bildnachweis

Hier finden Sie Bildnachweise, die aus Layoutgründen nicht direkt neben den Bildern gegeben werden konnten. Sofern nicht anders angegeben, stammen alle Bilder von Fotolia.com.

Inhaltsverzeichnis

Seite 4
29219592 © Sebastian Muthwill

Seite 5
33469360 © TEA
38945890 © z3zo
40663078 © lassedesignen
26517006 © kaphotokevm1

Seite 6
37872757 © photocrew

Seite 7
30927253 © Marius Hasnik
38191056 © Foto-Ruhrgebiet

Kapitel 1

Seite 11
32379059 © evarin20

Seite 12
29280929 © Barrington
11630871 © Pavel Losevsky
25575443 © jörn buchheim

Seite 17
30196040 © runzelkorn

Seite 18
30927270 © Subbotina Anna
41066254 © notkoo2008

Seite 19
19290567 © diez-artwork

Seite 20
1622266 © Kati Molin
10425956 © Andreas Haertle
32647829 © Peter Atkins
34131862 © Dialogue8
33356592, 35300696,
38543390 © ARochau
43738108 © Kzenon

Seite 22
43527290 © Schlierner

Seite 23
8033460 © Johanna Mühlbauer
4489184 © Elis Lasop
32747973 © Joachim Wendler

Seite 24
40586003 © THesIMPLIFY

Seite 26
© Nikolaus Netzer

Seite 28
18277442 © Daniel Bujack

Seite 30
19907522 © Pixel & Création

Seite 32
David Berkowitz@flickr
JeffChristiansen@flickr

Seite 35
36090343 © Nailia Schwarz

Seite 36
43545666 © dinozzaver
4784767 © Kzenon
32860792 © babimu

Seite 38
32102048 © Subbotina Anna

Kapitel 2

Seite 48
15955452 © christine krahl

Seite 49
7310828 © Jürgen Fälchle
9348321 © Dmitry Koksharov

Seite 51
27585354 © Aija Krodere
33870968, 34747397 © Uolir
27959875 © jchacon65
22653934 © Jean-Luc GIROLET
7977952 © cleomiu
9013665 © www.andonwww.com

Seite 52
28662638 © archipoch

Seite 58
20566777 © CandyBox Images

Seite 61
29255589 © LianeM
25565410 © DOC RABE Media
25502496 © Marina Lohrbach

26405127 © M.Rosenwirth
14813858 © Anja Kaiser
29549594 © Ilya Andreev

Seite 62
18824782 © vovan

Seite 63
30984164 © Peter Hermes Furian

Seite 64
8464476 © Jason Stitt
13450203 © Vladir09
33286493 © puckillustrations

Seite 66
23264964 © FotoLyriX
19918128 © Rangzen

Seite 67
26866892 © Subbotina Anna

Seite 68
10364341 © Yuri Arcurs

Seite 71
10531332 © queidea

Seite 74
24295376 © Stefan Schurr

Seite 75
25614546 © RA Studio
36435331 © Benjamin Haas
1352186 © U.P.images
34169429 © burak çakmak

Seite 77
29219592 © Sebastian Muthwill

Seite 78
31115656 © Jürgen Fälchle
28382333 © tankist276

Seite 82
31754459 © Mechanik

Seite 83
22932713 © FM2

Seite 85
23706160 © hopewei
22611671 © by-studio
13547992 © karaboux
33842093 © MP2

Bildnachweis

36721932 © djama
5414782 © zimmytws

Seite 86
32413691, 35067495 © Gina Sanders

Seite 89
28875692 © Sergej Toporkov
19897804 © Irina MANSIEUX
27222423 © panthesja
10767792 © Patrizia Tilly

Seite 92
32236113 © Luis Louro

Seite 95
38073716 © ap_i

Seite 98
20285095 © barneyboogles
22765690 © illustrart

Seite 99
23517237 © hugolacasse
35515483 © sashpictures
27414324 © gam16

Seite 100
4032319 © poco_bw
5998767 © Paul Moore
24418587 © Khorzhevska
12439538 © queidea

Seite 106
31382753 © ThinMan

Seite 112
24731089 © Yuri Arcurs
32210445 © Beboy
35434930 © Seamartini Graphics

Seite 115
8573799 © Yuri Arcurs
26648049, 24961717 © Edyta Pawlowska
26224688 © Graça Victoria
29064933 © Linnea Eriksson

Seite 117
37592738 © photobank.kiev.ua

Seite 118
33803355 © Natis
30059804 © spiral media

Seite 121
14032224, 14032074 © Yuri Arcurs

Seite 126
32379059 © evarin20

Seite 128
24351152 © Miroslawa Drozdowski
31311634 © Valua Vitaly

Seite 130
17745358 © shockfactor
28607836 © Yuri Arcurs

Seite 132
32366223 © Fotowerk

Seite 133
29248085 © Igor Yaruta

Seite 140, Danksagung zur Hochzeit
26517006, 26518586, 26517576,
26517540, 26517310, 26517310,
26517100, 26516935, 26518028,
26517922 © kaphotokevm1
30200968 © bilderstoeckchen
40636775 © IngridHS
15096191 © Ernst Cerjak

Kapitel 3

Seite 146, Postkarte »Kulturnacht«
3447519 © mias

Seite 149
40054607 © Eiskönig

Seite 156, Ein Flyer für ein Weingut
29255589, 29789436 © LianeM
25565410 © DOC RABE Media
25502496 © Marina Lohrbach
26405127 © M.Rosenwirth
15629132 © froxx
35183150 © ThKatz
34650224 © Tobilander
3046754 © sk_design
44199385 © lesniewski

Seite 167
www.freevector.com

Seite 169
44533662 © beermedia

Seite 170
44199628 © rangizzz

Seite 172
44821942 © dario
16527529 © yeahwgeni
44792744 © dario

Seite 173
35466613 © THesIMPLIFY

Seite 184, Broschüre für eine Bücherei
18472265, 18472268, 18473843,
18550246, 18550310, 35609813,
35674246 © Robert Kneschke
26903228 © ChristArt
32775854 © hansenn
33415456 © pic-tours
33596665 © Landei
33824741 © Stefan Körber
36626036 © Dan Race
37288194 © Tran-Photography
37720254 © Picture-Factory
42575657 © Andres Rodriguez
44089909 © Ilike

Seite 187
21838562 © fotos4u

Seite 192, Geschäftsausstattung
37880901, 37881012, 37881615,
41762276, 41762318 © Magda Fischer
41925677 © Darren Baker

Seite 205
14813858 © Anja Kaiser

Seite 206, Das Gemeinschaftshaus
4538830, 21394917, 42902988,
44407339 © Alexander Raths
16720917 © Pixelberg
38561951 © Volker Witt
20751592 © gilles lougassi
24961717 © Edyta Pawlowska
28507634, 35385037 © Robert Kneschke
32552687, 44361223 © Kurhan
32636679 fotodesign-jegg.de
35976491, 36693336, 38390302,
43538586 © Gina Sanders
39360545 © Kaarsten
40266811 © Petair
42471713, 42546585 © Tyler Olson
42894381 © diego cervo
43496896 © Kzenon
42503479 © Cello Armstrong
26955204 © Monkey Business
27094931 © sinuswelle

Seite 211
40868511 © Rido

Seite 223
40741174 © Amir Kaljikovic

Bildnachweis

Seite 224
33300517 © Schlierner

Seite 226
29036360 © Jeanette Dietl

Seite 227
37872757 © photocrew

Seite 234, Eine perfekte Speisekarte
24398850 © m.schuckart
25711057 © Inga Nielsen
37341045 © K.-U. Häßler
33337628 © photocrew
32813319 © Jacek Chabraszewski
32642643 © silencefoto
26240439 © Boris Ryzhkov
40824528 © Jacek Chabraszewski

Seite 235
2364648 © Gautier Willaume

Seite 236
5499910 © demarco

Seite 237
38037976 © Petair

Seite 242, Broschüre »Location-guide«
17101370 © PictureArt
18643037 © Luftbildfotograf
22965133 © fotogestoeber
26955204 © Monkey Business
29385480 © ChristArt
29848540 © Ogerepus
30451395 © Picture-Factory
31830420 © arinahabich
32773220 © Kurhan
33558944 © pressmaster
35235433 © Christa Eder
36238207 © PRILL Mediendesign
37438484 © M.studio
37685528 © ristaumedia.de
37751165, 38783880 © ristau-media.de
40638369 © .shock
41649526 © Kzenon
41898974 © kab-vision
29561005 © mico_images

Seite 247
44476256 © Ramona Heim
29212577 © Beboy
4244450 © Andres Rodriguez

Seite 248
30858741 © JackF

Seite 249
21536586 © focus finder

Seite 250
16526560 © EF-EL
28527371 © contrastwerkstatt

Seite 251
8750113 © bushbug

Seite 252, Theaterprogramm im Zickzackfalz
28354919 © mch67
33469360 © TEA
38945890 © z3zo
40581126, 40663078 © lasse-designen

Seite 264, Ein Kleingartenverein in Zahlen
27213263 © Stauke
32979205 © Eiskönig
37010979 © Luisa23
37592509 © Pixelot39346371
40787459 © Stefan Körber
42558260 © st-fotograf
33233599 © Alexander Raths
39800403 © ecco
41216590 © Dreaming Andy
42435366 © hs-creator
36847844, 43722495 © DavidArts

Seite 272
42424453 © pockygallery11
42193446 © DavidArts

Seite 274–275
36847844, 42530689 © DavidArts
35948403 © Skill Up

Seite 276, Ferienspiele
30303899 © Miredi

Seite 277
19290567 © diez-artwork

Seite 281
36913812 © AK-DigiArt

Seite 282, Online-Blumenladen
25960170 © N-Media-Images
29537904 © Subbotina Anna
29729067 © Anna Omelchenko
40429769 © Superhasi
30654812 © Matthias Enter
9660905 © emmi

Kapitel 4

Seite 292
36721481 © Dreaming Andy
18288103, 18300090 © MASP
12822858 © Scanrail

Seite 295
22608469 © seen

Seite 296
12873256 © sashpictures

Seite 297
35615883 © sashpictures

Seite 298
20914717 © Pixelwolf

Seite 299
23203265 © Amir Kaljikovic

Seite 300
22870379 © seen
30927253 © Marius Hasnik

Seite 301
38191056 © Foto-Ruhrgebiet

Seite 302
35923991 © PRILL Mediendesign

Seite 303
© Panasonic

Seite 305
29848540 © Ogerepus

Seite 307
28382333 © tankist276

Seite 308
43051807 © Alterfalter

Seite 310
27264953 © frank peters

Seite 311
16127009 © Cmon
18639829 © Ssogras

Seite 312
44730683 © Cpro
42145584 © Erik Schumann
37589137 © kristina rütten
38428688 © Jürgen Fälchle

Seite 313
15705881 © Stefan Körber
26425820 © rupbilder
24657042 © d-jukic

323

Inhalt

Seite 314
29961365 © mopsgrafik
40730920 © Inga Nielsen

Seite 315
16637863 © Ssogras

Seite 319
27044127 © ag visuell
37834749 © Foto-Ruhrgebiet

Index

3D-Effekt 274
.ai 303
.cdr 303
.doc 303
.indd 303
.qxp 303

A

Absenderzeile 198
Achsen 82
Additiver Farbraum 294
Adressfeld 197
Altarfalz 159
Analoge Farbmischung 129
Analoge Farbreihe 240
Anfangsbuchstabe
    groß 259
Anführungszeichen 150
Anschnitt 308
Antiqua 95
Anzeige
    Ausstellungseröffnung 51
    Computerwerkstatt 22
    Diät 64
    Fitness 58
    Hautcreme 30
    Kosmetiksalon 128
    Parfüm 32
    Partnervermittlung 121
    Sportgetränk 130
    Teeladen 46
Artefakte 307
Asymmetrische Anordnung 79
Asymmetrisches Logo 81
Auflösung 300, 301
Aufmerksamkeit erzeugen 10, 45
Aufmerksamkeit lenken 220
Augenhöhe 209
Ausdruck 297, 301
Aushang 62
    Tag des Klimas 82
    Verein kreativer Kleinkinder 126
Auslassungspunkte 152
Ausrufezeichen 153, 233
Auszeichnung 117

B

Bankleitzahl 151
Bearbeitungsvermerke 197
Beispiele
    Ausstellungseröffnung 51
    Biobauernhof 18
    Blumenladen 282
    Broschüre »Locationguide« 242
    Budoschule 100
    Café-Eröffnung 214
    Coffee club 98
    Computerwerkstatt 22
    Danksagung zur Hochzeit 140
    Designagentur 110
    Diät 64
    DJ 40
    Ferienspiele 276
    Fitness 58
    Gasanbieter 70
    Gemeinschaftshaus 206
    Geschäftsausstattung 192
    Golfclub 20
    Grafikerin 53
    Hautcreme 30
    Headhunter 95
    Heilpraktiker 222
    Hochschule 118
    Hochzeitseinladung 12, 48, 54
    Hotel 28
    Jugendmagazin 115
    Karaoke 75
    Kinderportal 25
    Kleingartenverein 264
    Konzertankündigung 38
    Kosmetiksalon 128
    Magazin 26
    Malermeister 52
    Massagestudio 73
    Möbelkatalog 49
    Ökologische Immobilien 89
    Parfüm 32
    Partnervermittlung 121
    Postkarte »Kulturnacht« 146
    Reederei Sento 127
    Regisseur 35
    Speisekarte 234
    Sportgetränk 130
    Sprachschule 112
    Tag des Klimas 82
    Technoclub 222
    Teeladen 46
    Tennismagazin 85
    Theaterprogramm 252
    Verein kreativer Kleinkinder 126
    Weingut 156
    Wellness 77
    Zeitmanagement 63
Beschnitt 165, 281, 309, 310
Betrachtungsmuster 63
Bewegung 70
Bild 67
    Auflösung 301
    aufpeppen 242
    Ausschnitt 244
    beschneiden 209, 243
    Blickfang 223
    Detail 250
    Fokus 248
    Froschperspektive 211
    Größe 301
    Grundfarbe 132
    im Internet 304
    Polaroid 247
    Qualität 300
    schlechtes verbessern 247
    Spannung erzeugen 145
    unterteilen 245
    Vogelperspektive 211
Bildachse 67
Bild als Hintergrundelement 120
Bildausschnitt 207
Bilddetail 145
Bilder kombinieren 145
Bildmarke 168
Bildpunkt 299
Bildqualität 299
Bindemethoden 234, 236
Bis-Strich 152
Blickfang 223
Blickführung 62, 67, 220
    durch Bilder 66

Index

Blickrichtung 208, 212
Blitzer 165, 309
Briefbogen 192, 205
   Angaben 196
   Faltmarke 198
   faxfähig 204
   Geschäftsangaben 199
Broschüre
   Gemeinschaftshaus 206
   Locationguide 242
Buchstabenform 98
   verändern 180
Buchstabenmarke 168
Bund 185

C

CD 194
Charakter 97
Chlorfrei 313
CI 194
CMYK-Farbraum 295
CMYK-Modus 296
Corporate Design 194
Corporate Identity 194

D

Danksagung
   zur Hochzeit 140
Darstellungsgröße 210
Dateiformat 303, 306
Datum 148
Dezent und geschmackvoll 128
Diagonalkonstruktion 186
Diagramm 265, 271
Diagrammtyp 272
Digitaldruck 315
Digitalkamera 302
DIN A4 157
DIN-Formate 57
DIN lang 61
Divis 152
Doppelseitig 188
Dreieck 72
Dreierharmonie 239
Dritteln 55
Druck 300
   Anforderungen 280

Drucker 311
Duftender Lack 317
Dynamik 74, 191

E

Echte Kursive 102
Effekt 246
   Hell-Dunkel 248
   Verfremden 251
Einbruchfalz 158
Einladung
   Designagentur 110
   zur Hochzeit 13, 48
Elegant und ästhetisch 49, 112
Elemente anordnen 62
Emotionale Werbung 33
Emotionen 28
Endformat 310
EPS 304
Eyecatcher 24

F

Fadenheftung 237
Fadenzähler 300
Faktoren zur Lesbarkeit 88
Faltmarke 198
Falz 157
Falzarten 158
Falzbruch 159
Falzmarken 165
Farbauftrag 280
Farbdarstellung 293
Farbe 118, 122, 293
   auf dem Monitor 293
   im Druck 293, 294
Farben 182
   als Gefühlsauslöser 125
   gedeckte 214
   Jugendliche 279
   Kinder 279
   knallige 194
   kombinieren 126
   leuchtende 295
Farbenttäuschungen vermeiden 296
Farbkreis 124
Farbmanagement 295

Farbmusterbücher 296
Farbperspektive 131
Farbraum 293
Farbreihe 129
Farbschwankungen 298
Farbtemperatur 125
Farbtreue 298
Farbwirkung 123
Fax 161
Faxfähig 204
Fensterfalz 159
Fett 102
Filter 246
Flächen 268
Fließtext 93
Flimmerkontrast 238
Flyer
   Beschnitt 165
   Budoschule 100
   Konzertankündigung 38
   Seitenbreite 160
   Sprachschule 112
   Teeladen 46
   Theaterprogramm 252
   Weingut 156
   Wellness 77
   Zeitmanagement 63
   Zickzackfalz 252
Font 106
Format 56, 303
   ändern 250
   entgegengesetzt 244
Format DIN 56
Foto 209, 299
   Qualität 299
   vergrößern 299
Fraktur 107
Freier Raum 50, 285
Fußzeile 189

G

Gedankenstrich 152
Gefühle auslösen 28
Geschäftsangaben 199
Geschäftsausstattung 192
   Visitenkarte 203
Geschmack 13
Gestaltung 10, 14

Gestaltungsachse 82
Gestaltungselement
   Kasten 262
   Kreis 163
   Kurve 65
   Rahmen 245, 247
Gestaltungsraster 81, 83, 190
   Achsen 213
   Einsatz 83
   im Web 283
   verlassen 213
Geviert 152, 153
GIF 304
Gliedern 38, 47
Gold 233, 297
Gradzeichen 152
Grafik mit Schriftzug 194
Grafische Elemente 225
Grammatur 205, 312
Grauwirkung 94
Großaufnahme 209
Großbuchstaben 116, 155, 179
Größe 92
   Briefbogen 60
   Poster 62
   Postkarte 60
   Visitenkarte 60
Grotesk 95
Grundfarbe 126, 132
Grundform 72
Grundlagen 44
Grundlinie 114
Gruppenaufnahme 247

H

Handschriftcharakter 177, 232
Harmonisches Schriftbild 94
Harmonische Wirkung 76, 78
Heißfolienprägung 318
Helligkeit 100
Hervorhebungen 155
Hintergrund 164
   Text 232
Hintergrundbild 226
Hintergrundfarbe 211
HKS 297
Hochformat 58, 59, 144
Hochzeitseinladung 13, 48, 54
Holzfrei 313

I

Ideenfindung 170
Inch 300
Informationen
   aussieben 36
   bündeln 37
   vermitteln 10
   zusammenfassen 39
Informationsgruppe 47
Initial 259
Inkjetdrucker 205

J

JEPG 304
Johannes Itten 124
JPEG 306
JPEG-Artefakte 307
Jugendstilschrift 107

K

Kalibration 296
Kalte Farben 125
Kapitälchen 116, 154
   Schriftschnitt 154
Kaschieren 319
Key Color 294
Klappkarte 140
Klebebindung 237
Kleinbuchstaben 116
Komplementärfarbe 127, 238
Komprimierungsverfahren 306
Kontonummer 151
Kontrast 47, 89, 118, 144
   zwischen Text und Hintergrund 226
Kontrastreiche Farben 127
Kopfzeile 189
Körperfarben 294
Körperhaltung 212
Kräftig und bunt 126
Kräftig und harmonisch 127
Kreis 73, 131, 163
Kreuzfalz 159
Kursiv 102

L

Laminieren 319
Längerer Text 111
Laserdrucker 205
Laufrichtung 315
Laufweite 94, 179, 255
Laufweitenkorrektur 94
Leerraum 151
Leporello 158
Lesbarkeit 47, 88, 92
   im Web 288
Lesefluss 111
Leseumstände 17
Lichtfarben 293
Lines per Inch 300
Linie 76, 177, 178
   Stärke 181
Linienstärke 268
Lochmarke 199
Logo
   Bar 177
   Carsharing 172
   Coffee club 98
   Eigenschaften 167
   Entwicklung 169
   Farbe 135
   Hintergrund 182
   Imker 166, 174
   Komplexität 172
   Maklerin 194
   Reederei 127
   Schrift 175
Logodesign, Checkliste 170
lpi 300

M

Magazin
   Jugend 115
   Karaoke 75
   Kitesurfing 26
   Möbelkatalog 49
Marginalspalte 257
Marke 168, 308
Maximalgröße 301
Megapixel 302
Mehrseitige Entwürfe 111
Mikrotypografie 150
Mindestauflösung 301

Index

Mindmapping 171
Mittellänge 92
Modern 13
Monitor 293
Monochromatische Farbmischung 128
Motiv herausarbeiten 243

N

Negative Emotionen 31
Negativschrift 100, 119, 147, 226
Neigung 101
Neonfarben 297
Neunerteilung 185
Normbriefbogen 197

O

Objekte platzieren 81
Optische Mitte 55

P

Pagina 190
Paginierung 190
Pantone 297
Papier 311, 313
Papierformat 56
Papiergewicht 205, 312
Papieroberfläche 312
Papierstärke 205
Parallelmittenfalz 159
Passende Schrift 98
Passkreuze 310
PDF 306
Pinselschrift 107
Pixel 299
Pixelgrafik 304, 305
Pixel per Inch 301
Plakat 17, 62
   Biobauernhof 18
   Ferienspiele 276
   Format 277
   Golfclub 20
   Schriftgröße 277
PNG 304
Porträt 67, 206, 208, 211
   Darstellungsgröße 210

Postkarte 18
   Café-Eröffnung 214
   Hochschule 118
   Hotel 28
   Kinderportal 25
   Kulturnacht 146
   Massagestudio 73
ppi 301
Prägedruck 317
Preise 151
Prioritäten setzen 112
Proof 297
Prozentzeichen 152
Punkt 91
Punzen 99

Q

Quadratisches Format 60
Querformat 58, 144

R

Rasterweite 300
Raum aufteilen 50
Räumlichkeit 131
Recyclingpapier 313
Registerhaltigkeit 114
RGB-Farbraum 295
Ringösenheftung 237
Romantisch 14
Rückstichheftung 236
Ruhig und entspannt 129
Rundes Bild 87

S

Satzspiegel 185, 253
Satzzeichen 153
Scanauflösung 302
Schatten 131, 261
Schlüsselreiz 24
Schmückendes Objekt 233
Schmuckfarben 297
Schnittmarken 310
Schreibschrift 108
Schrift 89, 118, 162, 215
   auswählen 88
   Breite 255
   Charakter 216

   Größe 193, 254
   Handschrift 215
   Hintergrund 219
   im Web 288
   kaufen 104
   Kontrast 219
   Qualität 105
   Wirkung 216
Schriftbild 99
Schriftcharakter 96
Schriften
   kombinieren 106, 147, 216, 217
   verzerren 149
Schriftfamilie 108
Schriftfarbe 118, 119
Schriftform 92
Schriftgröße 90
Schriftmischung 108
Schriftschnitt 96, 100
Schriftwahl 96
   Kontrast 144
Schriftzug 228
   gestalten 193
Schwarz
   reines 281
Schwarz-Weiß-Bild 134
Seitenanzahl 187
Seitenformat 44, 283
Seitenzahl 189, 190
Serifen 95, 216, 288
Serifenlose 95
Siegelmarken 318
Silber 233, 297
Sonderfarben 233, 297
   Kosten 297
Spannung 81, 244
Spektralphotometer 295
Sperrung 179
Spiralbindung 235, 236
Stahlstich 318
Standardschriften im Web 289
Steg 185
Streckenstrich 152
Striche 152
Strichstärke 96, 100, 106, 107
Struktur 243
Subtraktiver Farbraum 294
Symmetrie 78, 79
Symmetrie im Logo 79

T

Tabelle 265
    Achsen 273
    Design 266
    horizontale Unterteilung 267
    Textausrichtung 270
    vertikale Unterteilung 267
Techniken der Gestaltung 44
Telefonnummer 148, 150
Testausdruck 296
Text 223
    auflockern 258
    einziehen 259
    färben 258
    gestürzt 278
    gliedern 111
    über mehrere Seiten 114
Text auf Bild 120
Textblock 259
Textfarbe 164
Textplatzierung 224
Textspalte 86
Textwüsten vermeiden 254
Tiefschwarz 281
TIFF 304
Titelseite 162
Transparenz 227

U

Überschriften 112
Umbruch 114
Umfang 236
Umweltschutzpapier 313

V

Vektorgrafik 304, 305
Veredelung 316
Verfremdungseffekt 248
Vergleichende Werbung 33
Vergrößerung 305
Verlauf 68, 131, 136, 182
Versalien 117, 179
    gesperrt 179
Verspielt 15
Visitenkarte
    DJ 40
    Gasanbieter 70
    Grafikerin 53
    Headhunter 95
    Heilpraktiker 222
    Maklerin 203
    Malermeister 52
    Nachtclub 228
    Regisseur 35
    Technoclub 222
    zweiseitige 224

W

Währungseinheit 151
Währungsstrich 152
Warme Farben 125
Wasserzeichen 316
Webfont 288
Webseite 282
    Raster 283
Website
    Blumenladen 282
    Ökologische Immobilien 89
Wechselstrich 98, 177
Weißraum 44
Werbung 31
Wickelfalz 157, 158
Wirkung 58
    dynamisch 71
    elegant 112
    lebendig 70
    leicht 71
    ruhig 70, 73
    schwer 71
    spannend 74
    statisch 70, 71
    temporeich 74
    weich 73
Wortbild 278
Wort-Bildmarke 214
Wort hervorheben 116
Wortmarke 168

X

x-Höhe 193, 256

Z

Zahlen 151
Zahlenreihe 187
»Z«-Blickführung 63
Zeichenmarke 168
Zeilenabstand 94, 256
Zeilenbreite 289
Zeilenlänge 111, 257
Zeitung
    Kleingartenverein 264
    Tennis 85
Zickzackfalz 253
Zielgruppe
    definieren 10, 11
    eingrenzen 15
    mehrere 16
Zoll 300
Zwischenüberschrift 111

InDesign & Illustrator

Hans Peter Schneeberger, Robert Feix
Adobe InDesign CS6
Das umfassende Handbuch

Endlich das ganze Wissen rund um InDesign CS6 in einem Buch: 1200 Seiten randvoll gefüllt mit Insiderwissen des bekannten Autoren-Duos Schneeberger/Feix, die sich besonders auch den neuen Themen Liquid Layout, EPUB, PDF-Formulare und Tablet Publishing widmen. Arbeiten Sie jetzt noch produktiver mit dem Standardwerk!

Aus dem Inhalt:
- InDesign einrichten
- Layouts anlegen und organisieren
- Professioneller Umgang mit Text
- Lange Dokumente meistern
- Printproduktion: prüfen und ausgeben
- Layout multimedial: E-Books, Tablet-Publishing
- InDesign automatisieren

1.224 S., mit DVD, 59,90 €
ISBN 978-3-8362-1880-1
www.galileodesign.de/3060

Wer InDesign in vollem Umfang nutzen will, sollte sich auf dieses Handbuch verlassen! Publisher

---

Karsten Geisler
Einstieg in Adobe InDesign CS6
Werkzeuge und Funktionen verständlich erklärt

Flyer, Broschüren, Magazine und Co. Dieses Buch führt Sie kompetent und leicht verständlich in die Arbeit mit InDesign CS6 ein und begleitet Sie bis zur perfekten Ausgabe für den Druck, das Web oder auf iPad und E-Book-Reader. Mit zahlreichen Tipps und Praxisworkshops!

448 S., 2012
mit DVD
29,90 €

ISBN 978-3-8362-1881-8
www.galileodesign.de/3065

Andrea Forst
Adobe InDesign CS6
Schritt für Schritt zum perfekten Layout

Jetzt können Sie sofort mit Ihren Layoutprojekten loslegen! Ohne ausufernde Erklärungen zeigt Ihnen dieses Workshopbuch konkret, wie ansprechende Flyer, Visitenkarten, Plakate, Broschüren und Co. gelingen. Durch die Arbeit an realen Projekten lernen Sie Adobe InDesign CS6 und seine Möglichkeiten Schritt für Schritt kennen.

391 S., 2012
mit DVD
39,90 €

ISBN 978-3-8362-1882-5
www.galileodesign.de/3062

Monika Gause
Adobe Illustrator CS6
Das umfassende Handbuch

Das Standardwerk zu Illustrator, das seinen Stammplatz auf Ihrem Schreibtisch finden wird: Das Handbuch bietet Informationen zu wirklich allen Funktionen des Programms, zahlreiche Praxisworkshops helfen beim Erlernen der Werkzeuge. Ein Lesestoff, der inspiriert!

810 S., 2012
mit DVD
59,90 €

Klar strukturiert und leicht verständlich: Erläuterungen zu allen wichtigen Funktionen. Publisher

ISBN 978-3-8362-1886-3
www.galileodesign.de/3055

Kai Flemming
Adobe Illustrator CS6
Der professionelle Einstieg

Greifen Sie zu Maus oder Tablett! Mit Workshops und verständlichen Erklärungen begleitet dieses Praxisbuch Sie auch bei der Erstellung von Diagrammen, beim interaktiven Malen, bei der perfekten Ausgabe u.v.m. So werden Sie mit Adobe Illustrator CS6 kreativ!

422 S., 2012
mit DVD
34,90 €

ISBN 978-3-8362-1887-0
www.galileodesign.de/3064

Grafik & Gestaltung

Markus Wäger
Grafik und Gestaltung
Das umfassende Handbuch

Was macht eine Gestaltung perfekt? Dieses umfassende Praxisbuch zeigt Ihnen im Detail, wie Sie mit Form, Farbe, Schrift und Bildern ansprechende Layouts erstellen. Markus Wäger verrät so manchen Tipp aus der Praxis und wertvolles Hintergrundwissen. Nutzen Sie das Buch als Nachschlagewerk und Inspirationsquelle – und perfektionieren Sie Ihre Designs.

620 S., 2010, 39,90 €
ISBN 978-3-8362-1206-9
www.galileodesign.de/1812

Ein Muss für jeden spezialisierten Kreativen, der über den Tellerrand seiner Disziplin hinausblicken will. DOCMA

Claudia Runk
Grundkurs Typografie und Layout
Für Ausbildung und Praxis

Diese liebevoll gestaltete Einführung zeigt Ihnen, wie Ihre Entwürfe durch den richtigen Umgang mit Schrift gewinnen können – von der passenden Schriftwahl über Abstände bis hin zu Grundlinienrastern und dem optimalen Seitenformat. Beispiele aus Print und Web, umgesetzt mit InDesign und QuarkXPress, vervollständigen das Buch.

319 S.
3. Auflage 2012
24,90 €

ISBN 978-3-8362-1794-1
www.galileodesign.de/2627

Claudia Korthaus
Grundkurs Grafik und Gestaltung
Für Ausbildung und Praxis

Dieses Buch führt Sie Schritt für Schritt in die Geheimnisse guter Gestaltung ein. Es zeigt Ihnen, welche Grundregeln es zu beachten gilt und wie Sie mit den richtigen Farben, Bildern und Schriften Layouts entwerfen, die im Gedächtnis bleiben. Mit zahlreichen Beispielen, Vorher-nachher-Vergleichen und praktischen Checklisten!

318 S.
2. Auflage 2013
24,90 €

ISBN 978-3-8362-2355-3
www.galileodesign.de/3357

Uwe Koch, Dirk Otto, Mark Rüdlin
Recht für Grafiker und Webdesigner
Der praktische Ratgeber für Kreative

Das Standardwerk für Kreative in der 10. Auflage! Drei Anwälte beantworten Ihre dringendsten Fragen: Wie kann ich meine kreativen Arbeiten schützen? Wie gelingt der Schritt in die Selbstständigkeit? Wie sollten Verträge formuliert sein? Dieses Buch schafft Klarheit – mit Vertragsmustern und Checklisten zum Download.

439 S.
10. Auflage 2012
49,90 €

ISBN 978-3-8362-1844-3
www.galileodesign.de/3001

Orhan Tançgil
Grafik und Gestaltung
Das umfassende Training

Sie suchen eine Designschule, in der Sie anschaulich und praxisnah die Prinzipien guter Gestaltung lernen? Dieses Training zeigt direkt am Bildschirm, wie Sie Farben, Schriften und Bilder wirkungsvoll einsetzen können, und schult mit zahlreichen Vorher-nachher-Beispielen Ihren Blick für eine gute Gestaltung.

DVD für PC und Mac
9 Stunden Spielzeit
39,90 €

ISBN 978-3-8362-1743-9
www.galileo-videotrainings.de/2837

Webdesign, Online-Marketing

Manuela Hoffmann
Modernes Webdesign
Gestaltungsprinzipien, Webstandards, und Praxisbeispiele

Die 3. Auflage des erfolgreichen Praxisbuchs, komplett überarbeitet: HTML5 und CSS3 im Überblick, neue Beispiele und Arbeitsvorlagen u. v. m. Die Grafikerin und Webdesignerin Manuela Hoffmann führt Sie von der Idee über erste Entwürfe bis hin zur technischen Umsetzung: Ein Wegweiser für modernes Webdesign, der gleichzeitig Praxis, Anleitung und Inspiration liefert.

422 S., mit DVD, 39,90 €
ISBN 978-3-8362-1796-5
www.galileodesign.de/2907

Manuela Hoffmann versteht nicht nur etwas von Webdesign, sie ist auch in der Lage, Ihr Wissen strukturiert und verständlich zu vermitteln.
Website Boosting

444 S., 2011
mit DVD
39,90 €

Heiko Stiegert
Modernes Webdesign mit CSS
Schritt für Schritt zur perfekten Website

In ausführlichen Praxisworkshops zeigt Ihnen Heiko Stiegert, wie Sie moderne und professionelle Webdesigns standardkonform mit CSS realisieren. Attraktive Beispiele demonstrieren dazu sowohl die Gestaltung einzelner Seitenelemente als auch das Layout ganzer Websites. Zahlreiche Profi-Tipps und -Tricks zu CSS3 lassen garantiert keine Fragen offen!

ISBN 978-3-8362-1666-1
www.galileodesign.de/2455

641 S.
2. Auflage 2011
mit DVD
39,90 €

Nils Pooker
Der erfolgreiche Webdesigner
Der Praxisleitfaden für Selbstständige

Sie möchten wissen, wie Sie als Webdesigner noch erfolgreicher werden können? Nils Pooker hält in diesem Buch die passenden Antworten parat. Er vermittelt praxiserprobte Strategien und Lösungen zu allen Themen, die bei der täglichen Arbeit eines Webdesigners eine Rolle spielen, wie z. B. Kundengewinnung, Marketing, SEO, Usability und Konzeption u. v. m.

ISBN 978-3-8362-1529-9
www.galileodesign.de/2287

538 S.
2. Auflage 2012
29,90 €

Anne Grabs, Karim-Patrick Bannour
Follow me!
Erfolgreiches Social Media Marketing mit Facebook, Twitter und Co.

Für Unternehmen jeder Branche und jeder Größe ist es interessant, in Social Media aktiv zu werden. Folgen Sie der Erfolgsstrategie: Was ist Social Media? Welche Schritte müssen in welcher Reihenfolge erfolgen? Welche Gefahren drohen und wie können Sie diese Gefahren minimieren? Inkl. Strategien zum mobilen Marketing, Empfehlungsmarketing, Crowdsourcing, Social Commerce, Google+, Rechtstipps u. v. m.

ISBN 978-3-8362-1862-7
www.galileocomputing.de/3028

866 S.
2. Auflage 2012
mit DVD
34,90 €

Esther Düweke, Stefan Rabsch
Erfolgreiche Websites
SEO, SEM, Online-Marketing, Usability

Alles, was Sie für Ihren erfolgreichen Webauftritt benötigen. Zahlreiche Praxisbeispiele zeigen Ihnen anschaulich den Weg zu einer besseren Webpräsenz. Inkl. SEO, SEM, Online-Marketing, Affiliate-Programme, Google AdWords, Web Analytics, Social Media-, E-Mail-, Newsletter- und Video-Marketing, Mobiles Marketing u. v. m.

Das Buch ist sehr empfehlenswert und sollte zur Pflichtlektüre gehören! eStrategy

ISBN 978-3-8362-1871-9
www.galileocomputing.de/3041

Webdesign, Online-Marketing

Sebastian Erlhofer
Suchmaschinen-Optimierung
Das umfassende Handbuch

Das bewährte Standardwerk von Sebastian Erlhofer in aktueller Auflage: Alles zu den Grundlagen mit Erklärungen zu den Funktionsweisen von Suchmaschinen und praktischen Tipps zur Ranking-Optimierung. Eine in vielen Auflagen bewährte Mischung aus Theorie und Praxis – aktuell zu den neuen Google-Algorithmen und SEO-Trends.

734 S.
6. Auflage 2013
39,90 €

ISBN 978-3-8362-1898-6
www.galileodesign.de/3077

Hussein Morsy
Adobe Dreamweaver CS6
Der praktische Einstieg

Sie möchten Ihre eigene Website mit Dreamweaver CS6 erstellen? Dann starten Sie mit diesem Buch durch: Vorlage anlegen, Seite füllen, Navigation hinzufügen, Website veröffentlichen. Auch zu Formularen, der Ausgabe auf mobilen Geräten, Bloggen u. v. m.

415 S.
2012
24,90 €

Ein gelungener Einstieg! Mac Life

ISBN 978-3-8362-1890-0
www.galileodesign.de/3066

Weschkalnies, Shabanov, Ahmadi
Adobe Flash CS6
Das umfassende Handbuch

Alles zu Adobe Flash CS6! Lernen Sie mit diesem Buch die vielfältigen Anwendungsmöglichkeiten von Flash kennen. Von allen wichtigen Grundlagen über Zeichnen, Animation, Sound und Video bis hin zu professioneller Spieleentwicklung und dem Einsatz von PHP, XML und ActionScript – hier steckt alles drin, was Sie für moderne Flash-Anwendungen wissen müssen!

958 S., 2012
mit DVD
49,90 €

ISBN 978-3-8362-1888-7
www.galileodesign.de/3054

▶ Video-Training

Anne Grabs, Nicole Simon
Facebook, Twitter & Co.
Erfolgreiches Social Media Marketing

Dieser Lernkurs vermittelt Ihnen auf kompakte und praxisorientierte Weise, wie Sie Social Media Marketing erfolgreich für Ihr Unternehmen einsetzen. Dabei lernen Sie, wie Sie die verschiedenen Plattformen und Tools nutzen und Ihre eigene Social-Media-Strategie entwickeln.

DVD für PC und Mac
10 Stunden Spielzeit 39,90 €

ISBN 978-3-8362-1927-3
www.galileo-videotrainings.de/3130

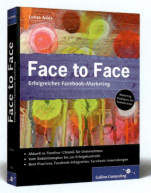

Lukas Adda
Face to Face
Erfolgreiches Facebook-Marketing

Face to Face bietet einen umfassenden Überblick zum Einsatz von Facebook als Marketing-Instrument. Inkl. Definition von Zielen, Strategien und zahlreichen Best Practices. Lukas Adda stellt Ihnen auf unterhaltsame Weise Facebook vor und gibt Ihnen erprobte Strategien und kreative Denkanstöße an die Hand, um selbstständig erfolgreiche Social-Media-Kampagnen auf Facebook zu planen oder Dritte (z. B. eine Agentur) effektiv briefen zu können.

433 S., 2012, 29,90 €
ISBN 978-3-8362-1842-9
www.galileocomputing.de/2992

Aus dem Inhalt:
- Erfolgreiche Marketingstrategien entwickeln
- User kennen und verstehen
- Facebook-Präsenzen im Überblick
- Ein Facebook-Profil erstellen
- Wichtige Nutzungsbedingungen von Facebook
- Die eigene Seite betreuen
- Facebook Ads
- Plugins und Applikationen
- Facebook-Kampagnen
- Monitoring und Krisenkommunikation

Digitale Fotografie

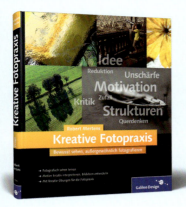

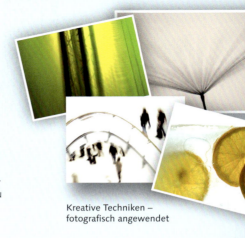

Robert Mertens
Kreative Fotopraxis
Bewusst sehen, außergewöhnlich fotografieren

Mangelt es Ihnen an Bildideen, und wünschen Sie sich, »anders« zu fotografieren? Das können Sie lernen! Robert Mertens zeigt Ihnen in diesem einzigartigen Buch, wie Sie Ihr kreatives fotografisches Potenzial entwickeln können. So lernen Sie, mit frischem Blick an die Fotografie heranzugehen – Motive sehen und wahrnehmen, neu interpretieren und gestalten!

Sehr lesenswert für jeden, der fotografisch weiterkommen möchte. NaturFoto

240 S., 2012, 39,90 €
ISBN 978-3-8362-1676-0
www.galileodesign.de/2479

Kreative Techniken –
fotografisch angewendet

439 S.
2. Auflage 2013
19,90 €

Jacqueline Esen
Der große Fotokurs
Besser fotografieren lernen

Diese Fotoschule ist Ihr umfassender Einstieg in die digitale Fotografie. Jacqueline Esen erklärt Ihnen leicht und verständlich die Grundlagen der Fotografie. Zusätzlich gibt sie Ihnen zahlreiche Praxistipps und Übungsbeispiele an die Hand. So machen Sie im Handumdrehen tolle Bilder!

ISBN 978-3-8362-2030-9
www.galileodesign.de/3293

602 S., 2011
mit DVD
39,90 €

Christian Westphalen
Die große Fotoschule
Digitale Fotopraxis

Vollständig und verständlich präsentiert dieses Schwergewicht unter den Fotoschulen Kamera- und Objektivtechnik, Regeln und Prinzipien der Bildgestaltung, Umgang mit Licht und Beleuchtung, Blitzfotografie, Techniken der Scharfstellung und vieles mehr. Die großen Fotogenres werden vorgestellt, und Sie erhalten Anregungen und Kniffe für Ihre tägliche Fotopraxis!

ISBN 978-3-8362-1311-0
www.galileodesign.de/1950

298 S., 2013
39,90 €

Tilo Gockel
Kreative Blitzpraxis
Rezepte für das entfesselte Blitzen

Große Wirkung mit kleinen Blitzen! Tilo Gockel verrät Ihnen, wie Sie Motive mit Systemblitzen perfekt ausleuchten. Lernen Sie »Blitzrezepte« für Porträt, Fashion, Makro, Food, Stilllife und Highspeed kennen. Making-of-Fotos, Lichtskizzen und Angaben zu allen Einstellungen helfen Ihnen, die Setups nachzuvollziehen.

ISBN 978-3-8362-1849-8
www.galileodesign.de/3007

209 S., 2012
19,90 €

Steffen »Stilpirat« Böttcher
Abenteuer Fotografie
Aus dem Logbuch eines Fotografen

Sie brennen für die Fotografie? Dann sind Sie hier genau richtig! Steffen »Stilpirat« Böttcher berichtet in diesem Logbuch von seinen Erfahrungen: von der Entdeckung grundlegender Gestaltungsmittel über Photoshop-Experimente bis hin zur Entwicklung der eigenen Bildsprache. Begleiten Sie den Stilpiraten auf einer fotografischen Entdeckungsreise!

ISBN 978-3-8362-1821-4
www.galileodesign.de/2960

Photoshop

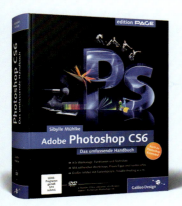

1.219 S., mit DVD, 49,90 €
ISBN 978-3-8362-1883-2
www.galileodesign.de/3058

Sibylle Mühlke
Adobe Photoshop CS6
Das umfassende Handbuch

Sie wollen fundiertes Photoshop CS6-Wissen stets griffbereit? Dann sind Sie hier richtig! Mit dem Buch unserer Autorin Sibylle Mühlke halten Sie geballtes Photoshop-Know-how in Ihren Händen: Bewährt, praxisnah und randvoll mit Informationen finden Sie hier immer, was Sie brauchen. Inkl. DVD mit Video-Lektionen!

Photoshop von A bis Z:
- CS6-Neuheiten
- Arbeitsoberfläche, alle Werkzeuge
- Kontraste, Helligkeit und Schärfe
- Farbkorrektur, Schwarzweiß
- Inhaltsbasierte Retusche
- Bild- und Objektivfehler beheben
- Camera Raw, Bridge, Mini Bridge
- Ebenenmasken, Auswahlen, Kanäle
- Smart-Objekte, Texte, Pfade
- Füllmethoden, Ebenenstile, Filter
- Malen mit Mischpinsel und Co.
- Farbmanagement
- Druck- und Webausgabe
- Troubleshooting, Glossar

448 S., 2012
mit DVD
24,90 €

Robert Klaßen
Adobe Photoshop CS6
Der professionelle Einstieg

Mit diesem Buch legen Sie sofort in Photoshop CS6 los. Gespickt mit zahlreichen Tipps aus der Praxis lernen Sie alle wichtigen Grundlagen und Photoshop-Techniken kennen. Von der Arbeit mit Ebenen über Bildkorrekturen und Fotomontagen auf Profi-Niveau – hier erfahren Sie, wie es geht!

ISBN 978-3-8362-1884-9
www.galileodesign.de/3063

326 S., 2012
mit DVD
39,90 €

Tilo Gockel
Photo Finish!
Perfekte Bilder mit Photoshop & Co.

Sie wollen wissen, wie Sie aus Ihren Fotos echte Hingucker machen? Dann werfen Sie einen Blick in Tilo Gockels Trickkiste! In über 30 Workshops zeigt er Ihnen, wie Sie stylische Bildlooks für Porträt, Fashion, Architektur, Produktfotos u. v. m. realisieren. Peppen Sie Ihre Bilder mit Photoshop oder Photoshop Elements ordentlich auf.

ISBN 978-3-8362-1770-5
www.galileodesign.de/2874

504 S., mit DVD, 39,90 €
ISBN 978-3-8362-1896-2
www.galileodesign.de/3070

Maike Jarsetz
Photoshop CS6 für digitale Fotografen
Schritt für Schritt zum perfekten Foto

Photoshop für Fotografen: Maike Jarsetz stellt in diesem Buch immer ein konkretes Bild und die damit verbundenen Bearbeitungsfragen in den Vordergrund. Mit den Bildern von der DVD können Sie jeden Workshop nacharbeiten und so ganz praktisch Photoshop erlernen. Und zwar den gesamten Workflow: von der Bildorganisation über die Bearbeitung bis zur Ausgabe der Fotos.

Wir hoffen sehr, dass Ihnen dieses Buch gefallen hat. Bitte teilen Sie uns doch Ihre Meinung mit. Eine E-Mail mit Ihrem Lob oder Tadel senden Sie direkt an die Lektorin des Buches: *katharina.geissler@galileo-press.de*. Im Falle einer Reklamation steht Ihnen gerne unser Leserservice zur Verfügung: *service@galileo-press.de*. Informationen über Rezensions- und Schulungsexemplare erhalten Sie von: *julia.mueller@galileo-press.de*.

Informationen zum Verlag und weitere Kontaktmöglichkeiten finden Sie auf unserer Verlagswebsite www.galileo-press.de. Dort können Sie sich auch umfassend und aus erster Hand über unser aktuelles Verlagsprogramm informieren und alle unsere Bücher versandkostenfrei bestellen.

An diesem Buch haben viele mitgewirkt, insbesondere:

Lektorat Katharina Geißler
Korrektorat Marlis Appel, Troisdorf
Herstellung Vera Brauner
Layout Vera Brauner
Einbandgestaltung Mai Loan Nguyen Duy
Coverbild iStockphoto.com: 959399©Jon Helgason, 17533841©Anastasia Semanina, 17626011©Janis Litavnieks, 19215632©Jasmina, 19292104©Jasmina, 14541159©oliopi
Satz Claudia Korthaus, Berlin
Druck Himmer, Augsburg

Dieses Buch wurde gesetzt aus der TheAntiquaB (9,35 pt/13,7 pt) in InDesign CS 6. Gedruckt wurde es auf mattgestrichenem Bilderdruckpapier (135 g/m²).

Der Name Galileo Press geht auf den italienischen Mathematiker und Philosophen Galileo Galilei (1564–1642) zurück. Er gilt als Gründungsfigur der neuzeitlichen Wissenschaft und wurde berühmt als Verfechter des modernen, heliozentrischen Weltbilds. Legendär ist sein Ausspruch *Eppur si muove* (Und sie bewegt sich doch). Das Emblem von Galileo Press ist der Jupiter, umkreist von den vier Galileischen Monden. Galilei entdeckte die nach ihm benannten Monde 1610.

Bibliografische Information der Deutschen Nationalbibliothek:
Die Deutsche Nationalbibliothek verzeichnet diese Publikation in der Deutschen Nationalbibliografie; detaillierte bibliografische Daten sind im Internet über *http://dnb.d-nb.de* abrufbar.

ISBN 978-3-8362-1779-8
1. Auflage 2013, 1. Nachdruck 2013
© Galileo Press, Bonn 2013

Das vorliegende Werk ist in all seinen Teilen urheberrechtlich geschützt. Alle Rechte vorbehalten, insbesondere das Recht der Übersetzung, des Vortrags, der Reproduktion, der Vervielfältigung auf fotomechanischem oder anderen Wegen und der Speicherung in elektronischen Medien.

Ungeachtet der Sorgfalt, die auf die Erstellung von Text, Abbildungen und Programmen verwendet wurde, können weder Verlag noch Autor, Herausgeber oder Übersetzer für mögliche Fehler und deren Folgen eine juristische Verantwortung oder irgendeine Haftung übernehmen.
Die in diesem Werk wiedergegebenen Gebrauchsnamen, Handelsnamen, Warenbezeichnungen usw. können auch ohne besondere Kennzeichnung Marken sein und als solche den gesetzlichen Bestimmungen unterliegen.